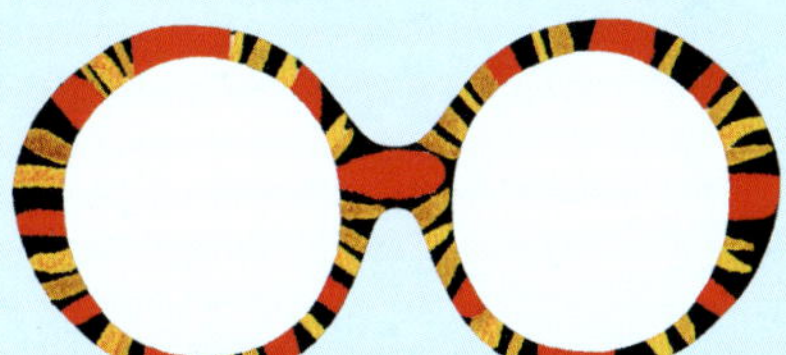

IRIS APFEL

ACCIDENTAL ICON

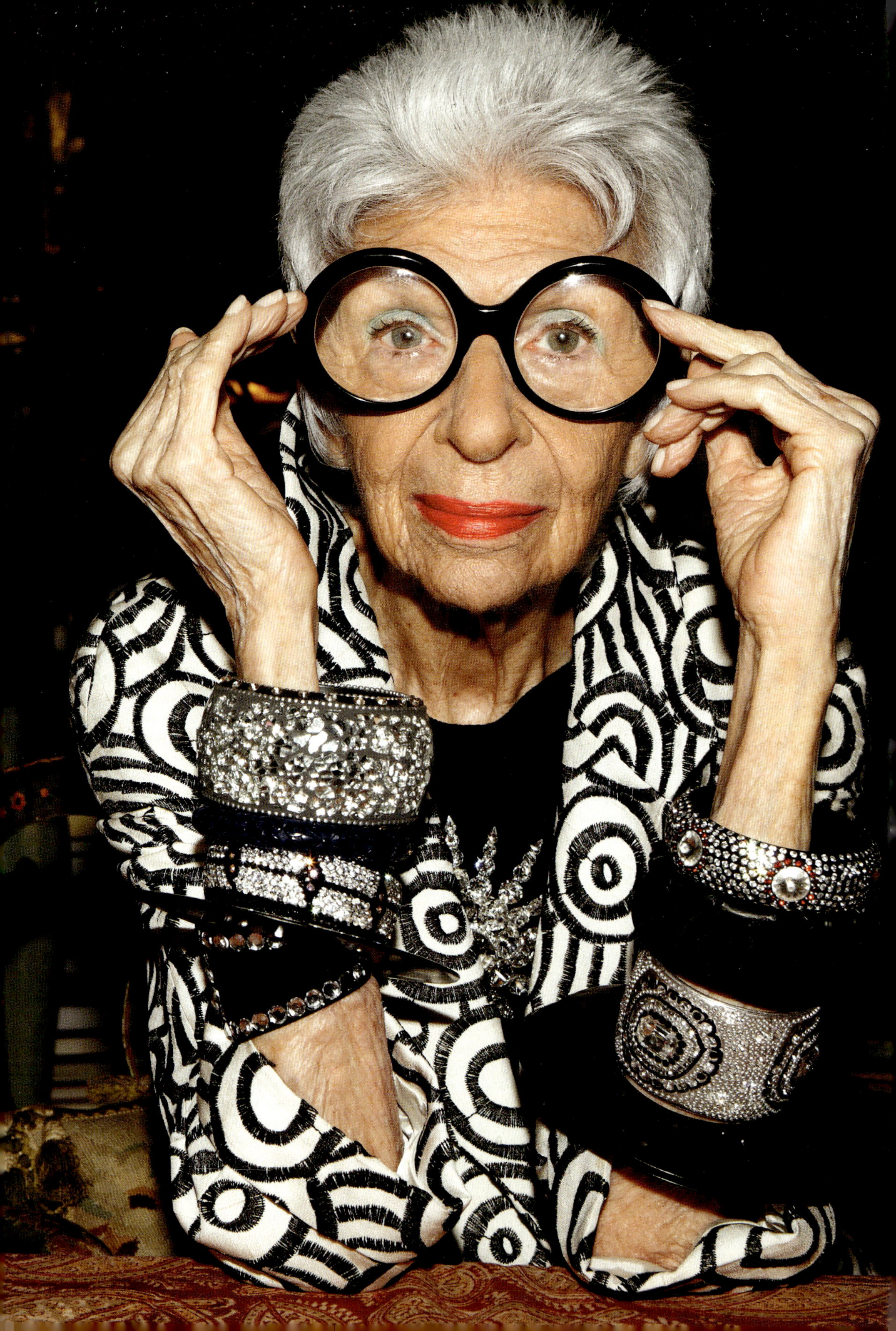

IRIS APFEL

ACCIDENTAL ICON

Stil ist keine Frage des Alters

MIDAS COLLECTION

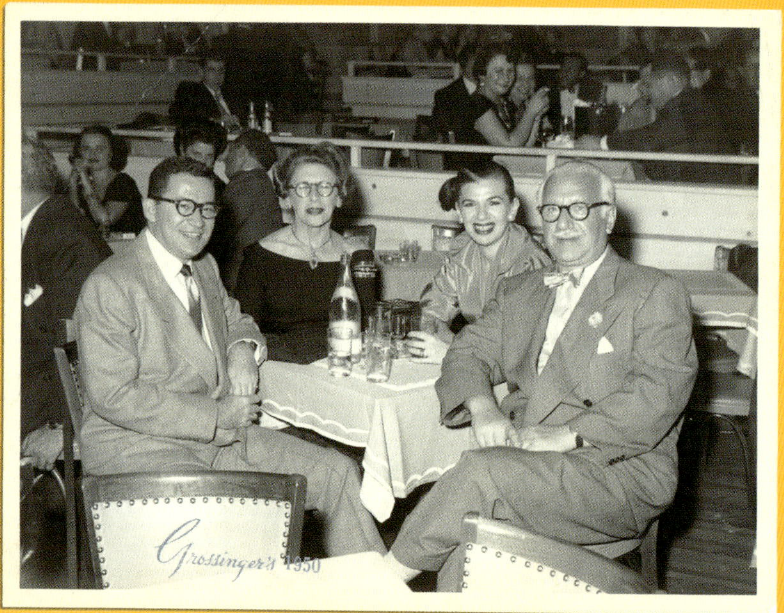
Grossinger's 1950

FÜR CARL

Dieses Buch meinem lieben Carl zu widmen, fällt mir unglaublich schwer. Wie lassen sich Gefühle, Freud und Leid der letzten 68 Jahre ausdrücken? Jeder, der ihn kannte, weiß, er war ein echter Gentleman. Sein Humor und seine Großzügigkeit waren legendär. Wir haben fast alles gemeinsam getan. Er machte mir Mut und unterstützte mich bedingungslos, sonst wäre dieses Buch nicht möglich geworden. Er schubste mich ins Rampenlicht und sonnte sich in meinem Erfolg. Für ihn war mein Applaus immer viel wichtiger als für mich selbst.

Ich vermisse ihn wahnsinnig. Schlaf gut, mein Prinz.

UND FÜR MEINE ELTERN

Es mag ungewöhnlich klingen, aber mein Buch möchte ich nicht veröffentlichen, ohne an meine Eltern zu erinnern. Ich habe Sam und Syd Barrel vergöttert. Sie schenkten mir das Leben und dieses Buch, das aus ihm hervorging. Sie gaben mir ein super-stabiles Fundament und eine großartige Leidenschaft fürs Leben. Sie waren klug und stark, großzügig und witzig. Sie waren echte Weltreisende, lange, bevor es Jet-Setter gab.

Daddio war ein Nonkonformist der besten Sorte, ihm war völlig egal, was andere dachten. Er brachte mir bei, für meine Überzeugungen einzustehen und erzog mich nach einem einfühlsamen Wertesystem. Er ist der einzige Mensch, den ich kenne, der gleichzeitig intellektuell und bauernschlau war.

Mama war irre stylisch. Sie sah völlig anders aus als ich. Top-modisch und originell, war sie ihrer Zeit immer in jeder Hinsicht um Jahrzehnte voraus. Sie hatte einen Uniabschluss und studierte Recht, als die meisten Frauen ihrer Zeit in die Küche verbannt waren. Abgesehen von ihren vielen Talenten war sie auch eine ausgebuffte Geschäftsfrau.

Erst jetzt, nachdem ich das Buch fast abgeschlossen habe, wird mir endlich klar, dass meine liebe Mutter tatsächlich in all den Jahren mein Rollenmodell war.

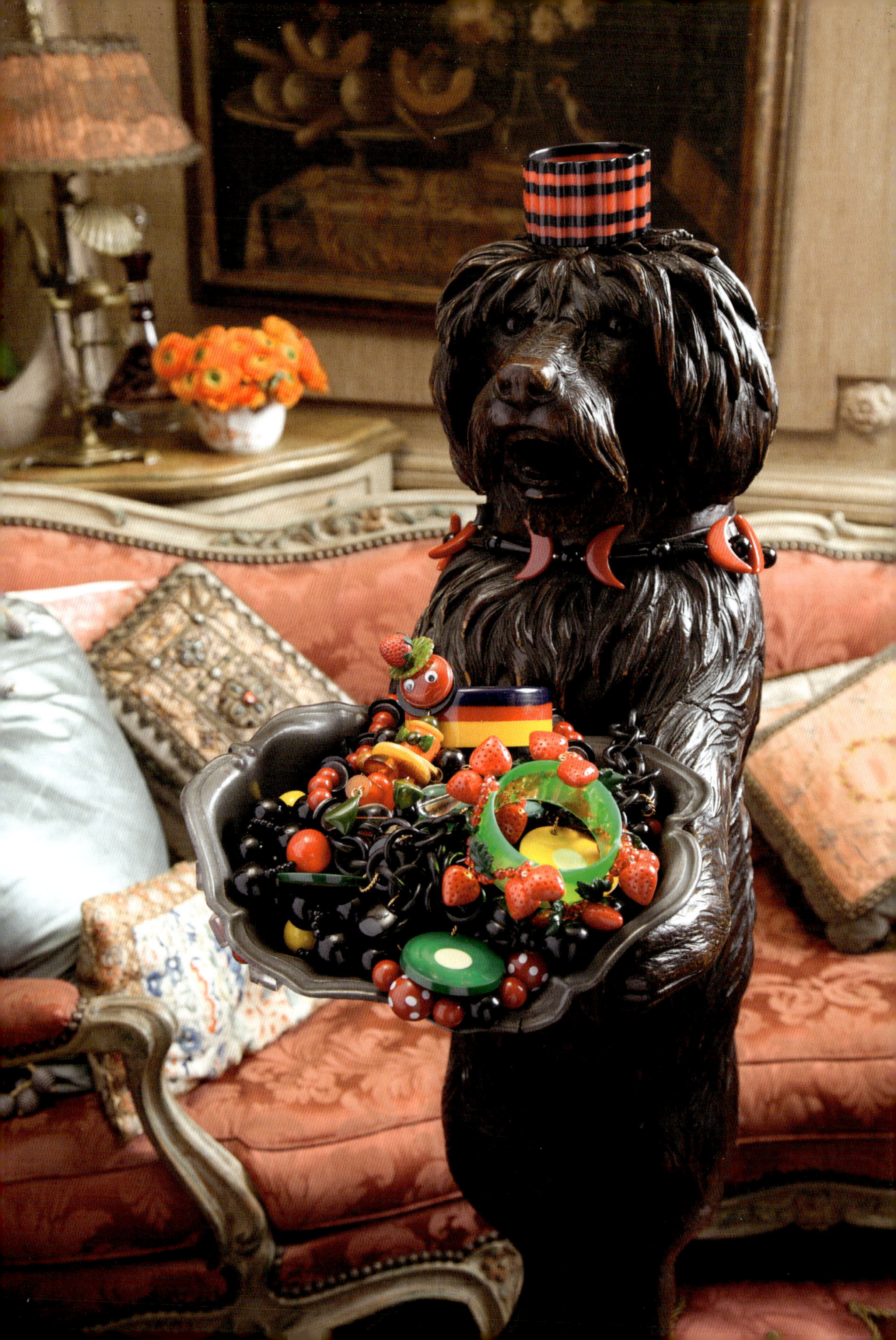

INHALT

IN WONDER IT BEGINS...

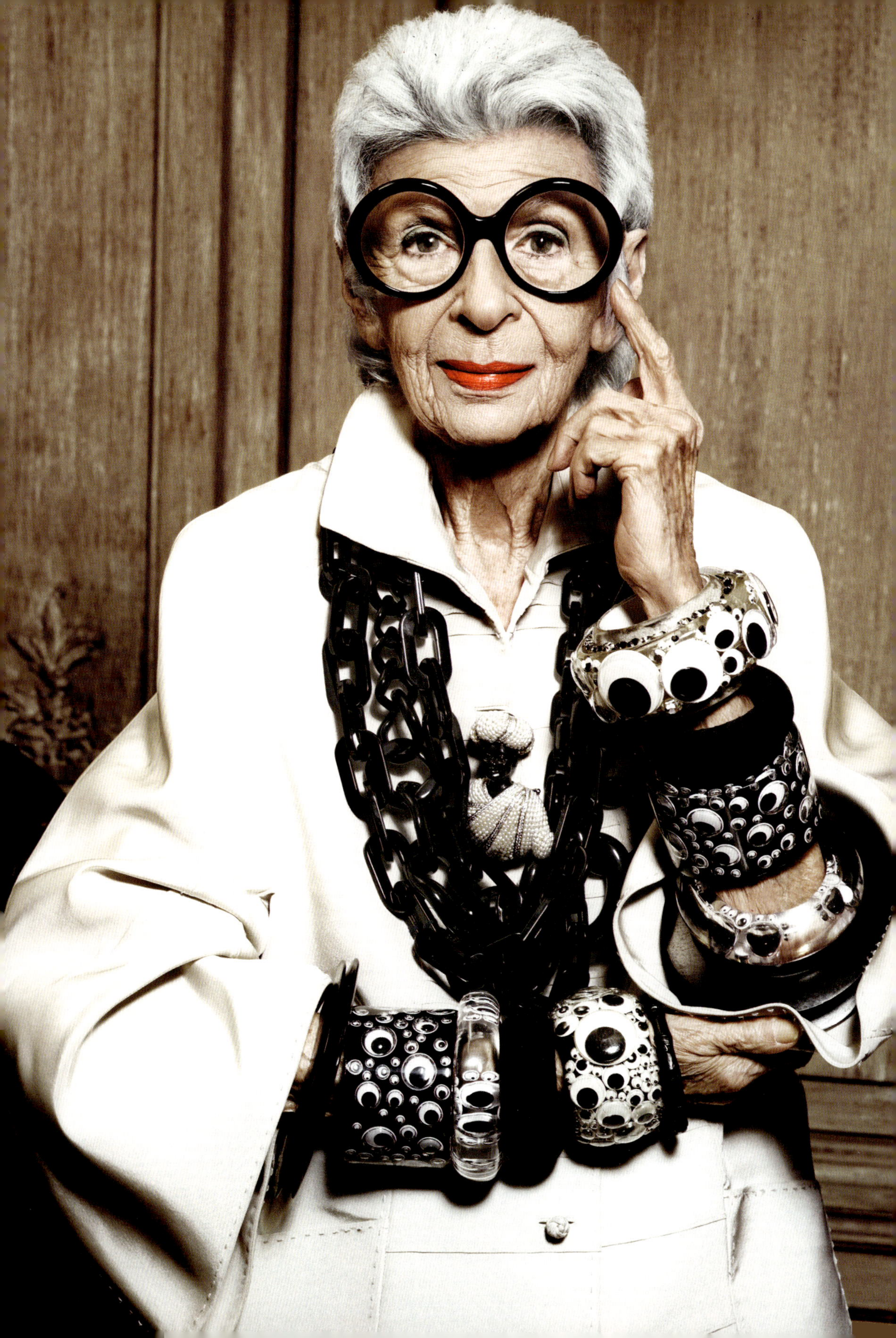

EINFÜHRUNG

ICH HABE NIE DAMIT GERECHNET,

dass sich jemand meinen Namen merkt oder mich wiedererkennt.

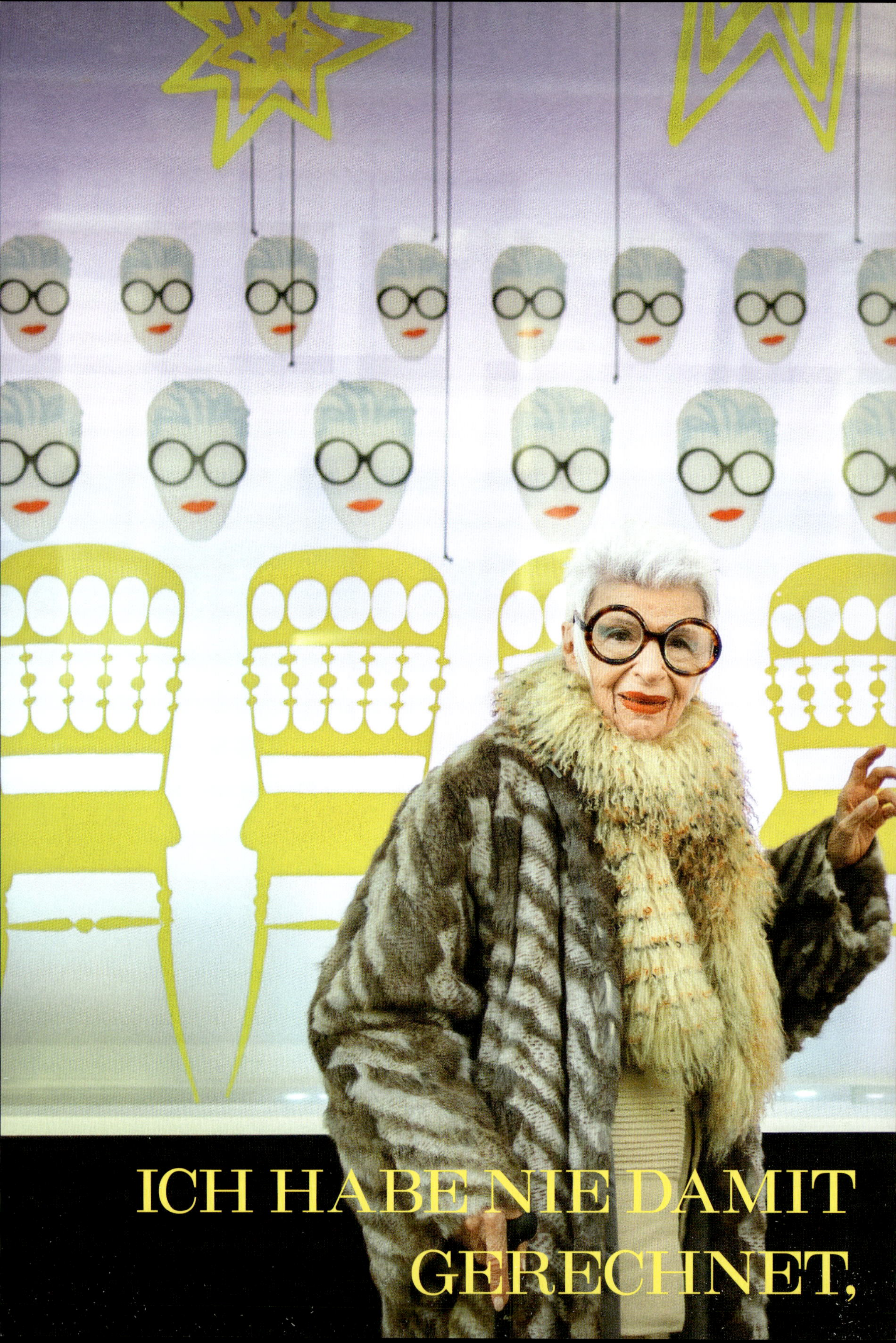

ICH HABE NIE DAMIT GERECHNET,

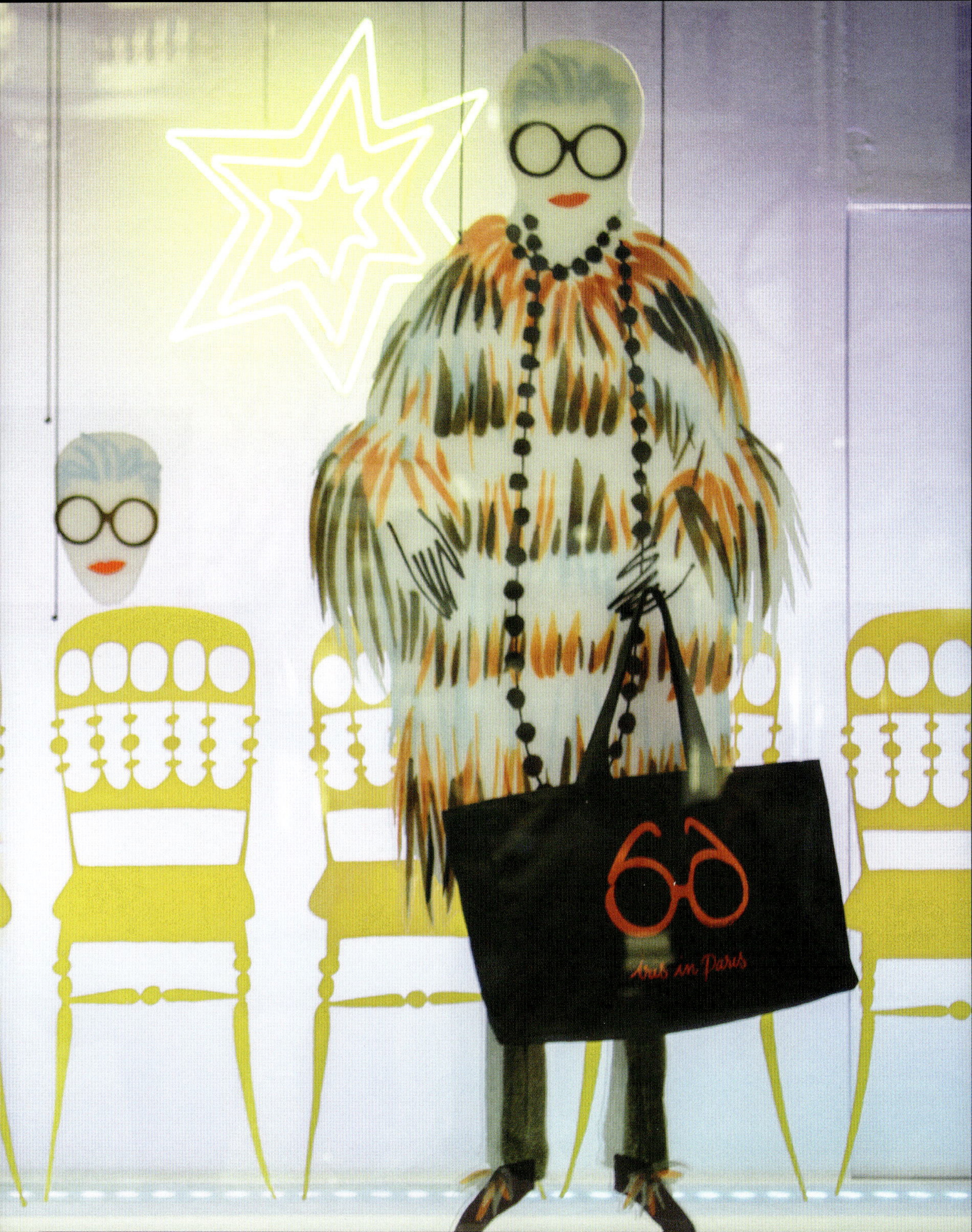

dass mich jemand
»Mode-Ikone« nennt.

ICH HABE NIE DAMIT GERECHNET,

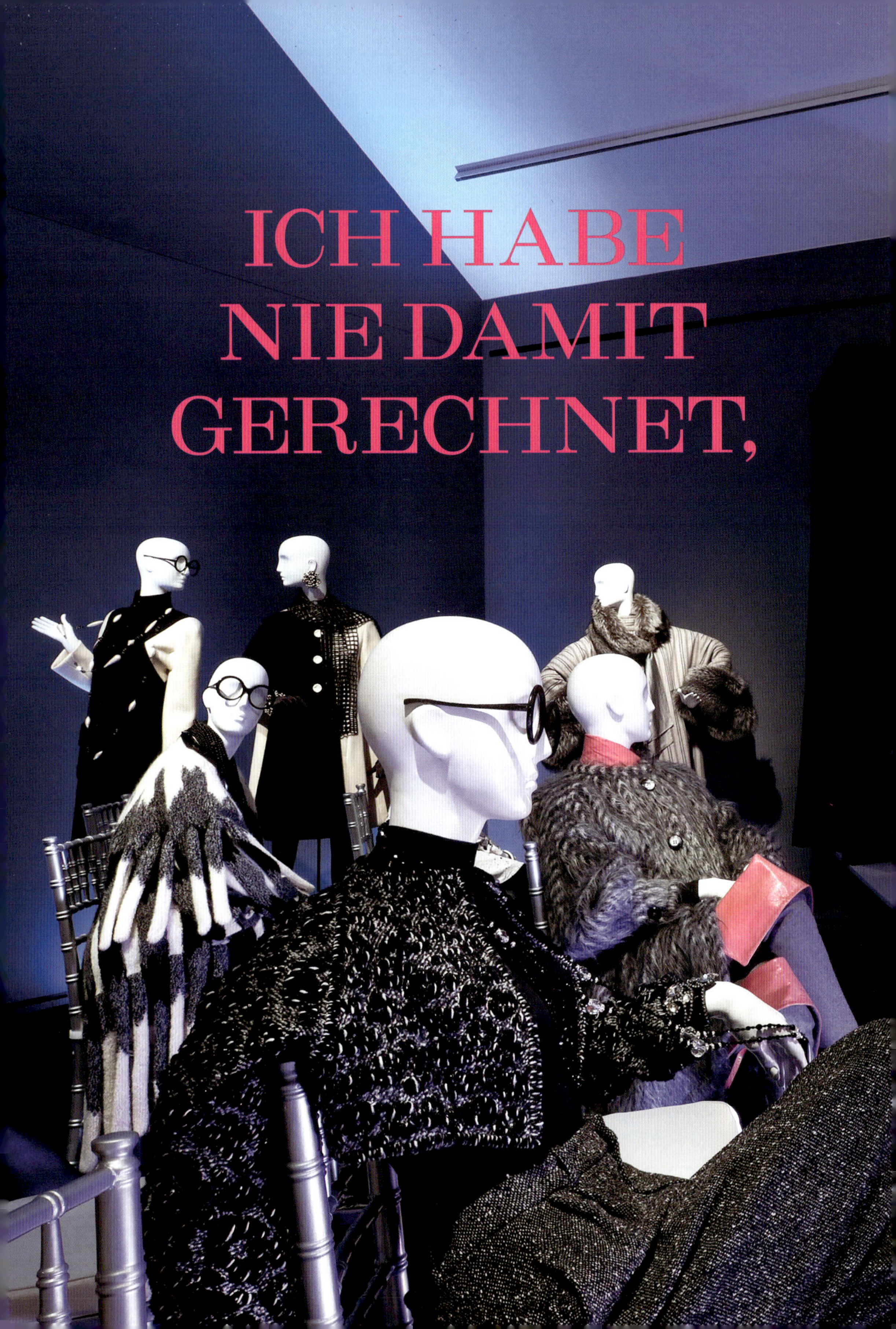

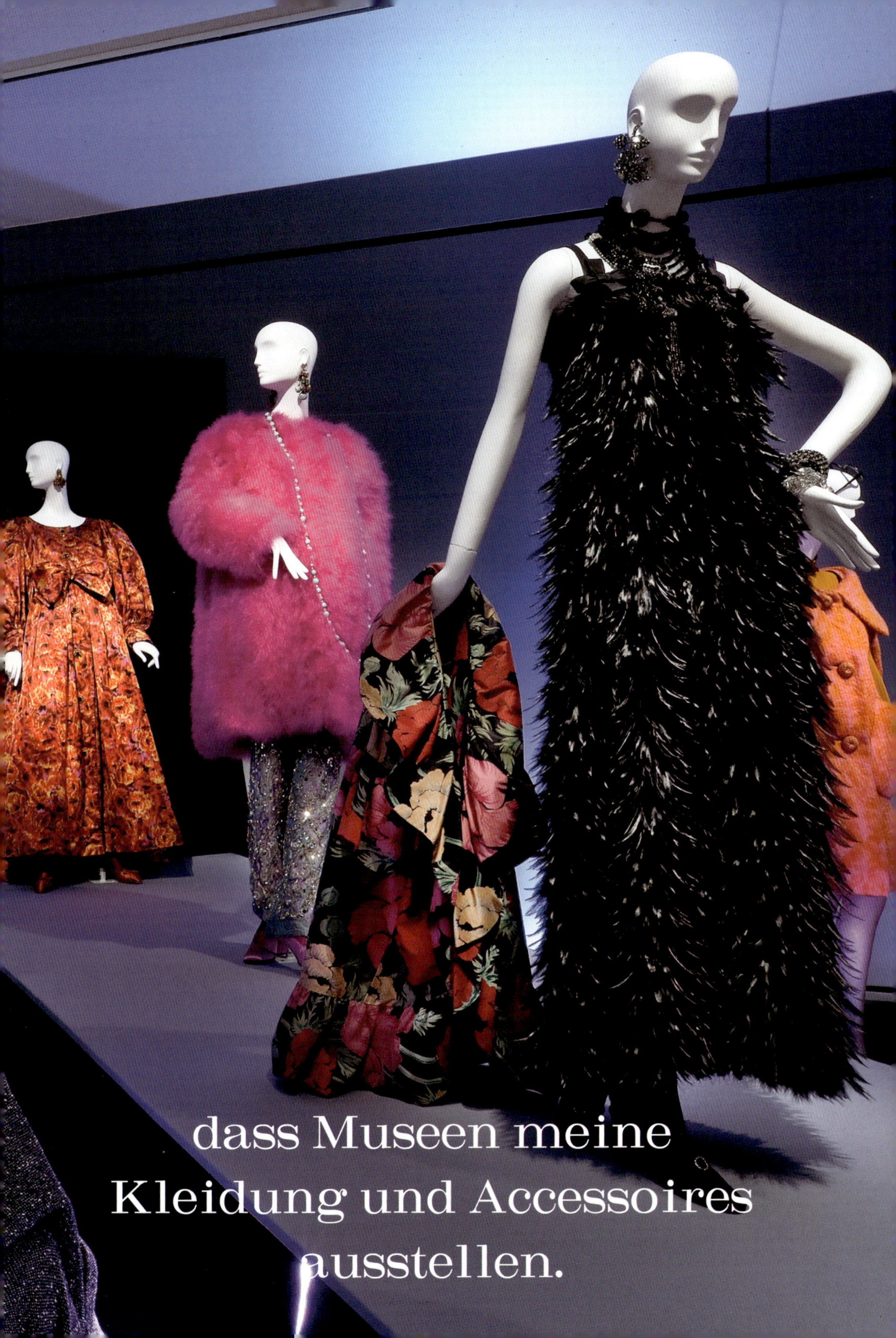

dass Museen meine
Kleidung und Accessoires
ausstellen.

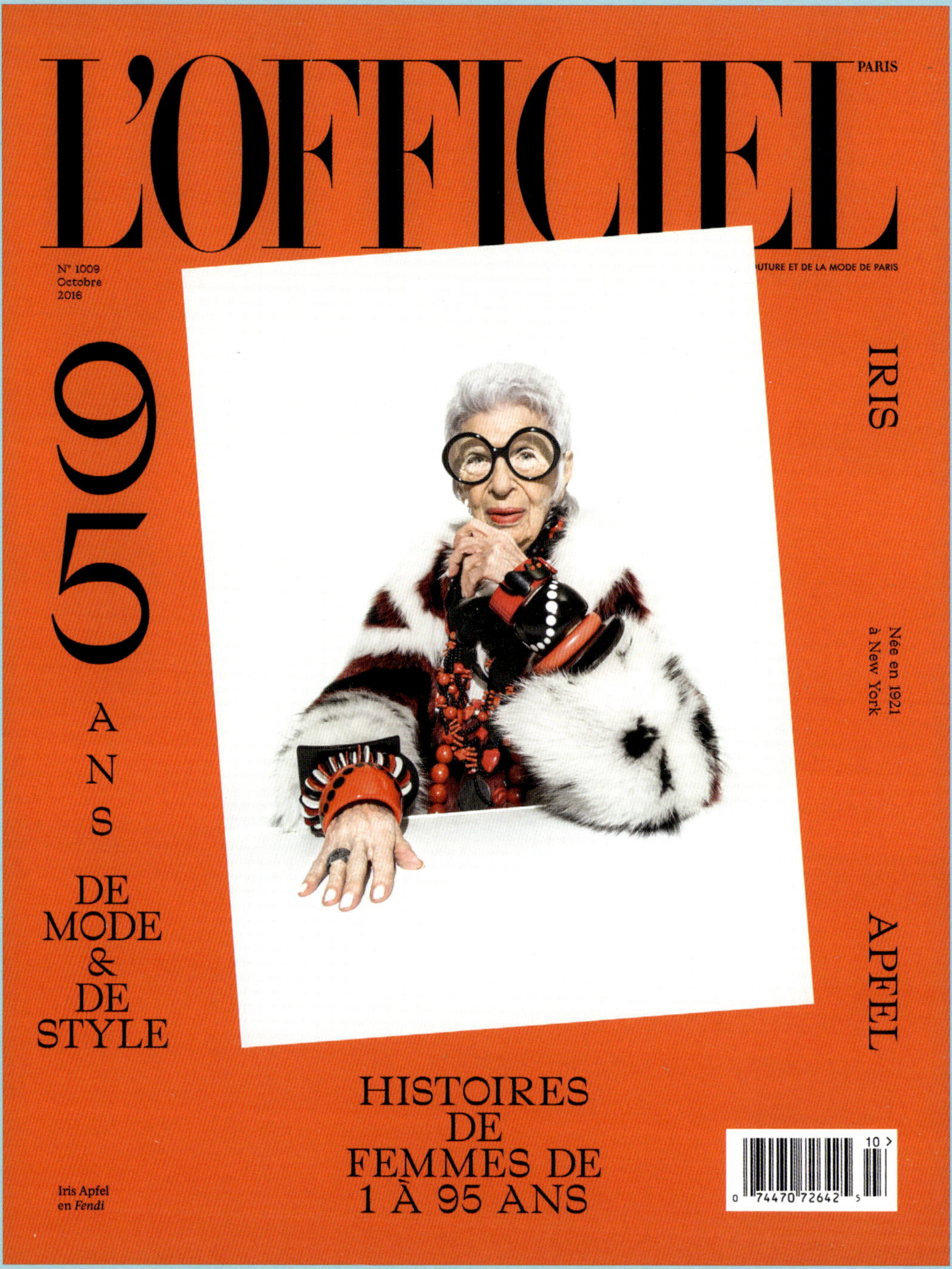

L'OFFICIEL PARIS

N° 1009
Octobre
2016

UTURE ET DE LA MODE DE PARIS

95 ANS DE MODE & DE STYLE

IRIS

Née en 1921
à New York

APFEL

HISTOIRES DE FEMMES DE 1 À 95 ANS

Iris Apfel
en *Fendi*

10 >
0 74470 72642 5

ICH HABE NIE DAMIT GERECHNET,

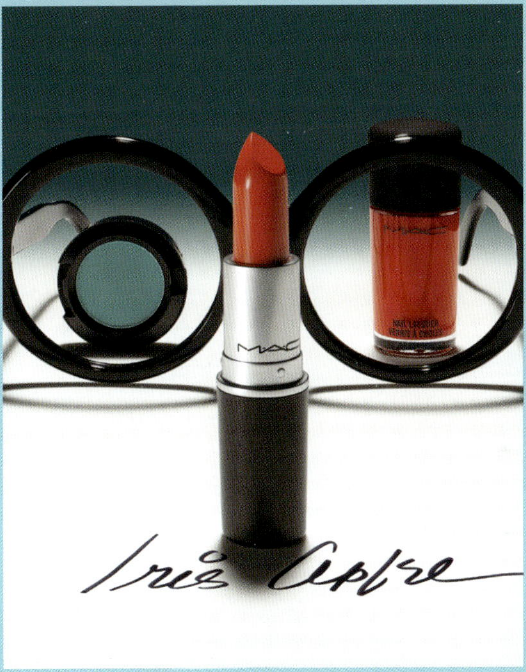

mit über 90 Covergirl zu sein oder mit meinem Gesicht für einen Kosmetikhersteller herzuhalten.

ICH HABE NIE DAMIT GERECHNET,

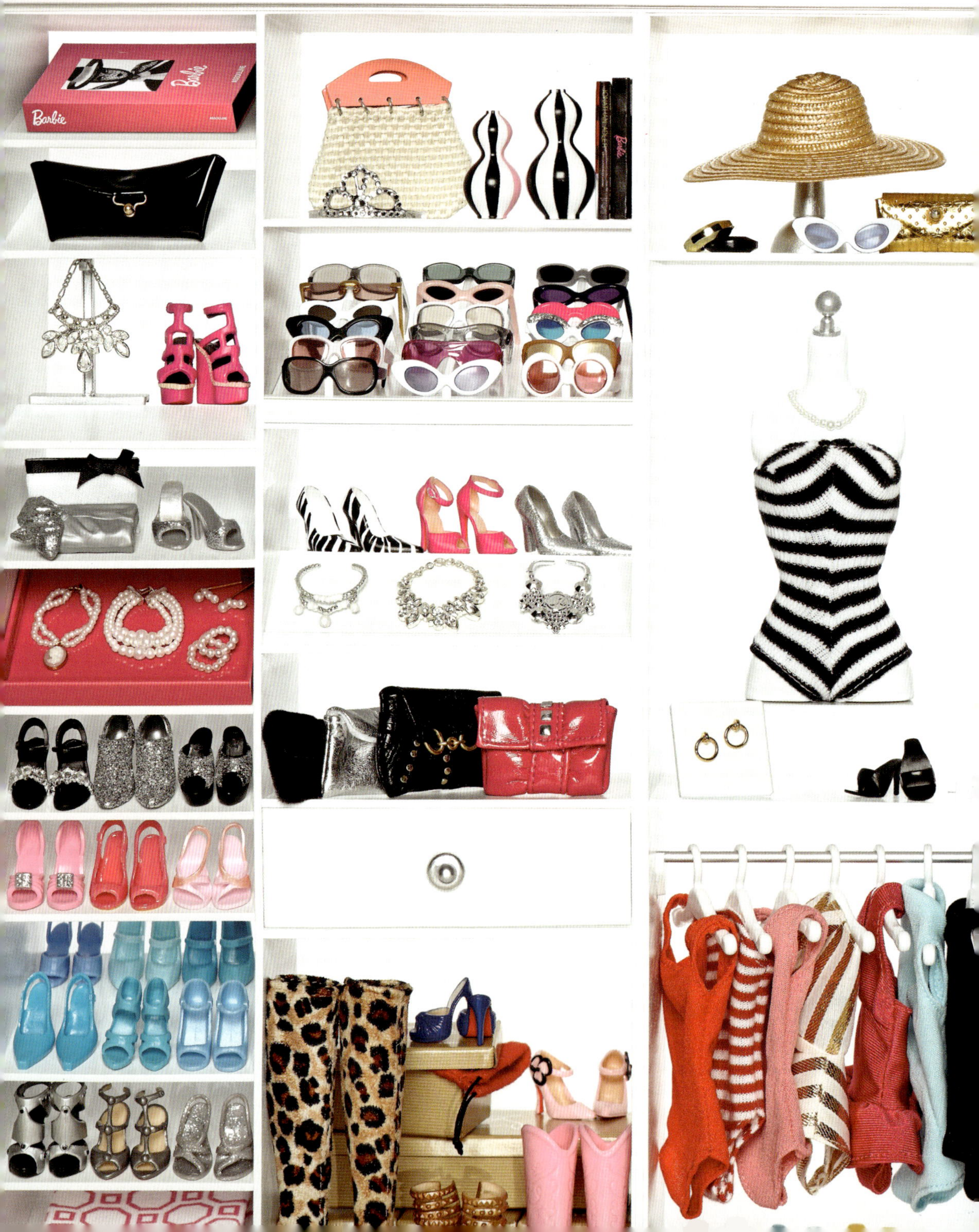

dass eine Barbie-Puppe meine Züge trägt.

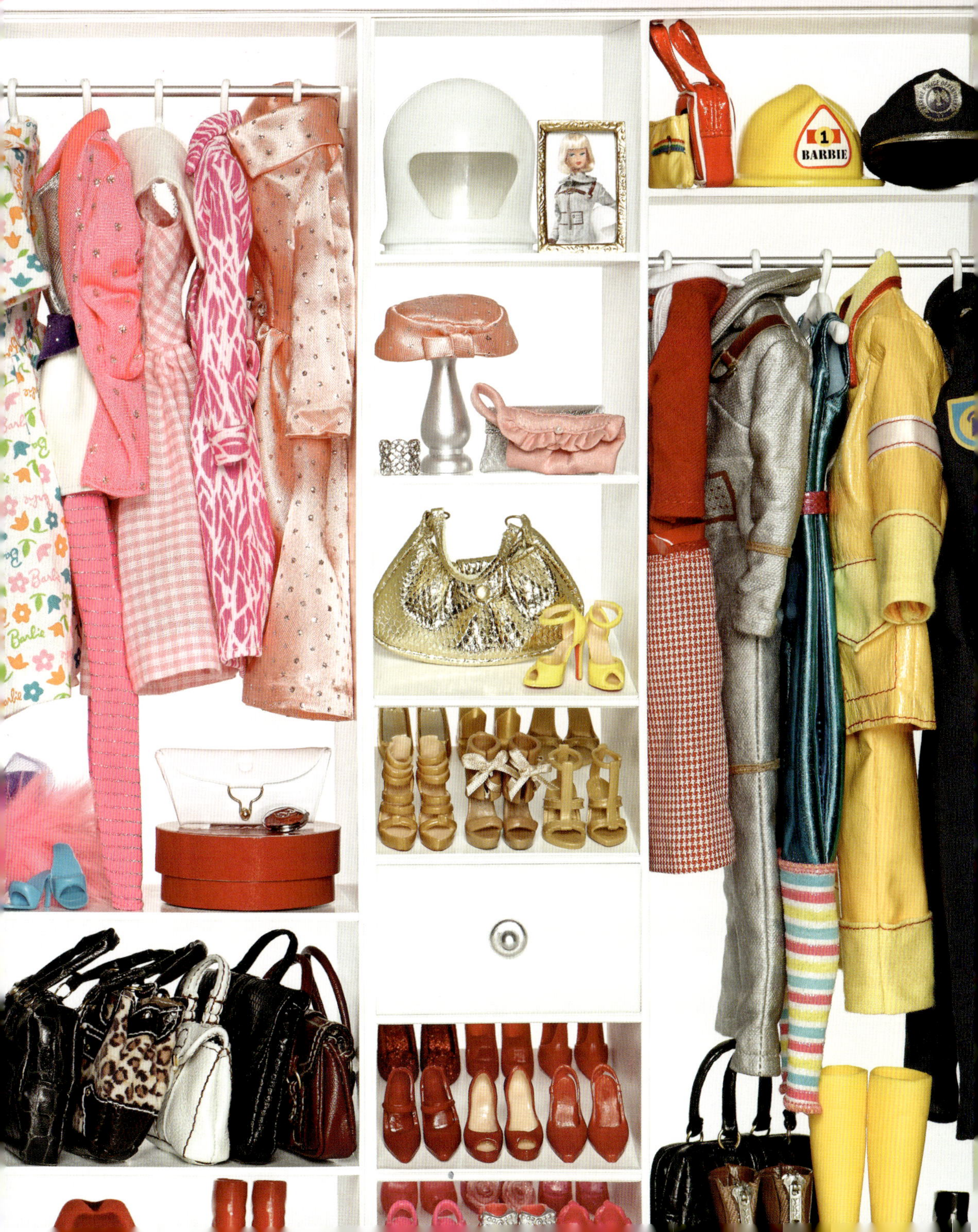

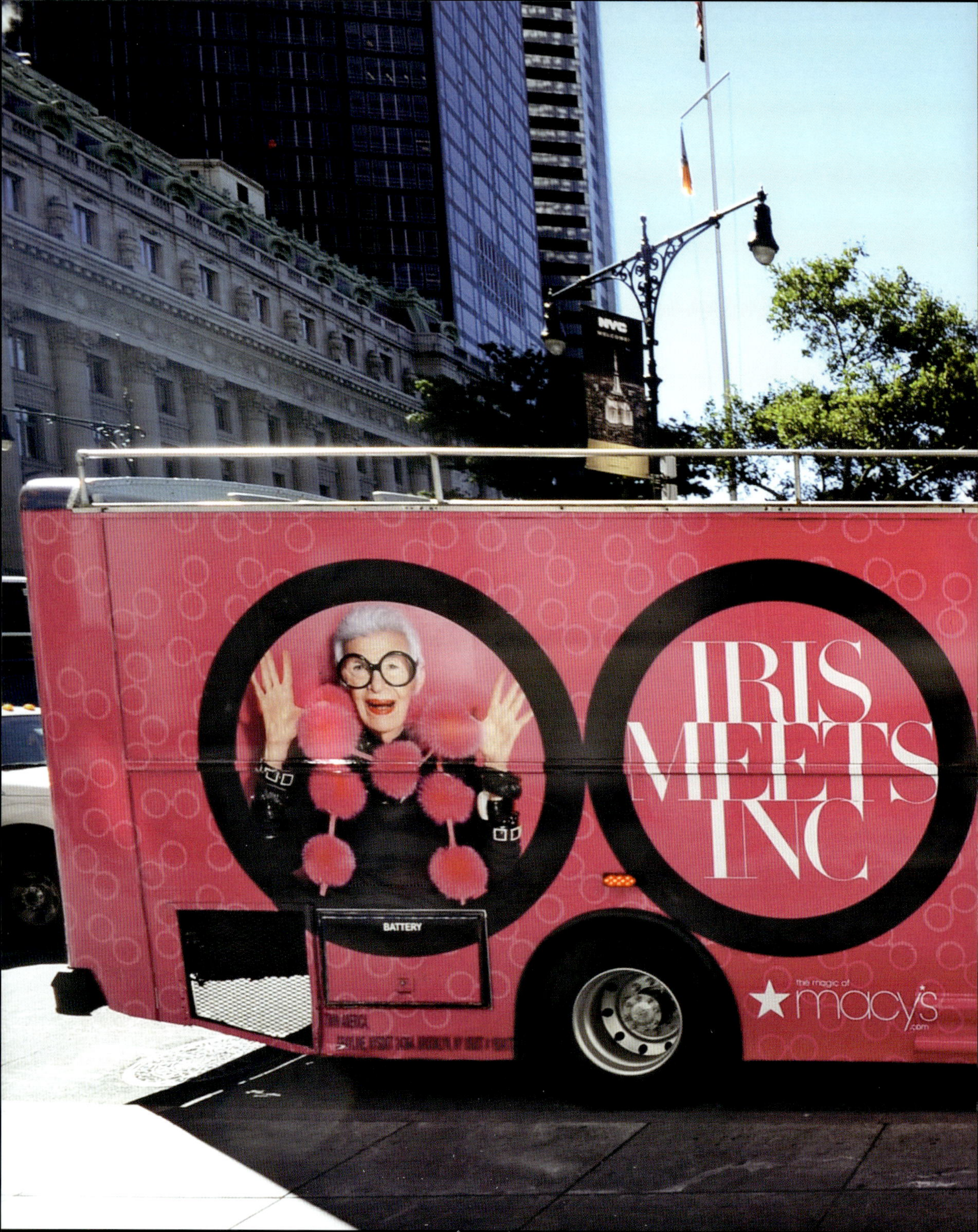

ICH HABE NIE DAMIT

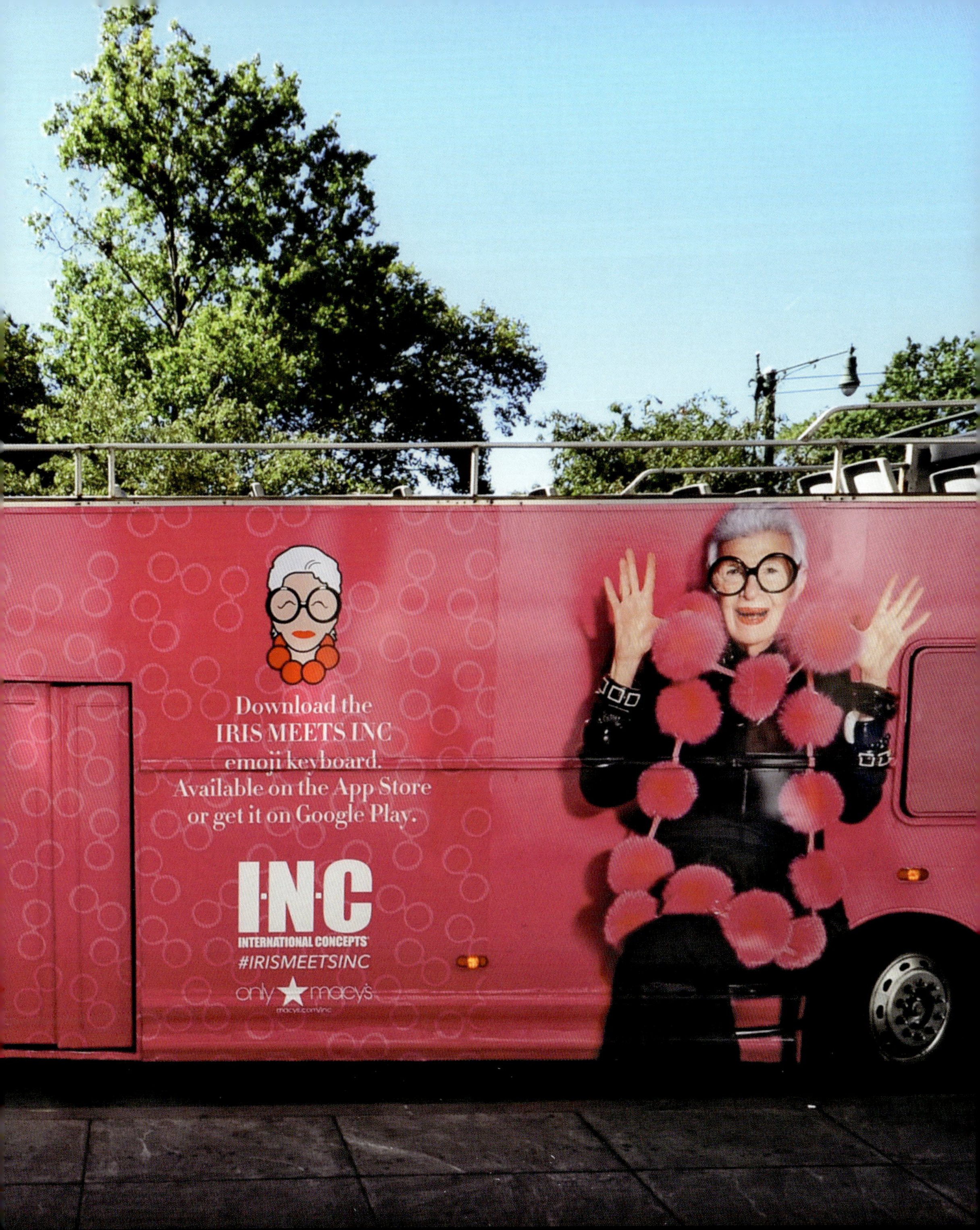

Menschen anzuziehen ...

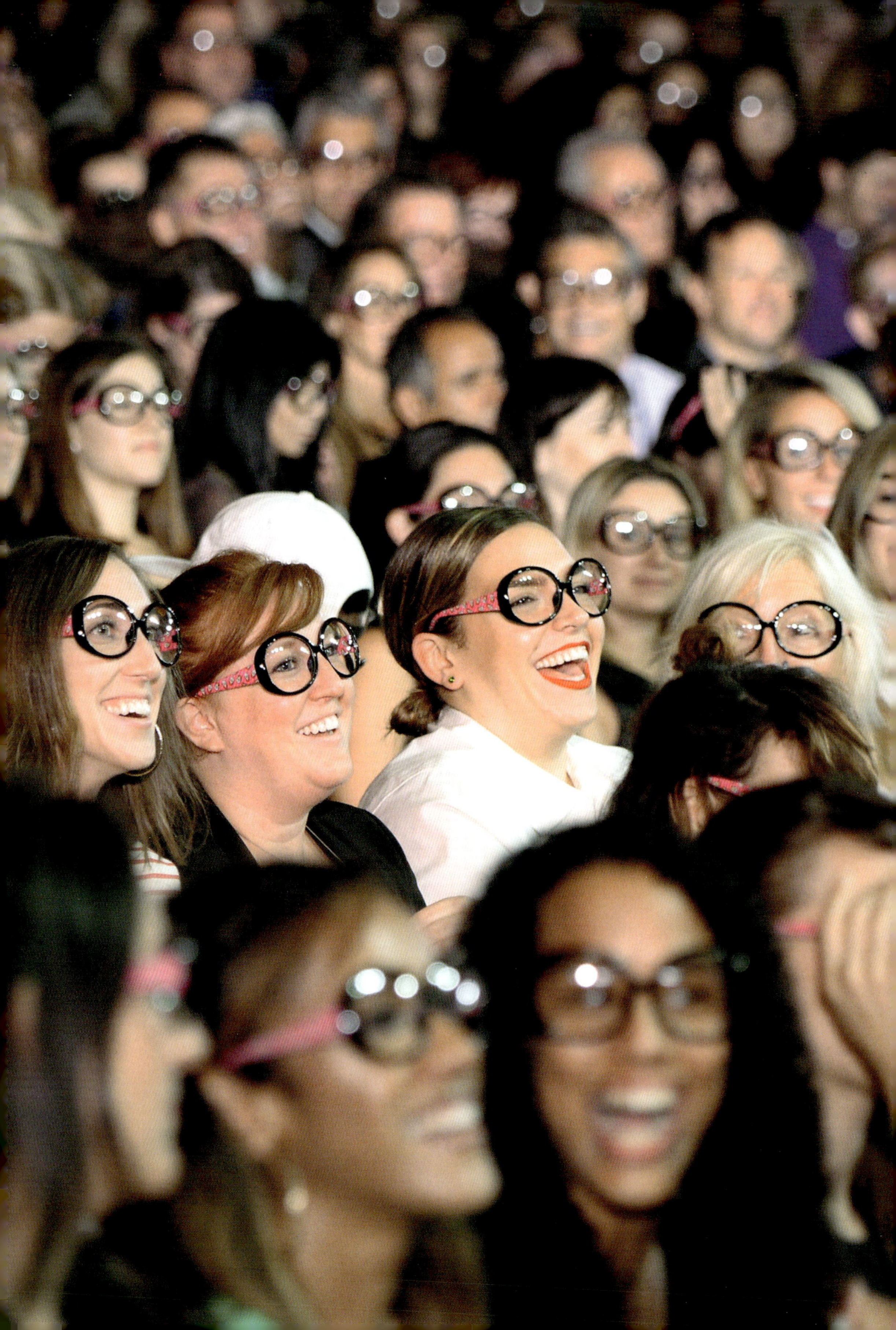

... UND SCHON GAR KEINE FANS.

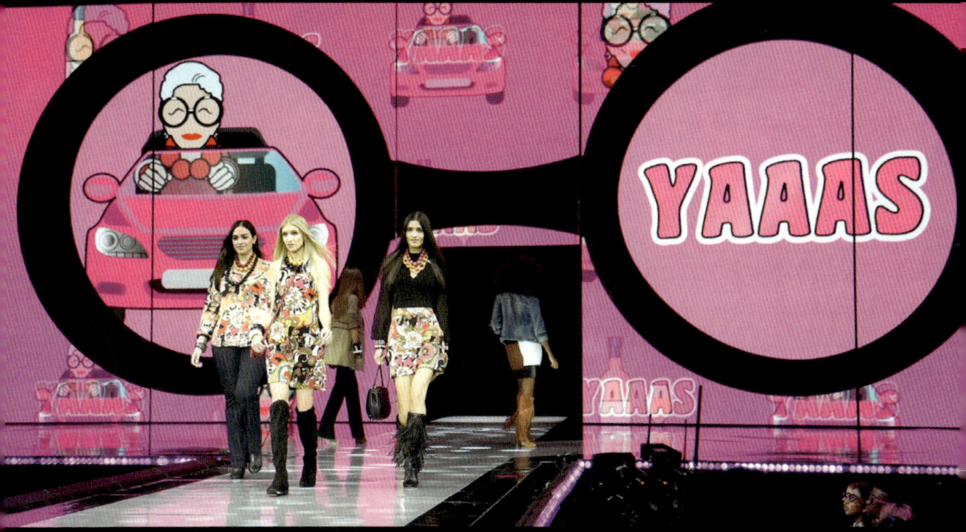

Und ich habe nie damit gerechnet,
mit so vielen schmeichelhaften Preisen und
Ehrungen überhäuft zu werden – von New York City
bei einer Zeremonie im Rathaus, bei einer
in Harlem und noch einer in St. Louis, wo
es sogar einen Iris-Apfel-Tag gab.

ICH HABE NIE DAMIT GERECHNET,

dass jemand eine Doku über mein Leben drehen würde, und schon gar nicht, dass sie für einen Emmy nominiert wird.

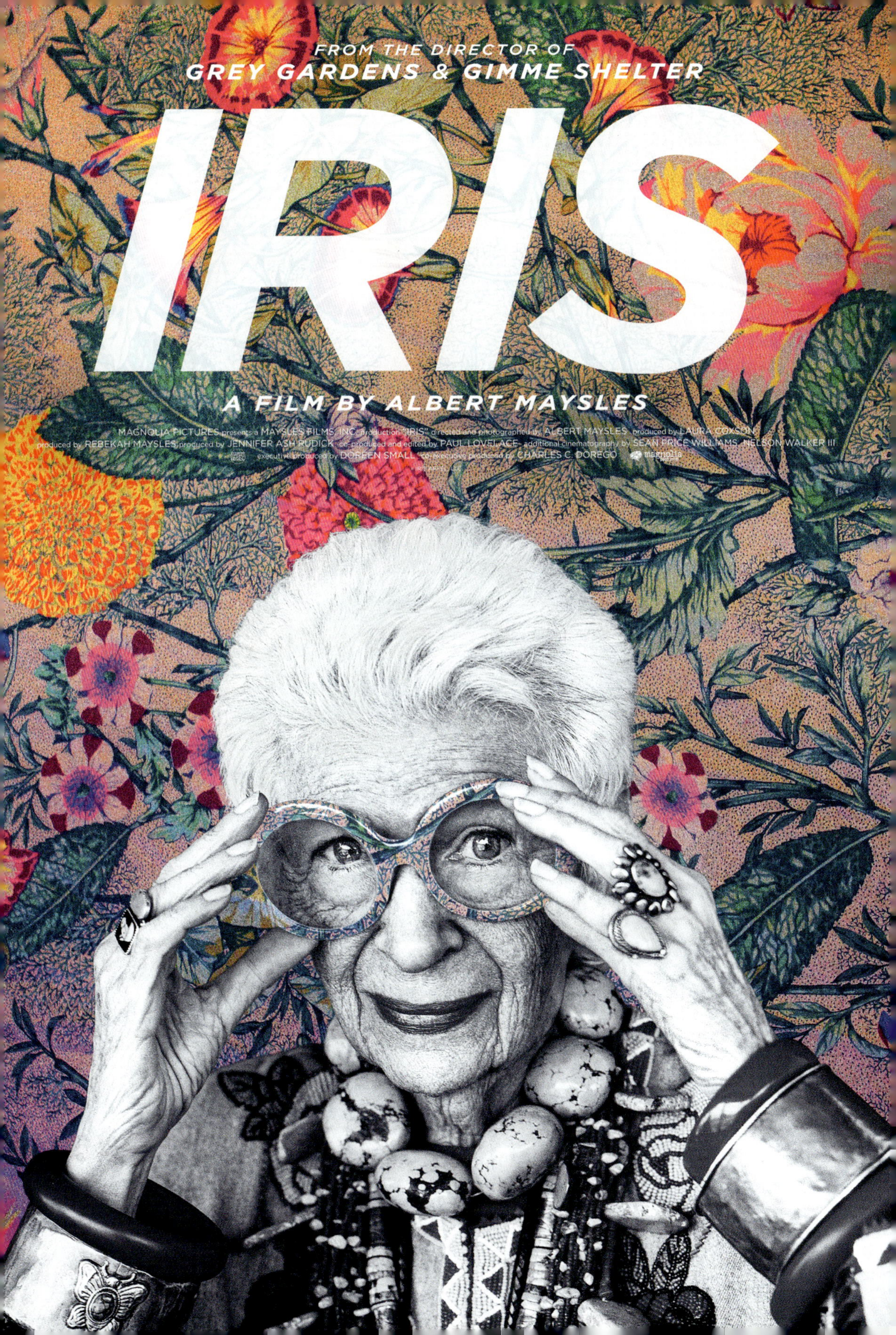
FROM THE DIRECTOR OF
GREY GARDENS & GIMME SHELTER
IRIS
A FILM BY ALBERT MAYSLES
MAGNOLIA PICTURES presents a MAYSLES FILMS, INC. production "IRIS" directed and photographed by ALBERT MAYSLES produced by LAURA COXSON
produced by REBEKAH MAYSLES produced by JENNIFER ASH RUDICK co-produced and edited by PAUL LOVELACE additional cinematography by SEAN PRICE WILLIAMS, NELSON WALKER III
executive produced by DOREEN SMALL co-executive produced by CHARLES C. DOREGO

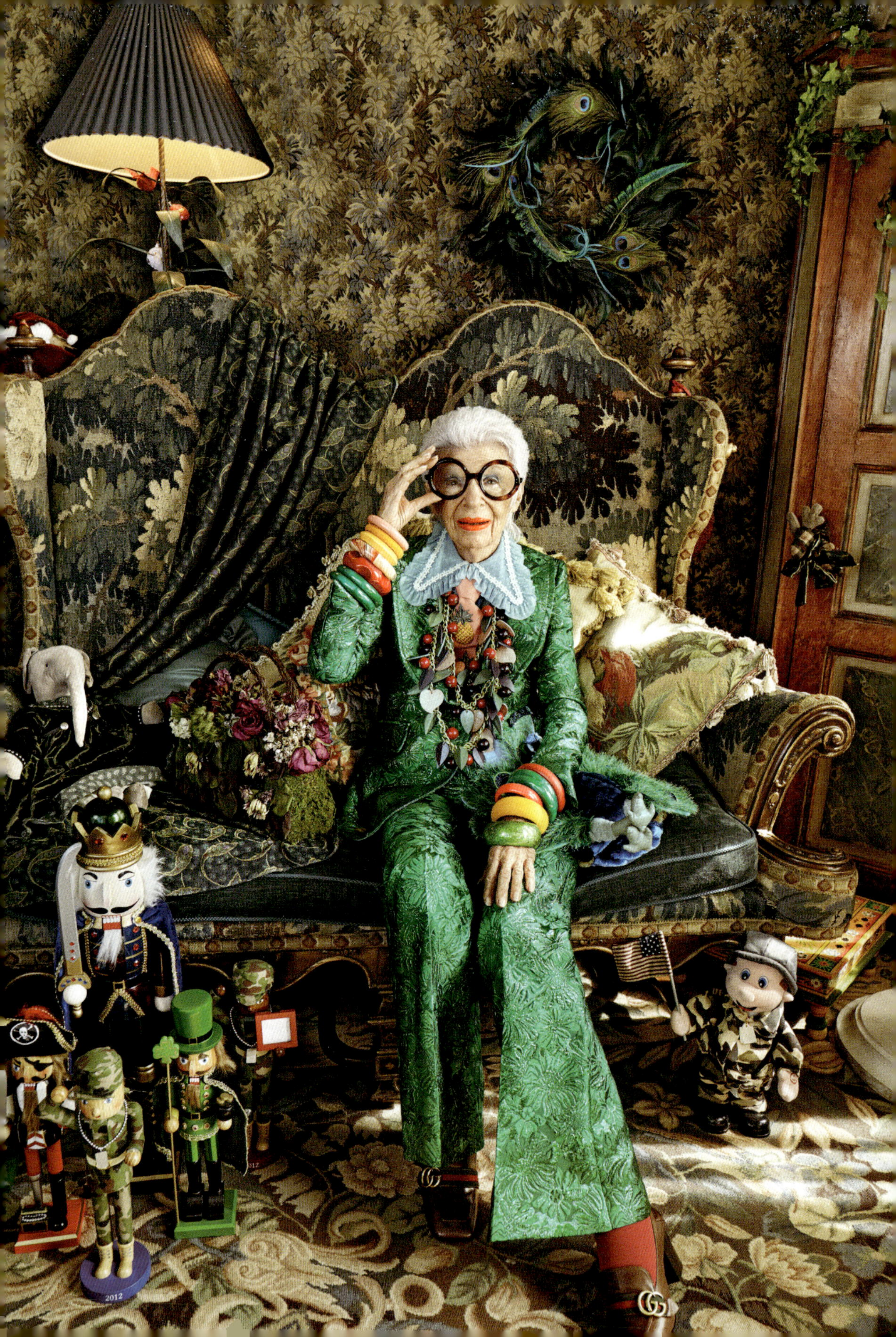
2012

ICH HABE NIE DAMIT GERECHNET, DASS ICH DIESES BUCH SCHREIBEN WERDE.

Ich rechne nie mit IRGENDETWAS.

Ich habe einfach ein Bauchgefühl und richte mich danach. Wenn etwas aufregend und interessant klingt, tue ich das – und mache mir später Gedanken. Um neue Dinge zu tun, muss man unglaublich energiegeladen und stark sein. Es strengt an, Dinge in die Tat umzusetzen, sich Neues anzueignen, die Ängste links liegen zu lassen. Die meisten Leute schwimmen am liebsten mit dem Strom; das ist einfacher. Aber es ist nicht so interessant.

Denn ich sage immer:

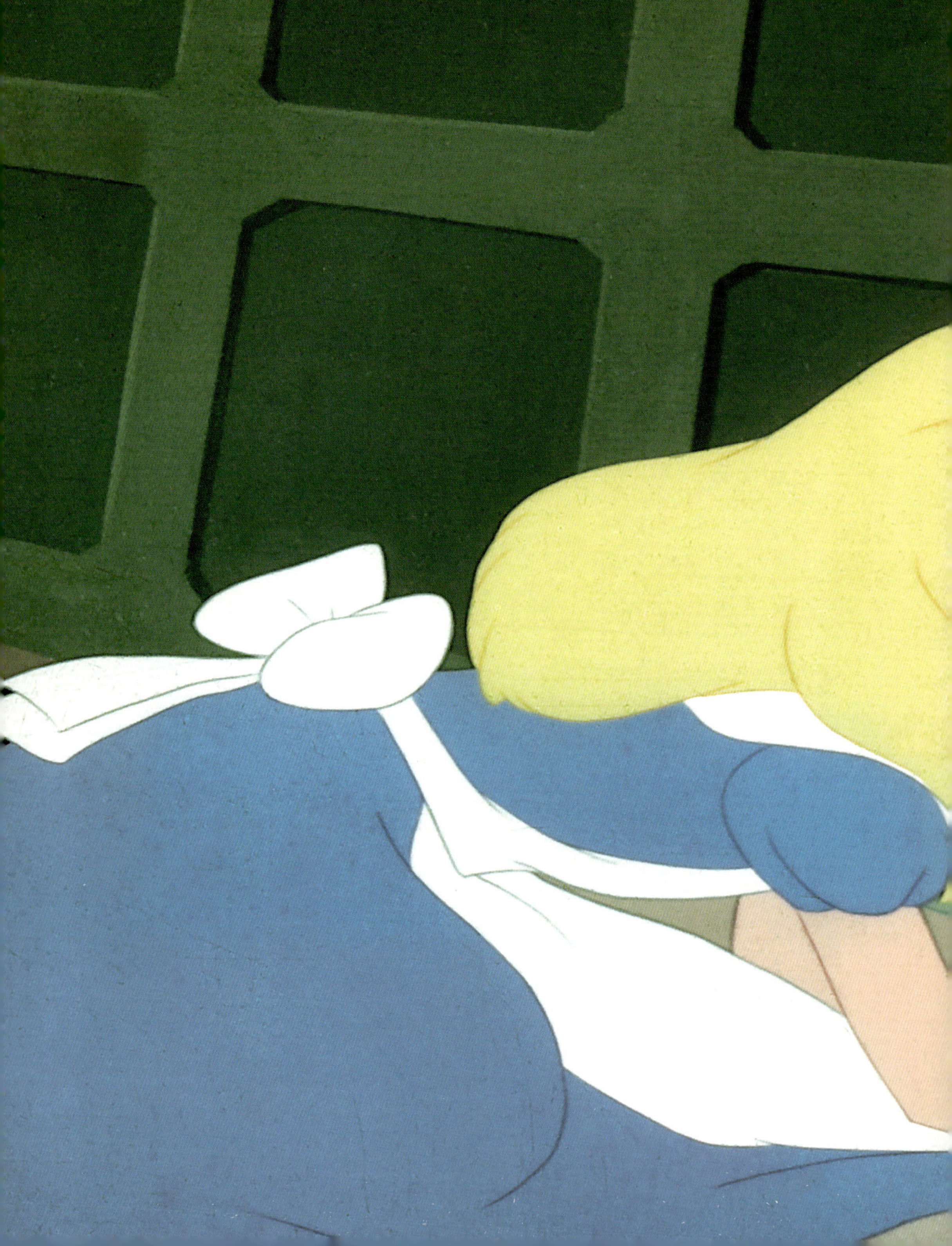

»Du musst dich INTERESSIEREN, um interessant zu sein.«

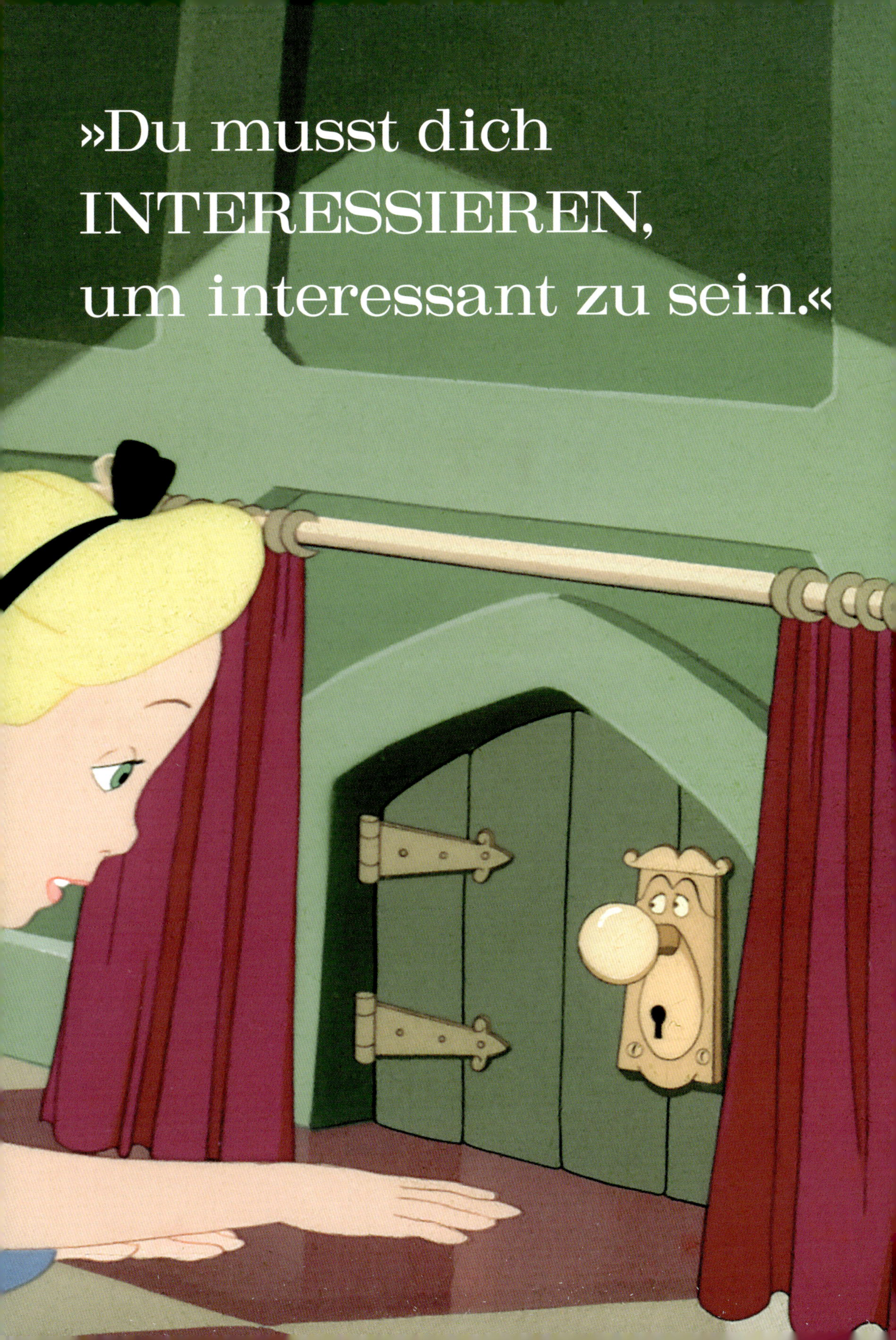

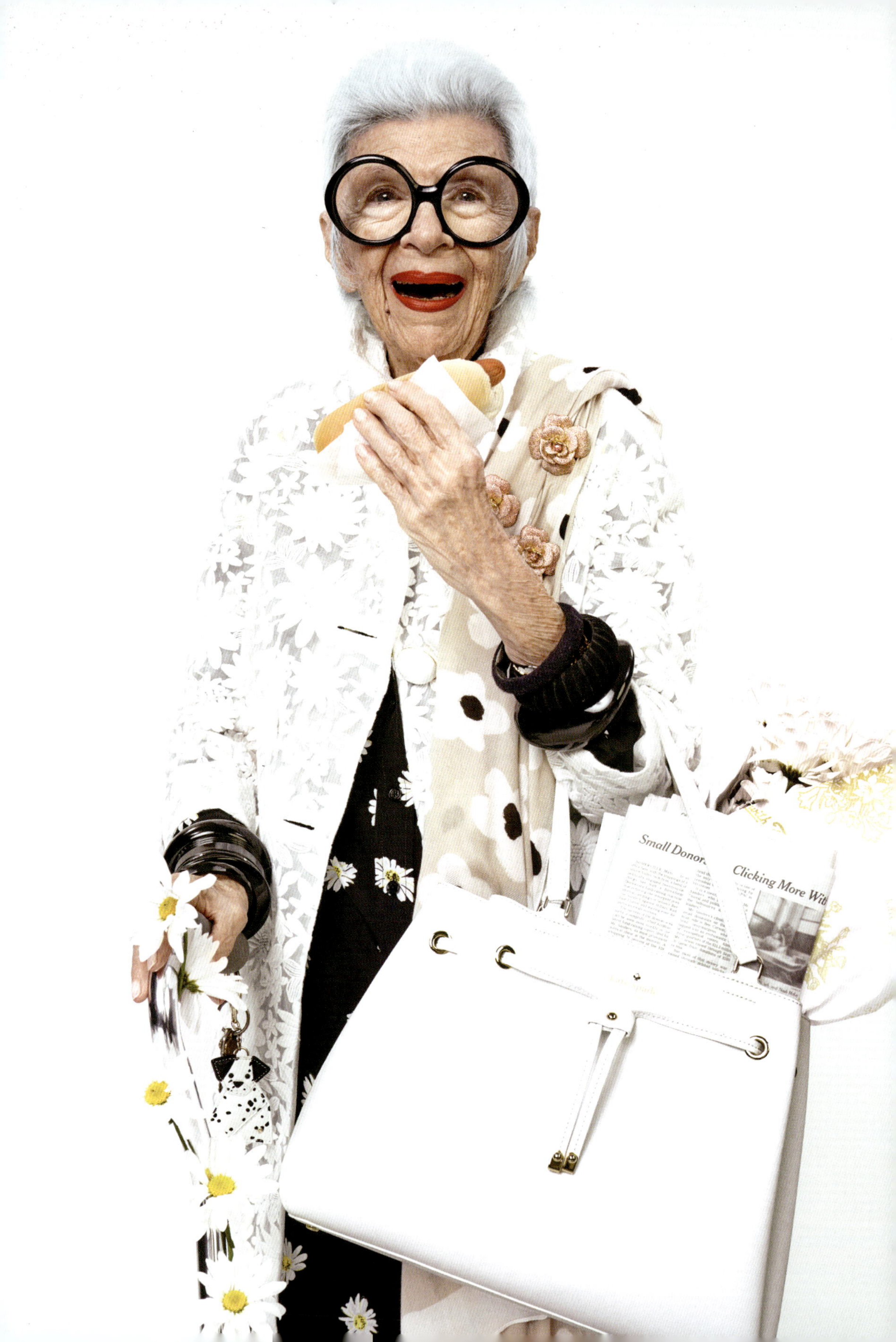

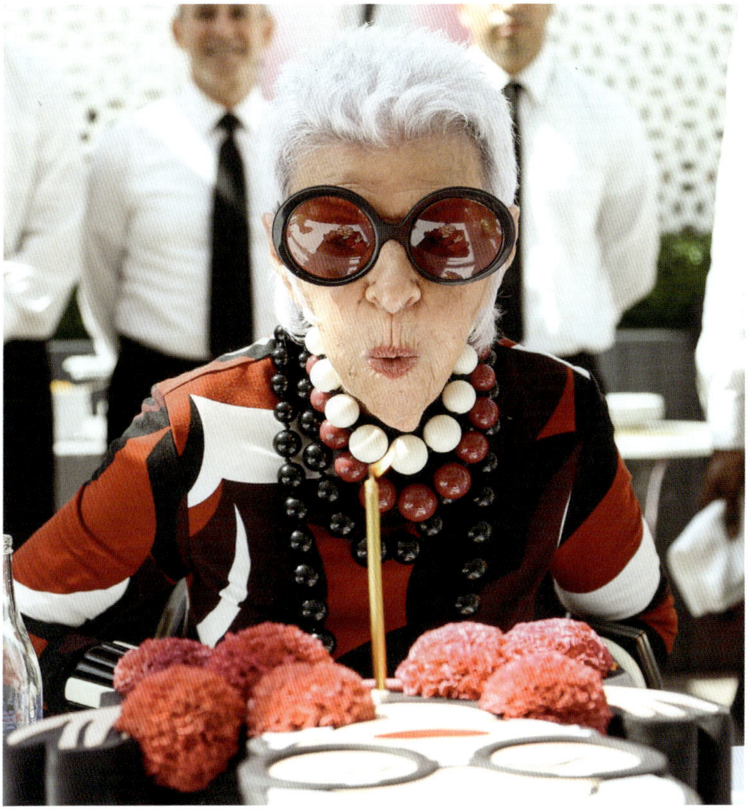

GLAUBEN SIE MIR.

IM ALTER, so in etwa drückte es ein alter Freund der Familie immer aus, wenn du von etwas zwei hast, besteht die Gefahr, dass eines davon am nächsten Morgen Schmerzen bereitet. Aber du musst aufstehen und den Schmerz überwinden. Wenn du jung bleiben willst, musst du jung denken.

Wenn du staunen kannst, Humor hast und neugierig bleibst – das ist nach meinem Geschmack. Das hält dich jung, fast wie ein Kind, offen für neue Menschen und Dinge und bereit für das nächste Abenteuer.

Ich wollte nie ein alter Griesgram werden; ich halte den selbst proklamierten Weltrekord für den »Ältesten lebenden Teenager der Welt« – und dabei möchte ich es belassen.

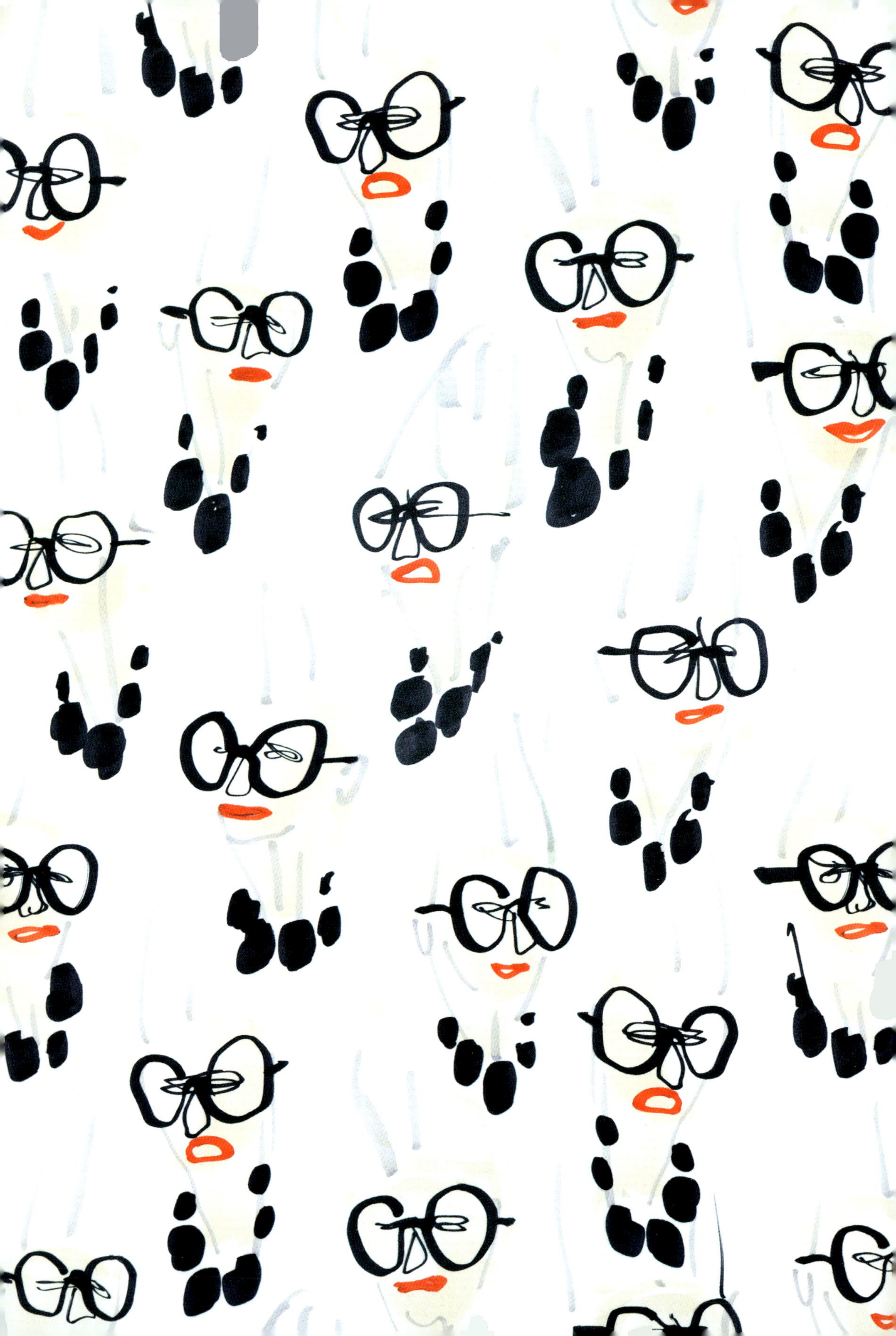

BETRACHTUNGEN

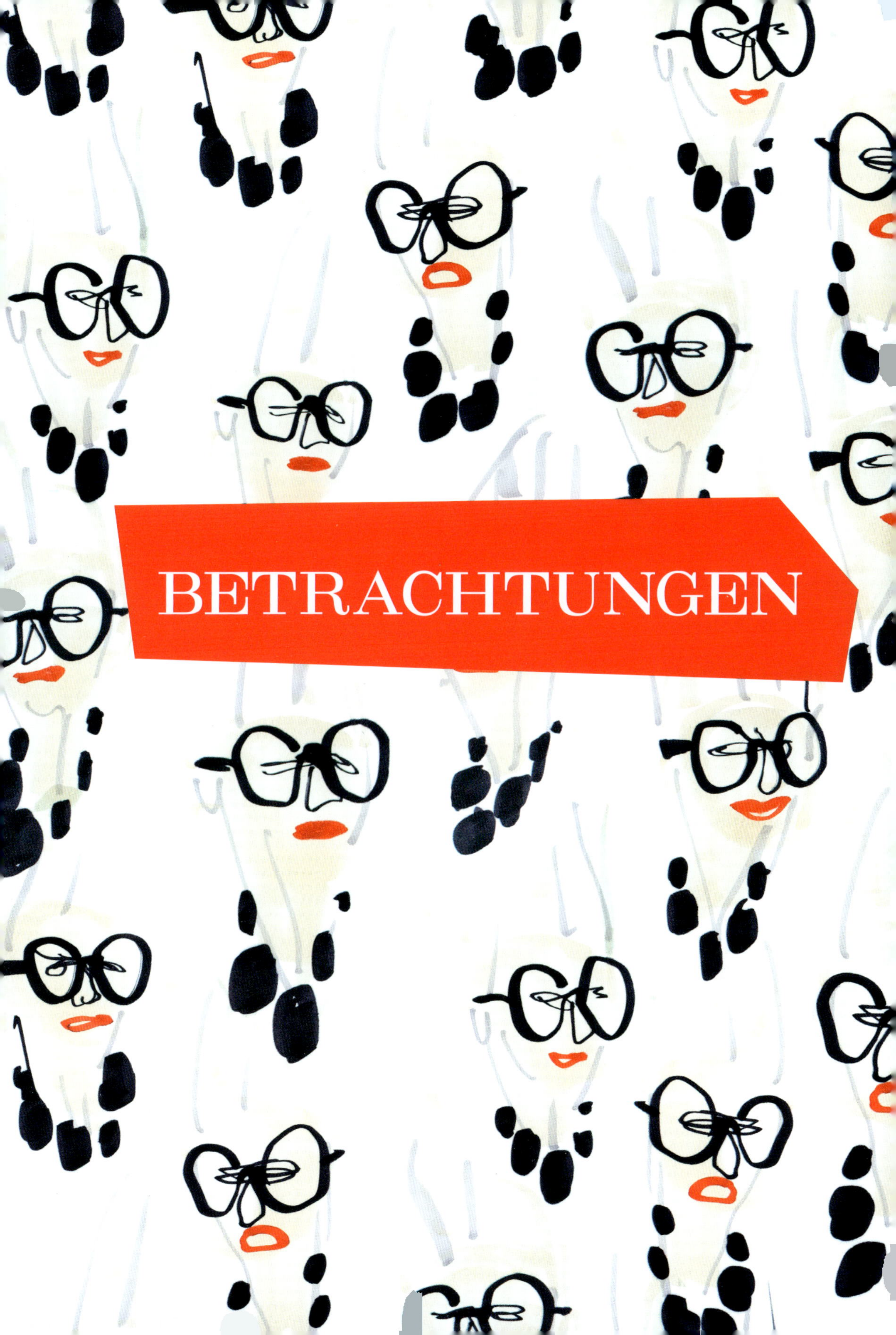

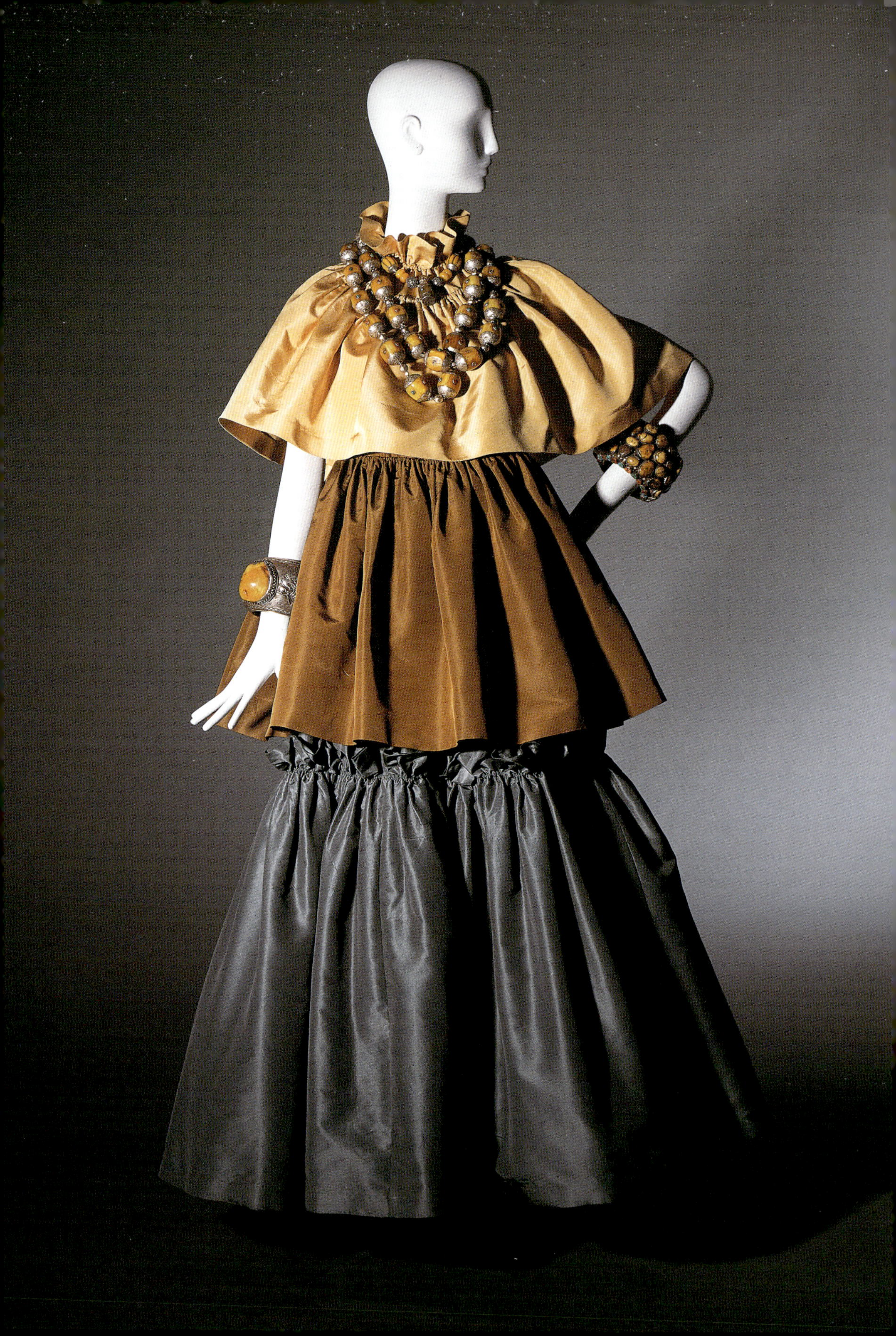

ES WAR EINMAL ... ODER SO ÄHNLICH

ALS DAS METROPOLITAN Museum of Art im Frühling 2005 bei mir anklingelte, begann ein neues Kapitel in meinem Leben. Am Telefon war Harold Koda, damals Kurator am Costume Institute, und er machte mir ein Angebot, das ich unmöglich ablehnen konnte. Er plante eine kleine Ausstellung mit meinen Modeaccessoires und meinem Schmuck. Der Haken an der Sache: Sie musste innerhalb von fünf Monaten fertig sein – in der Welt von Museen eine Nanosekunde, denn Ausstellungen werden üblicherweise Jahre im Voraus geplant.

Dennoch stimmte ich zu, denn ich dachte, ich müsste lediglich meine Sachen in schöne Vitrinen stellen.

Harold und das Kuratorenteam besuchten mich eines Tages, um die Ausstellung zu planen. Dabei eröffnete er mir, er habe das Konzept überarbeitet. Accessoires ohne Kontext zu zeigen, hielt er nicht für sinnvoll, denn die Öffentlichkeit wollte erleben, was Accessoires mit einem Outfit anstellen können. Darum fragte er, ob ich nicht wenigstens fünf Outfits als eine Art »Leinwand« anbieten könnte. Um korrekt zu bleiben: Er wollte die Outfits gern aussuchen. Mein Job wäre es gewesen, die Mannequins mit Accessoires auszustatten, wie ich das mit mir selbst vor 60 Jahren getan hatte bzw. wie ich die Auswahl heute neu zusammenstellen würde.

»Was können Sie mir zeigen?«, fragte er.

»Was wollen Sie denn sehen?«

»Lassen Sie mich mal schauen ...«

Sie hatten ja keine Ahnung, dass sie soeben die Büchse der Pandora geöffnet hatten. Ein Schrank führte zum nächsten, und in den folgenden Stunden öffneten, stöberten und wühlten wir uns durch alle meine Schränke, Kommoden, Schubladen und Kartons. Irgendwann schaute sogar jemand unter meinem Bett nach. Überall schien Kleidung hervorzuquellen. Schließlich wurde es so chaotisch, dass wir zehn Kleiderständer kauften, die Möbel im Appartement beiseiteschoben und die möglichen Kandidaten auf die Ständer drapierten. Und bis zum Abend hatten wir noch nicht einmal einen Bruchteil angeschaut.

»Wir kommen morgen wieder, und übermorgen und am Tag darauf!«, sagte Harold.

Nachdem wir die Auswahl getroffen hatten, tauchte mehrere Tage hintereinander ein Lkw auf und holte Sachen ab. Die Ladung: um die 300 Kleidungsstücke und Hunderte Accessoires. Ich bin mir sicher: Hätten sie für Verpackung und Versand bezahlen müssen, sie hätten sich das anders überlegt! Sie hatten wirklich Glück, dass ich in der Nähe wohnte. Schließlich wurden in der Ausstellung mehr als

80 Outfits und Hunderte Accessoires gezeigt. Und die Schaufensterpuppen habe ich selbst gestylt.

Als die Ausstellung *Rara Avis* eröffnete, war ich international noch nicht so bekannt wie jetzt, doch das änderte sich schnell. Aus einer kleinen Schau wurde eine große Ausstellung … ein Blockbuster. Das Met gab keine Pressematerialien über mich heraus und zeigte auch mein Bild nicht. Mein Neffe, Billy, besuchte die Ausstellung jedes Wochenende mit verschiedenen Freunden und berichtete mir dann. Häufig fragten Besucher, wer ich wohl sein möge. Einmal hörte er sogar, wie jemand behauptete, ich sei tot, was nicht wirklich überraschte, denn das Met huldigte zum ersten Mal dem Stil einer noch lebenden Frau, die keine Modedesignerin war.

Dennoch, als ich das hörte, sagte ich: »Billy, tu mir einen Gefallen. Wenn du das nächste Mal so etwas hörst, tippe der Person auf die Schulter und sage ‚Meine Tante lebt und ihr geht's gut. Sie läuft nur noch umher, um die Bestattungskosten zu sparen.'«

Während das Medienecho vor allem die Aufmerksamkeit der Modewelt erregte, wurde es erst richtig verrückt, als mein lieber, lieber Freund, der inzwischen leider verstorbene Fotograf und Journalist Bill Cunningham, am 2. Oktober 2005 der Ausstellung seine Kolumne in der *New York Times* widmete. Er nannte sie: »In Her Image«, und seine Begeisterung für die Ausstellung – »Sie brauchen nicht nach Europa zu fliegen, um echten Stil erleben zu können« – machte alle neugierig. Ab diesem Moment kamen die Besucher scharenweise und die Ausstellung war in aller Munde. In ihrer Ausstellungskritik schrieb die Kunstkritikerin der *New York Times*, Roberta Smith: »Bevor es den Begriff Multikulturalismus überhaupt gab, trug ihn Mrs. Apfel bereits.« Ich war fassungslos ob der Besuchermassen, und die Aufmerksamkeit schmeichelte mir. Außerdem nahm ich an, dass alles vorbei sein würde, sobald die Ausstellung im Januar schloss. Das Tamtam hätte ein Ende und ich würde wieder in mein altes Leben zurückkehren.

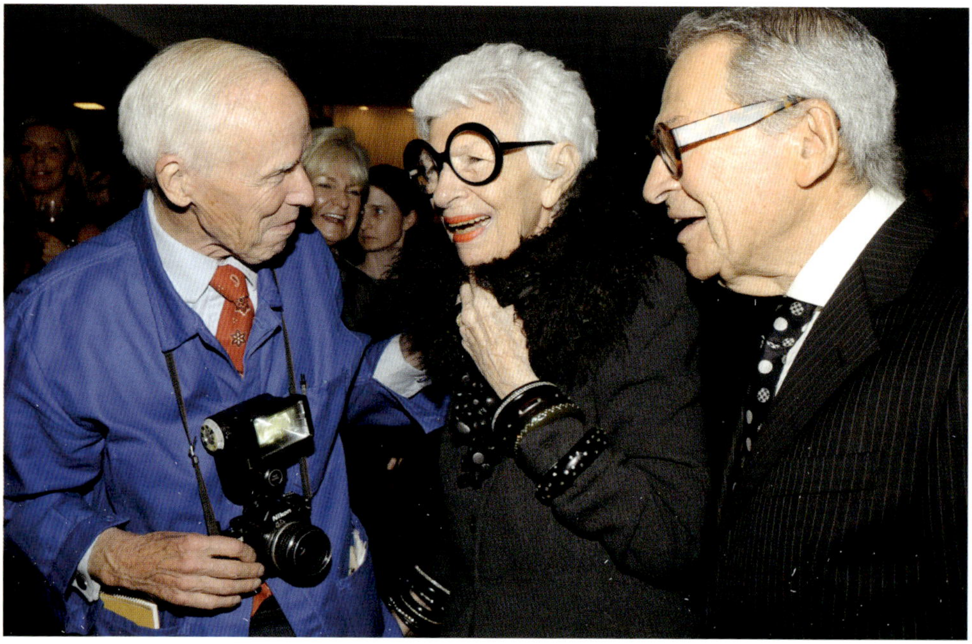

Doch plötzlich erkannten mich die Leute auf der Straße. Ich war für manche cool – oder heiß wenn Sie so wollen – und doch war ich noch dieselbe wie 50 Jahre zuvor. Nach der Eröffnung der Ausstellung wurde ich eingeladen, im »Modeprogramm« der New York University zu sprechen. Ein Designer erhob sich und sagte: »Ihre Show ist wunderbar. Damit haben Sie New York seit Jahren das schönste Weihnachtsgeschenk gemacht. Und was hat New York für Sie getan?«

Ich platzte heraus: »Die Stadt machte aus mir ein geriatrisches Starlet.«

Eigentlich kann ich Etiketten nicht leiden, aber dieses hat gesessen und amüsiert mich, vielleicht, weil ich es mir selbst angesteckt habe.

NACH ENDE DER SHOW kontaktierten mich andere Kuratoren, die die Ausstellung besucht hatten und sie in ihre eigenen Museen holen wollten. Schon sehr bald ging *Rara Avis* auf Reisen. Sie war drei Monate im Norton Museum of Art in West Palm Beach, Florida, zu sehen. Im folgenden Jahr lief sie für vier Monate im Nassau County Museum of Art in Roslyn Harbor, Long Island. Im Oktober 2009 hob sie jedoch vollständig ab, als sie im Peabody Essex Museum in Salem, Massachusetts, öffnete.

Als das Norton um eine eigene Version der Ausstellung bat, stimmte ich gern zu – und das nicht, weil ich in Palm Beach ein Haus habe. Ich fand es so spannend, die Ausstellung am Met zusammenzustellen, dass ich die Gelegenheit beim Schopfe packen und eine zweite und dritte ausstatten wollte. Während ich am Met nur die Accessoires an den Puppen anbrachte, war ich bei den Ausstellungen am Norton, Nassau und Peabody auch für Design und Aufbau verantwortlich. Nein, natürlich habe ich keine Puppen umhergetragen, aber die Kuratoren kleideten sie nach meinen Wünschen ein.

Bei der Arbeit an der Peabody-Show erzählte mir eine Kuratorin, meine Art, wie ich die Puppen einkleidete und schmückte, erinnere sie an Improvisation ... die Basis des Jazz. Für mich klang das sinnvoll, ich bin seit meiner Kindheit ein großer Jazz-Fan. Und ich improvisiere gern. Am liebsten stürze ich mich auf etwas und tue aufregende Dinge, ohne groß darüber nachzudenken. Vermutlich könnte man schon sagen, ich lebe ein Jazz-Leben.

> »Sie brauchen nicht nach Europa zu fliegen, um echten Stil erleben zu können.«
>
> Bill Cunningham, *New York Times, 2005*

Das Peabody behalte ich immer im Herzen, nicht nur wegen seiner eigenen ausgezeichneten Kostümsammlung, sondern auch weil dessen Kuratoren jetzt meine Sammlung an Accessoires, Kleidung und Schuhen verwahren. Seit Ende der Ausstellung besuchen sie mich jedes Jahr und wir bestimmen, welche Stücke sie ins Museum mitnehmen. Irgendwann, wenn ich diese Erde verlasse, bekommt das Peabody Essex meine gesamte Garderobe – wenn ich es mir nicht noch anders überlege.

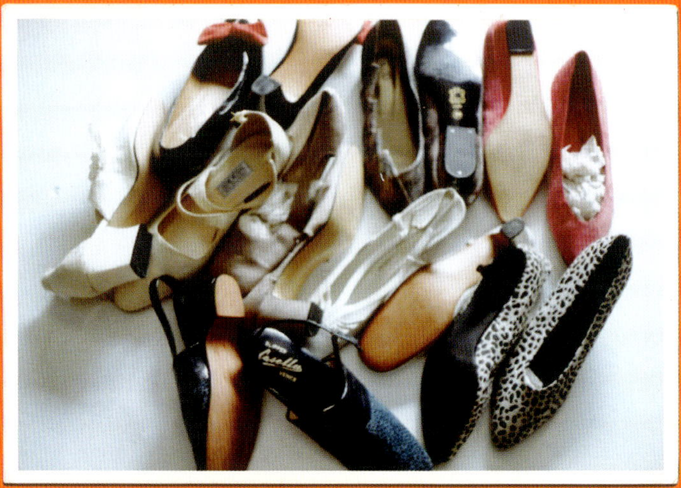

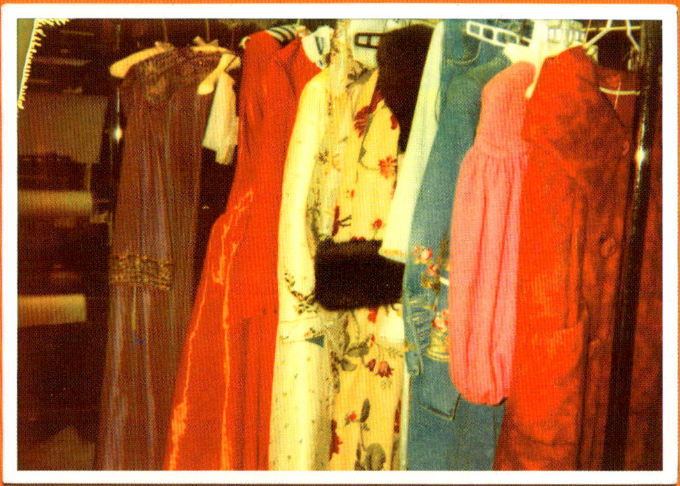

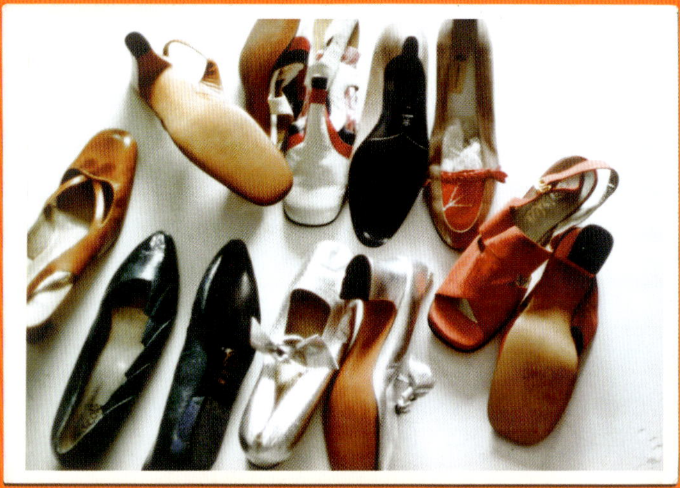

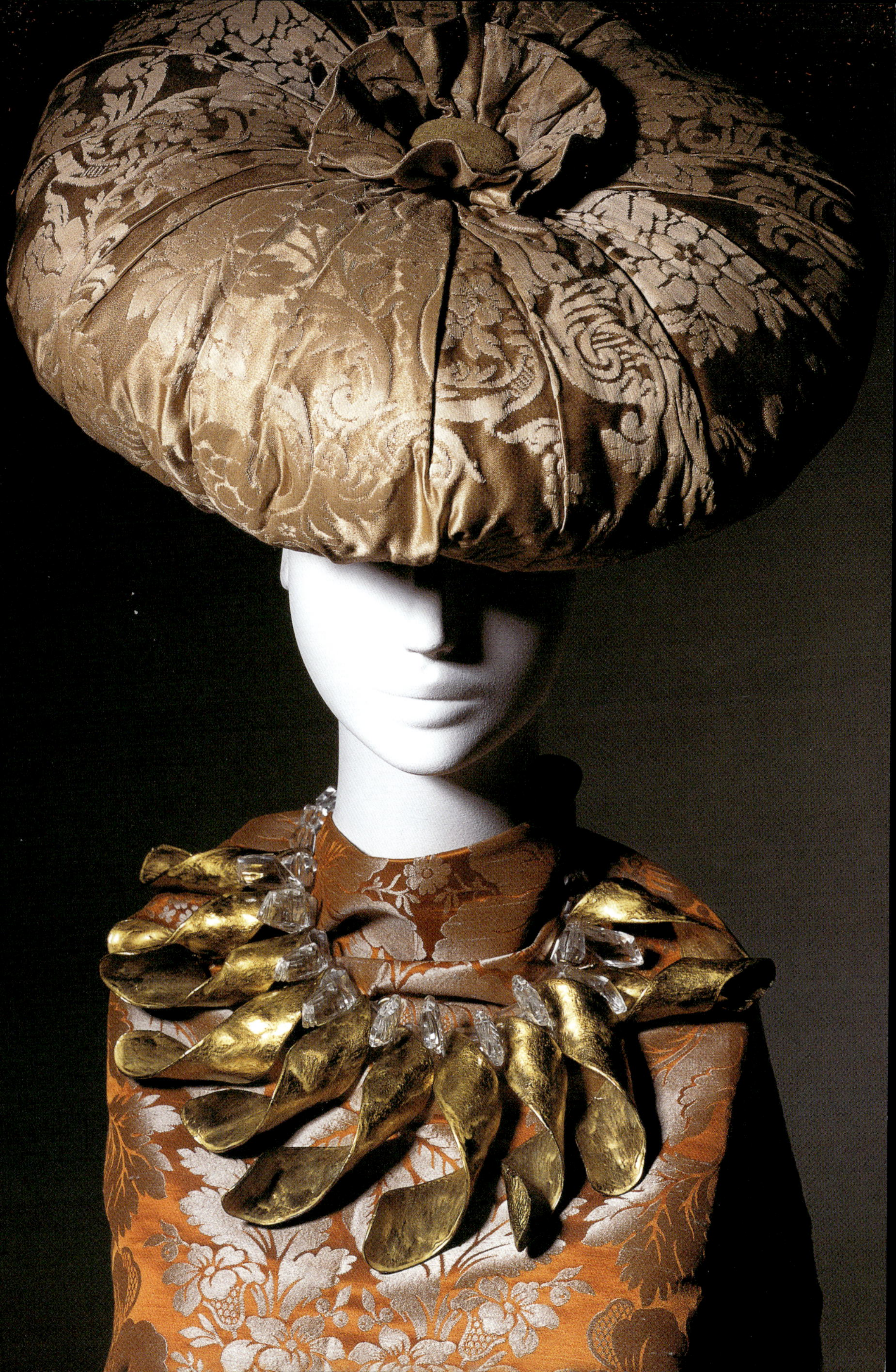

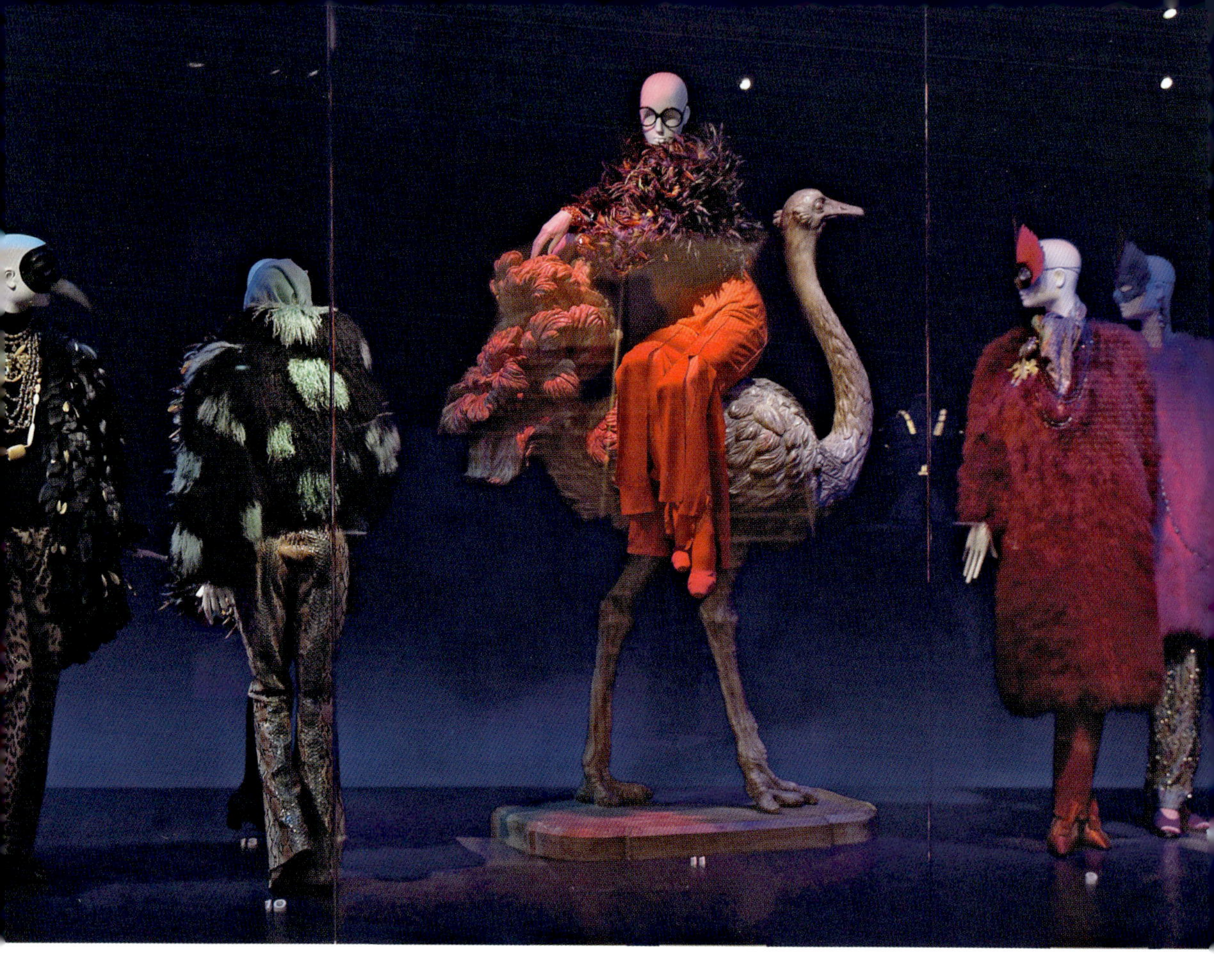

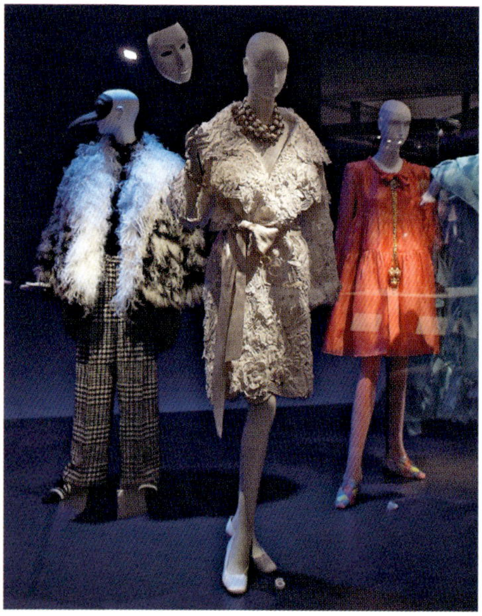

SEIT DEM ENDE DER AUSSTELLUNGEN durfte ich mit vielen wunderbaren, kreativen Menschen arbeiten. Ich habe keinen Agenten, jemanden, der die Verantwortung trägt. Ich habe auch keine Website, und soziale Medien nutze ich auch nicht, allerdings weiß ich, dass Leute Bilder und Zeichnungen von mir posten.

Ich kann soziale Medien überhaupt nicht leiden. Was ich esse, was ich tue, wohin ich unterwegs bin – das geht keinen etwas an. Und ich habe eine Regel: Ich mache keine Selfies – die beste Chance, krank zu werden, ist, wenn jemand mit Schnupfen seinen Kopf an deinen hält und dir ins Gesicht hustet …

Bei einer Dinnerparty vor einigen Jahren erzählte mir die Gastgeberin, ein Foto auf meiner Facebook-Seite habe ihr sehr gefallen. »Was ist Facebook? Ich habe das nicht!«, sagte ich.

Das »Aber doch, das haben Sie« und »Nein, ich hab das nicht« dauerte um die zehn Minuten, dann holte sie einen Laptop. Ich schaute mir »meine« Facebook-Seite genauer an, und in der linken unteren Ecke fand ich ein Foto meines Gatten, Carl. Darunter stand: »Das ist mein lieber Mann, Joey.« Nun, ich bin vielleicht nicht die hellste Kerze auf der Torte, aber ich erklärte meiner Gastgeberin, dass ich nach über 60 Jahren Ehe durchaus den Namen meines Mannes kenne. Erst dann glaubte sie mir.

Angeblich habe ich 600.000 Follower bei Instagram, das ist verrückt, aber ich habe nichts damit zu tun. Man erzählt mir, »meine« Seite wäre gut kuratiert, sie wird von einer netten Dame namens Parisa aus Wien betrieben. Wir haben uns einige Male unterhalten, seit ich von ihrer Arbeit erfahren habe, aber ich weiß nicht, woher sie die Bilder nimmt. Wie gesagt, eine wunderbare Frau, und ich fühle mich von den ganzen Postings sehr geschmeichelt, aber ich selbst habe nichts damit zu tun.

Ich gebe auch niemandem meine Telefonnummer, also weiß keiner, wie er mich

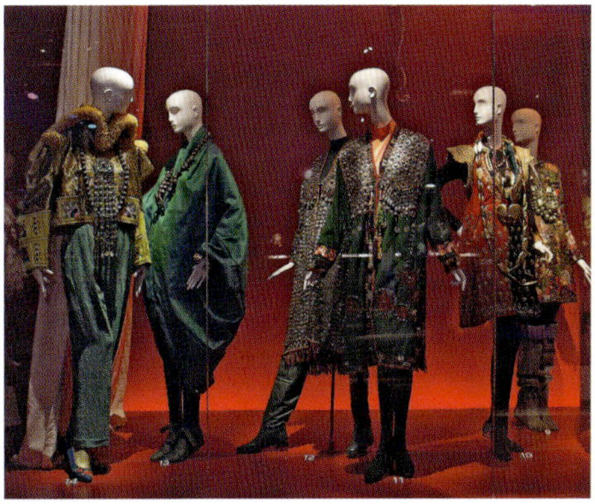

erreichen kann. Trotzdem bekomme ich Anrufe aus der ganzen Welt. Die Leute haben mich irgendwie anders gefunden, über ein Museum oder weil sie jemanden kannten, der bereits mit mir gearbeitet hat, oder durch gemeinsame Freunde. Sie stellen allerlei an, um mich zu finden. Das ist nett, denn so weiß ich, dass es ihnen mit einem Interview oder einem Projekt ernst ist. Bis sie zu mir durchkommen, sind sie jedoch meist etwas angesäuert, weil ich es ihnen so schwer gemacht habe. Aber nicht mit Absicht; technologisch lebe ich im späten 17. Jahrhundert. Wenn mich jemand fragt, ob er mir eine E-Mail schicken kann, sage ich: »Nein, Liebes, das geht nicht. Schick eine Brieftaube. Alles, was ich habe, sind eine Schreibfeder und eine Kerze.«

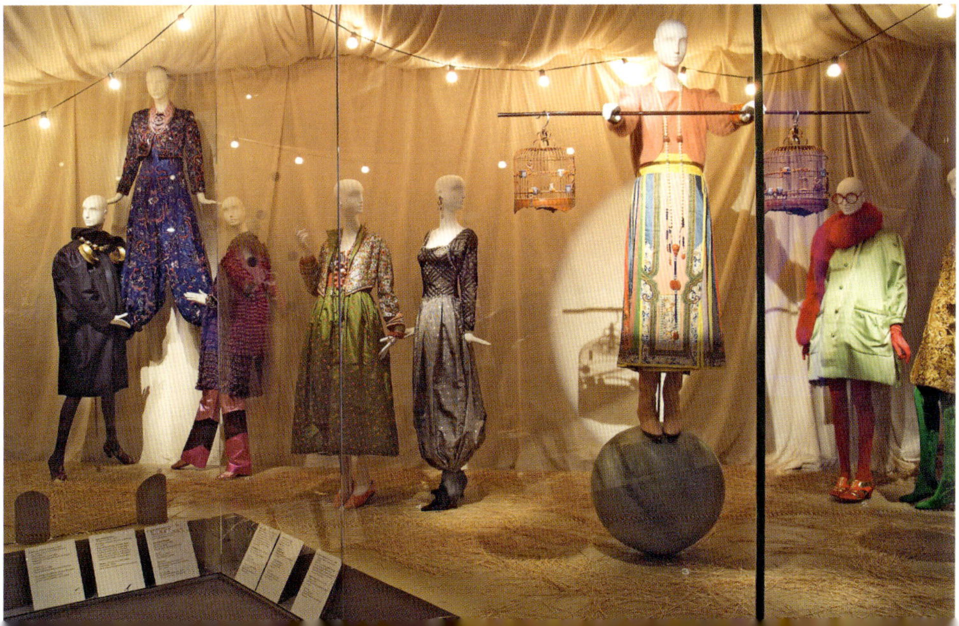

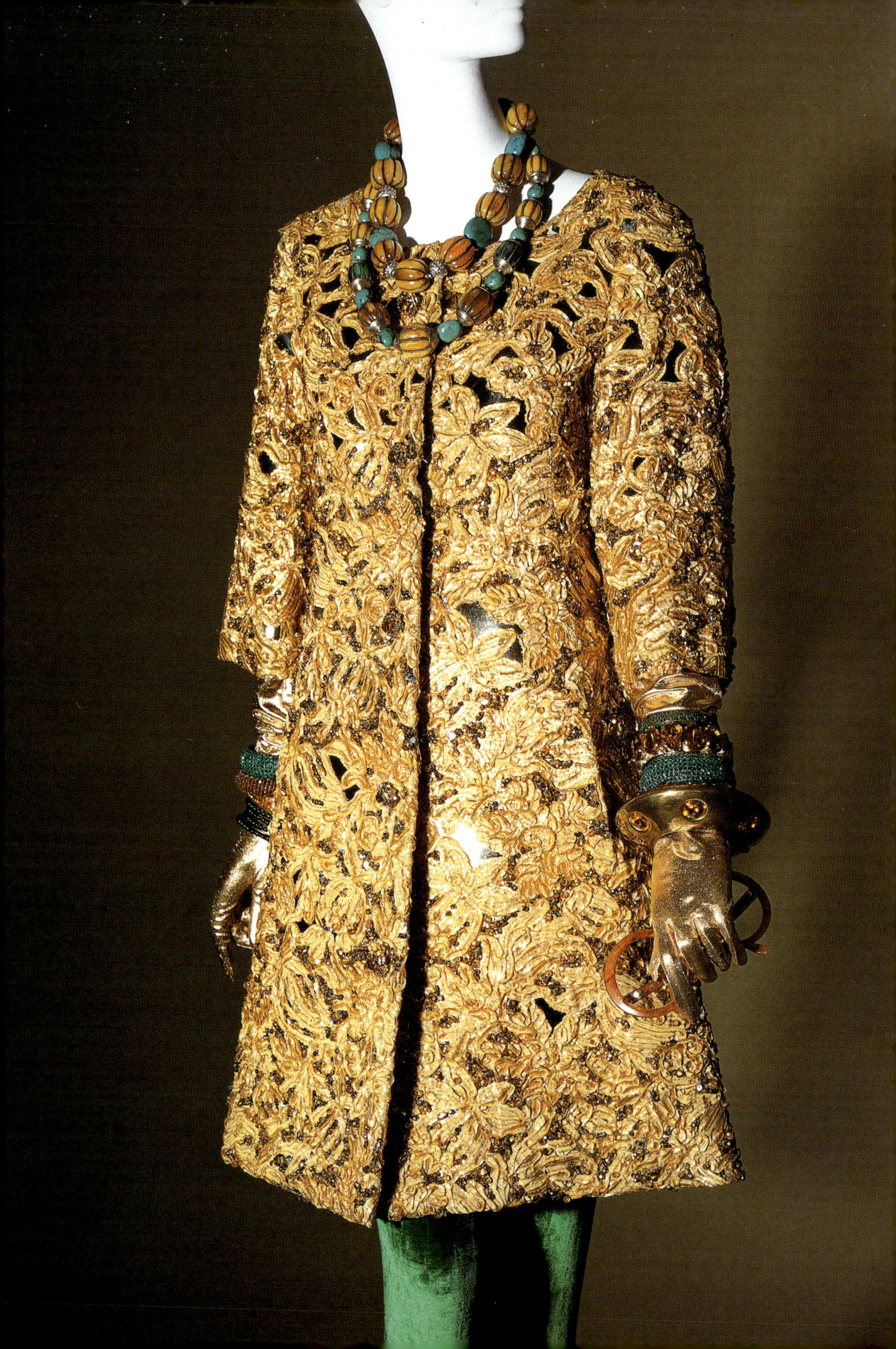

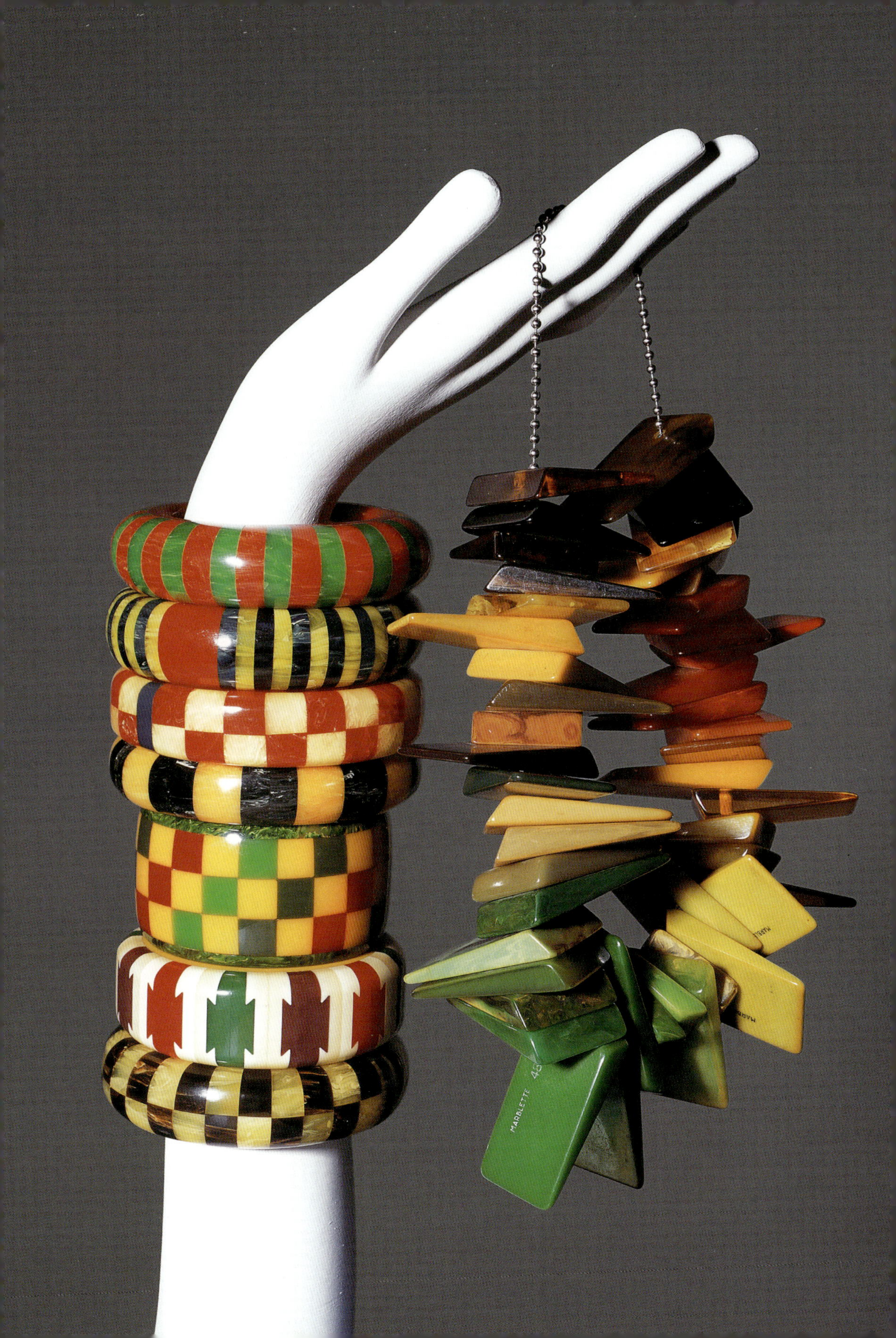
MARBLETTE 48

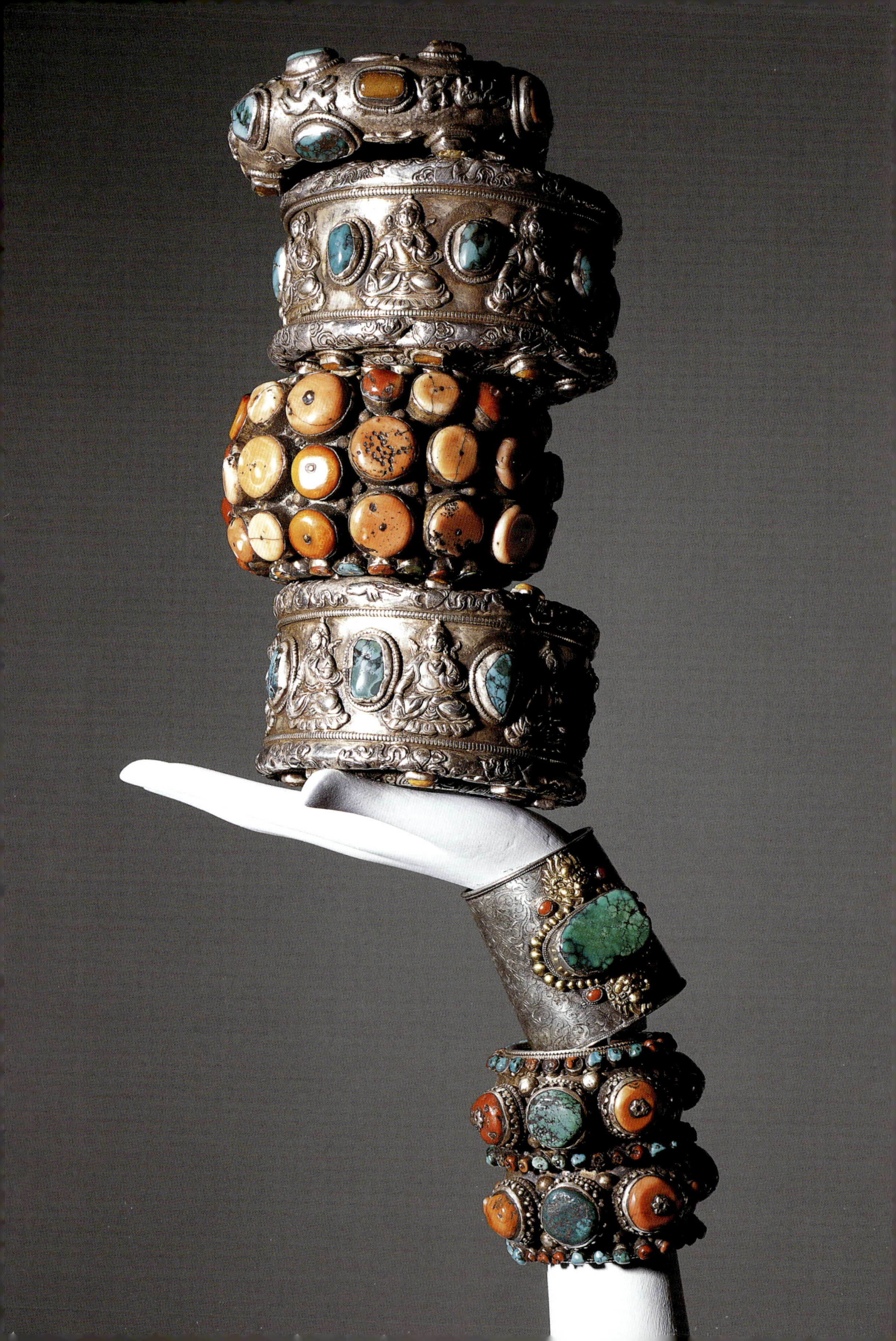

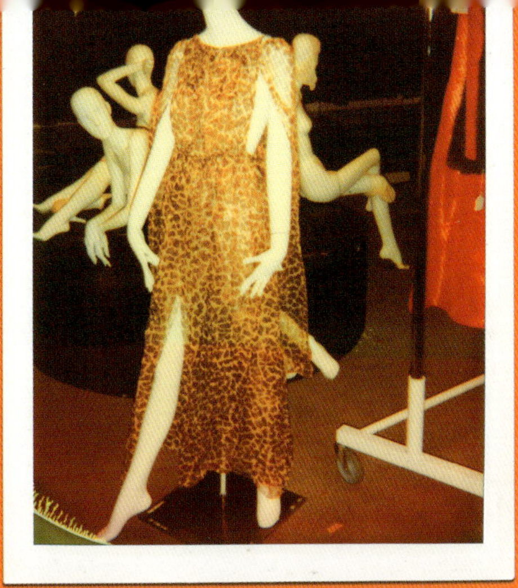
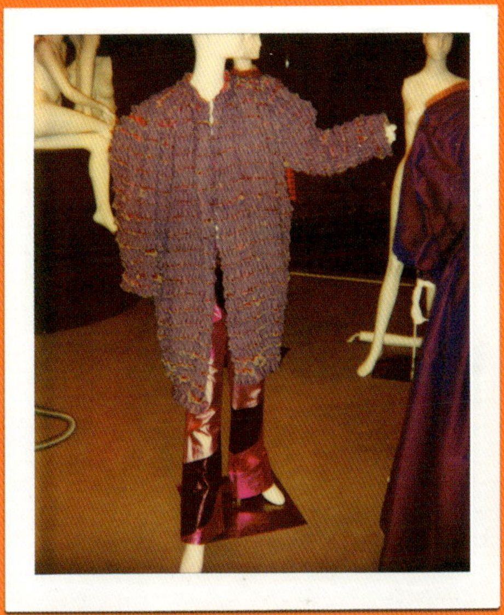
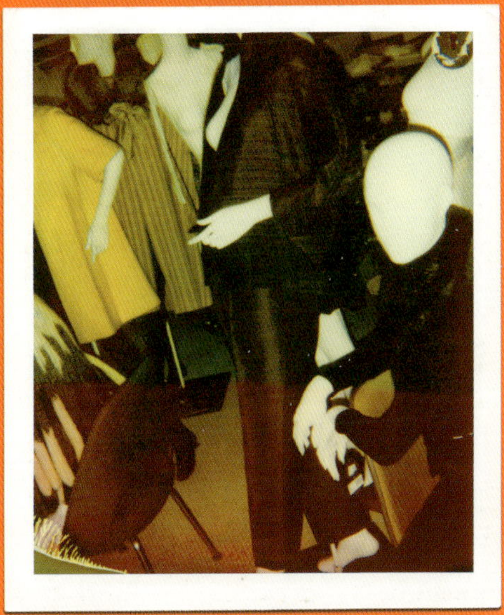
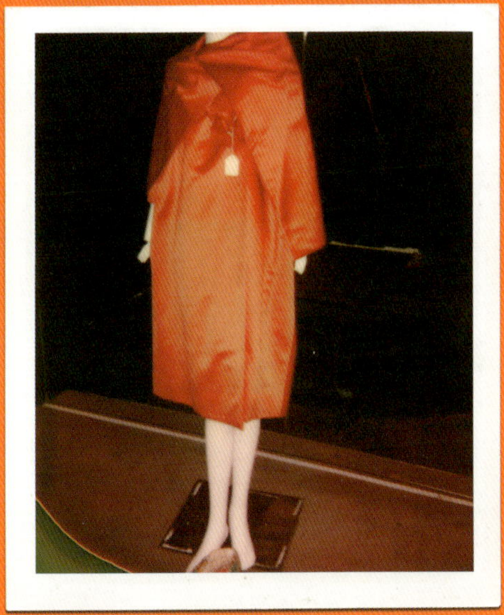
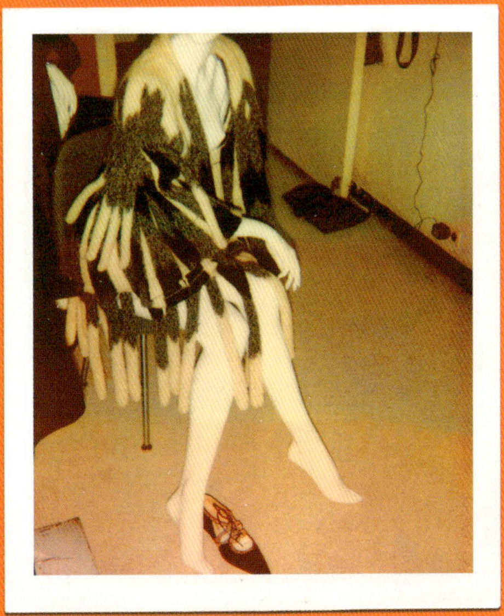
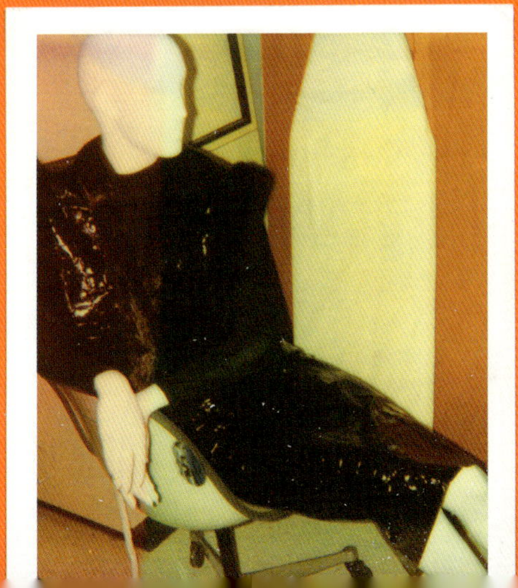

Nach der Eröffnung von *Rara Avis* am Costume Institute des Metropolitan Museum of Art erzählte man mir immer wieder, ich hätte über Nacht Furore gemacht.

»Sie haben recht«, antwortete ich dann, »nur dass mein ‚über Nacht' 70 Jahre gedauert hat!«

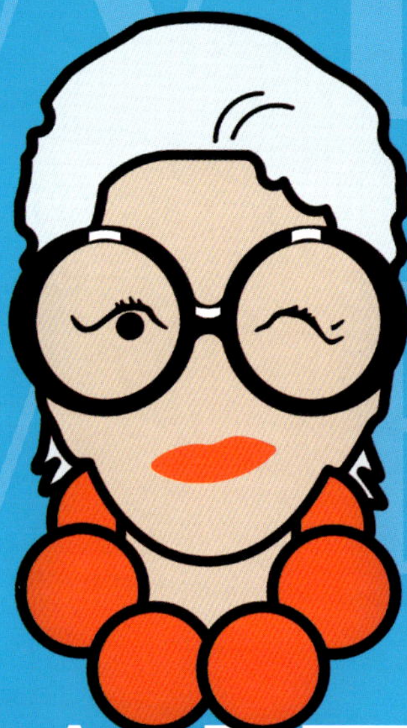

$**%!!!

WHAT

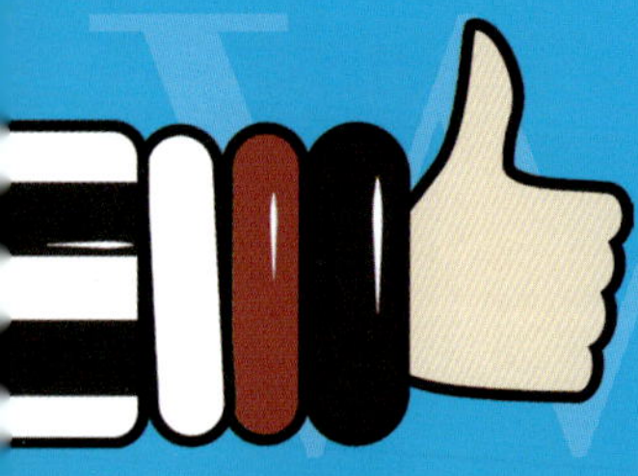

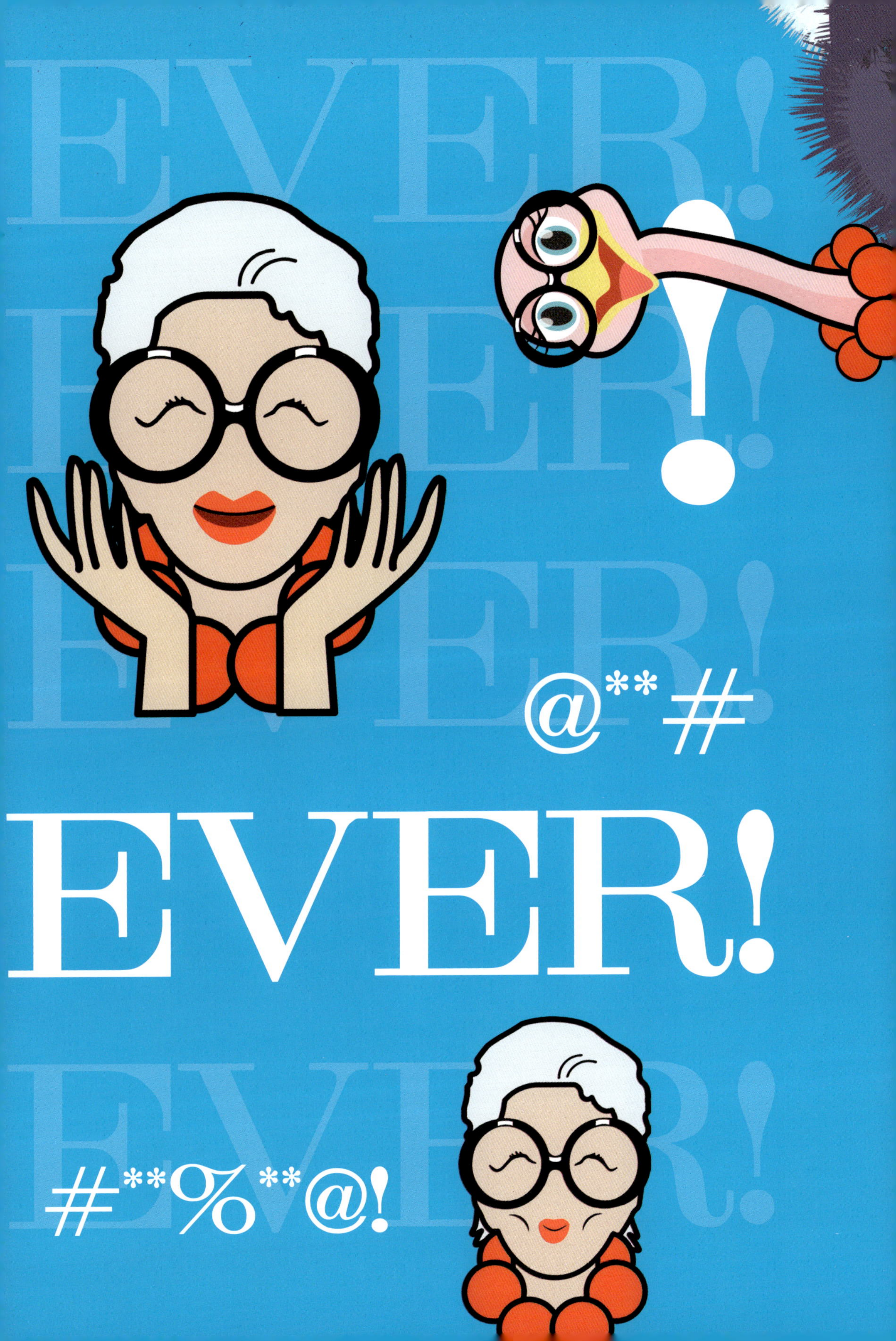
@**#
EVER!
#**%**@!

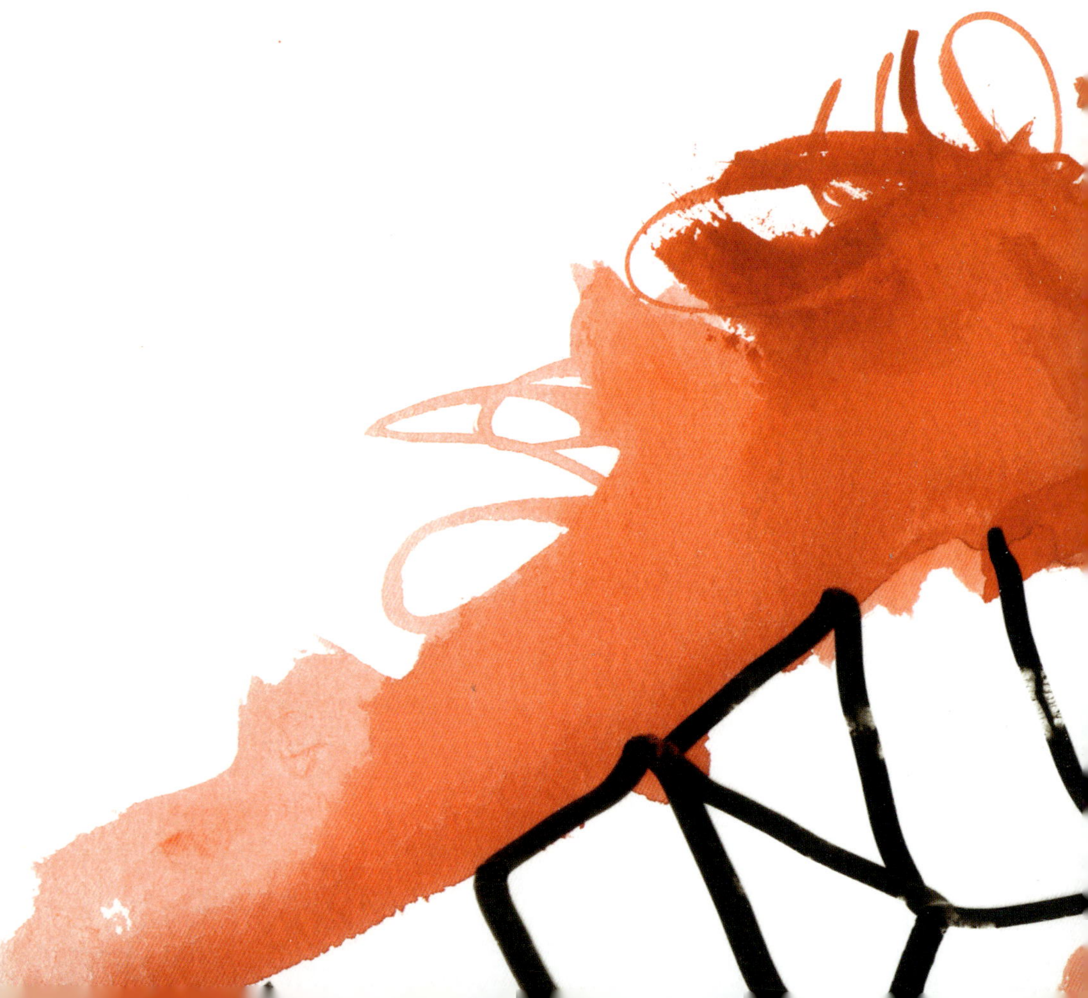

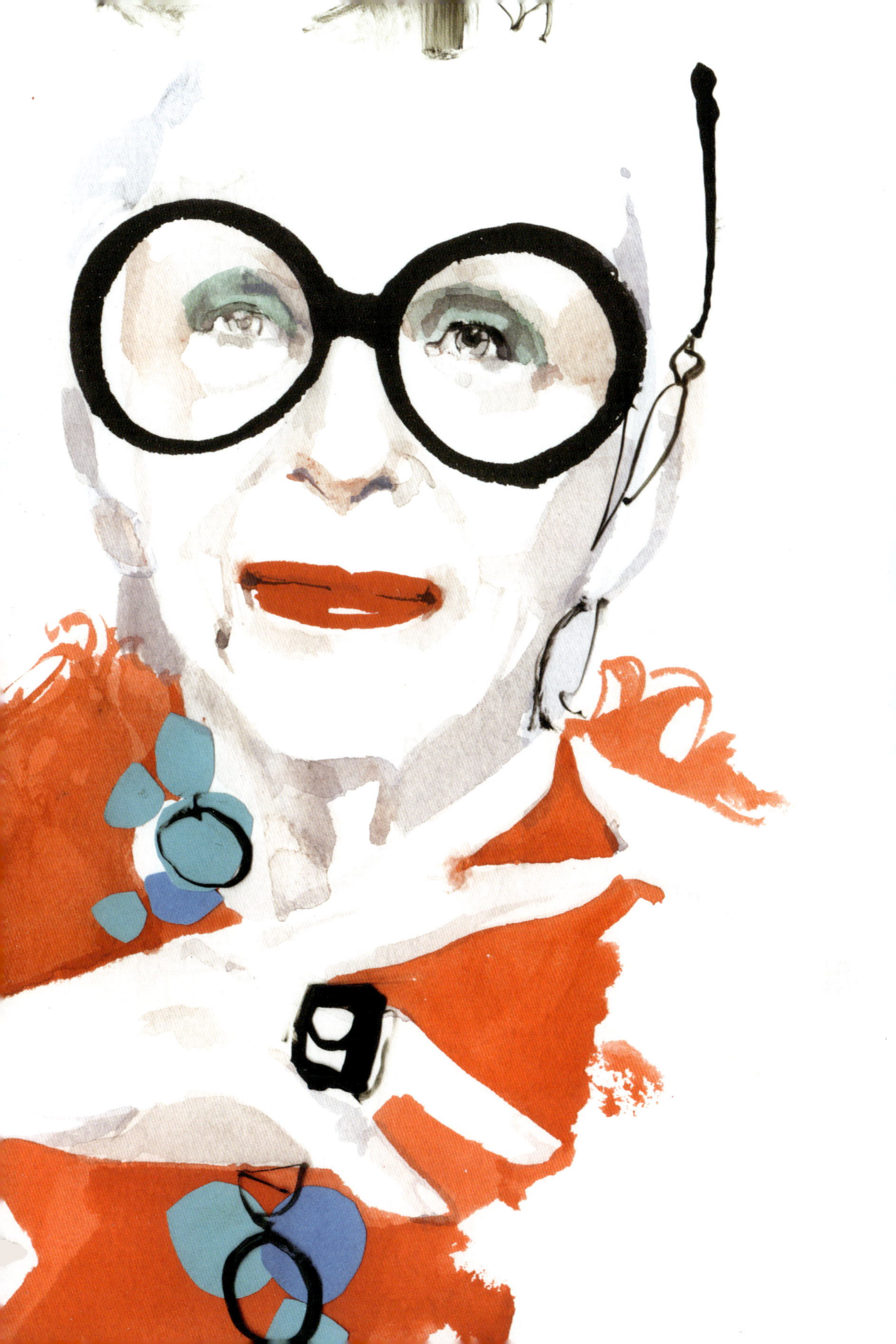

Ich bin zwar über **90,**
fühle mich aber wie

5½

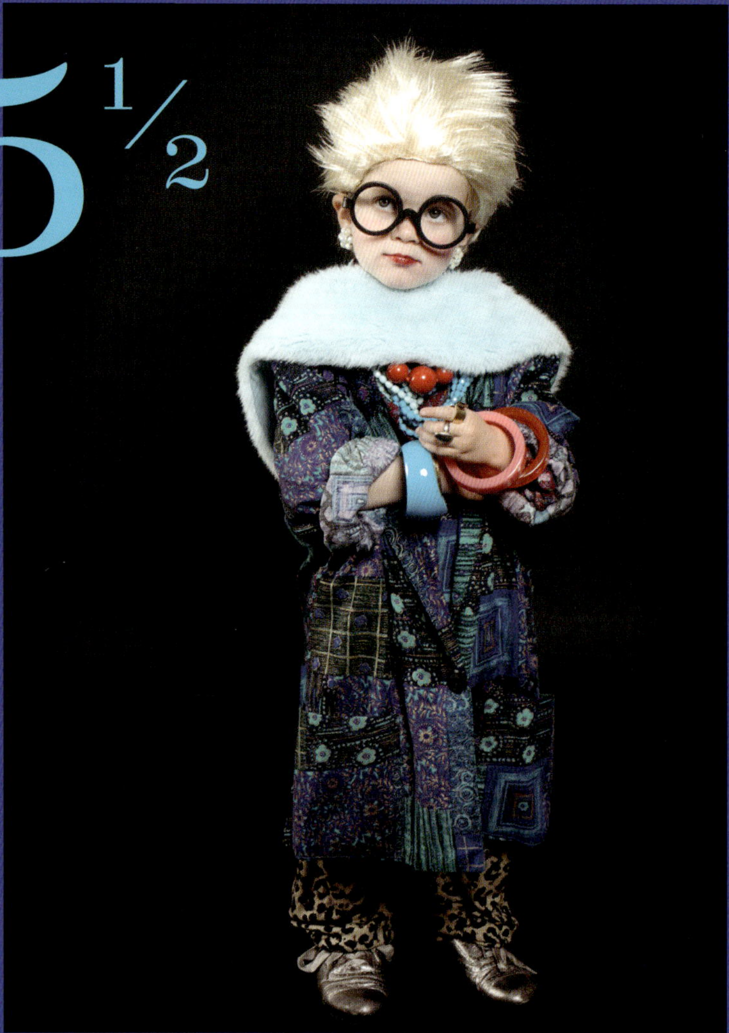

denn mir kommt es immer
noch so vor, als sähe ich die
Welt zum ersten Mal.

Ich würde nicht immer gleich alt bleiben wollen. Davon halte ich nichts.

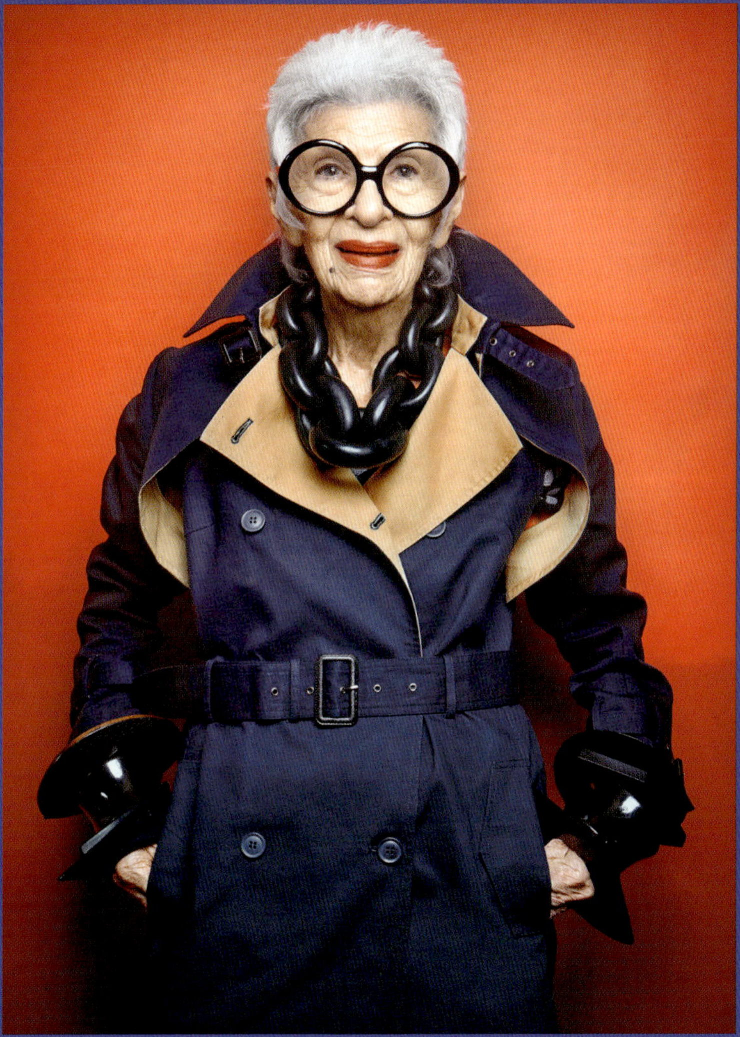

Könnte ich aber auf Zeitreisen gehen, würde ich gern einmal einen von Gertrude Steins literarischen Salons in Paris besuchen oder die Ballets Russes unter Djagilew anschauen. Auch in einem Harem im Istanbul des 18. Jahrhunderts würde ich einmal vorbeischauen. Dort würde ich bleiben, aber zurück ins 6. Jahrhundert reisen, als es noch Konstantinopel hieß, die Hauptstadt des Byzantinischen Kaiserreichs.

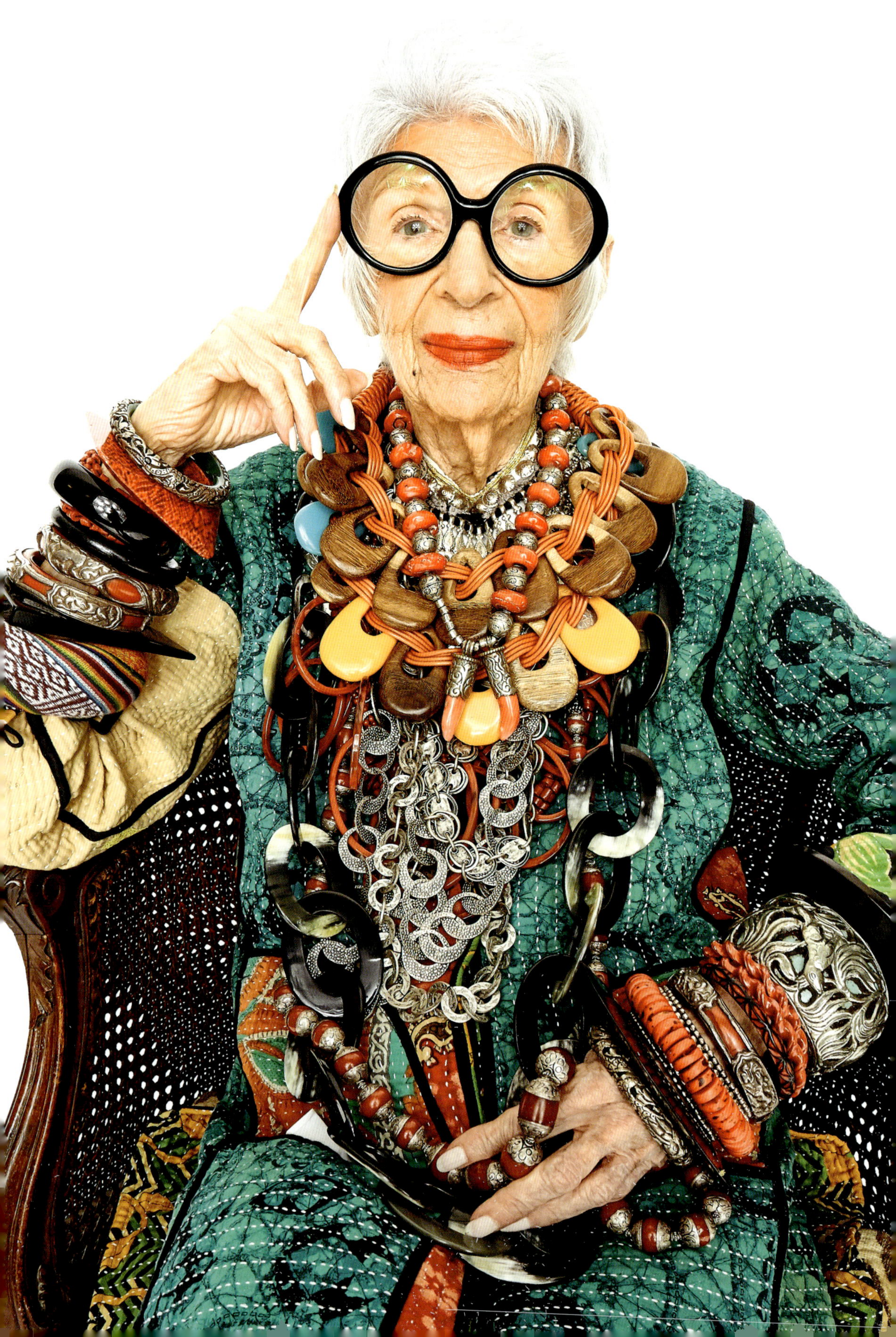

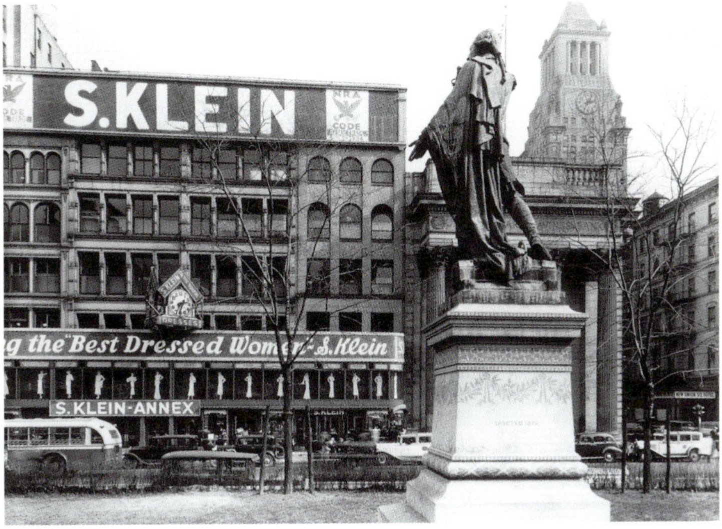

ANFÄNGE MIT SCHWARZEM GÜRTEL

MIT ZWÖLF KAUFTE ICH MIR meine ersten eigenen Sachen. Meine Mutter, die sich immer wunderschön kleidete, war ihrer Zeit voraus, denn sie ging ans College und studierte Rechtswissenschaften, was sie schließlich aufgab, als sie mit mir schwanger war. Sie arbeitete jedoch weiter und eröffnete während der Großen Depression eine Boutique.

Im Frühling 1933, kurz vor Ostern, hatte ich kein passendes Outfit, um bei der Easter Parade in der Fifth Avenue mitzugehen. Meine Mutter war zu beschäftigt, um mit mir einzukaufen, und das tat ihr wirklich leid. Aber sie steckte mir unglaubliche 25 Dollar zu, um selbst loszugehen und ein Ensemble für mich zusammenzustellen. Die ersten fünf Cent gab ich für die U-Bahn von Astoria zum Kaufhaus S. Klein in Manhattan aus, sozusagen der Großvater der Discounter und eines der Lieblingskaufhäuser meiner Mutter.

Ich betrat das Kaufhaus und verliebte mich auf der Stelle in ein Kleid auf dem ersten Ständer. Ich wollte es unbedingt. Dennoch folgte ich dem Rat meiner Mutter, nie das erste zu kaufen, was einem ins Auge sticht, darum durchstöberte ich zum Vergleich weitere Läden in der

»Ich kaufe Kleidung, um sie zu TRAGEN, nicht um sie zu SAMMELN.«

Stadt, aber nichts gefiel mir. Plötzlich fiel mir ein, jemand anders könnte mein Kleid kaufen. Ich bekam Panik und lief sofort zu S. Klein zurück, wo ich atemlos nach meinem Lieblingsstück suchte, das nicht mehr an seinem Platz hing. Recht schnell fand ich es jedoch an einem anderen Ständer. Ich schnappte es mir, dankte Gott und gab dem Kassierer 12,95 $. Dann kehrte ich in der 14th Street bei A. S. Beck ein, dem führenden Schuhwarenhaus, und entschied mich für ein reizendes Paar Pumps für 3,95 $. Damit blieb noch genug Geld für einen

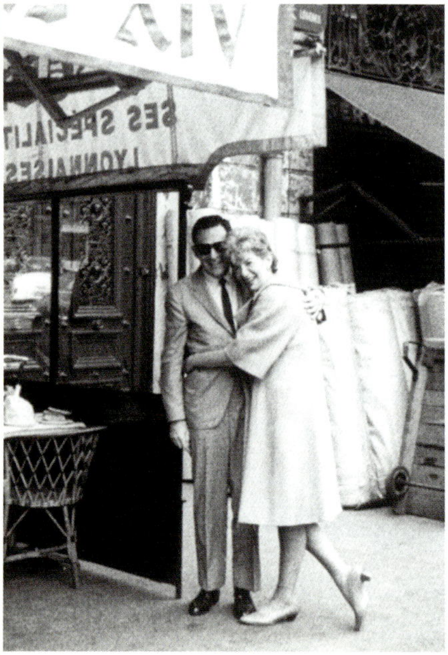

Strohhut, einen kleinen Mittagssnack und fünf Cent für die Fahrt nach Astoria.

Meine Mutter bescheinigte mir einen Sinn für Mode. Mein Vater pries mein finanzielles Geschick. Nur mein Großvater, selbst Schneidermeister der alten Schule, regte sich über die Knopflöcher auf. Alles in allem war es ein großer Erfolg und der Beginn meiner Karriere als Profi-Einkäufer – der schwarze Gürtel des Shoppings.

Ich kaufe Kleidung, um sie zu tragen, nicht um sie zu sammeln. Immer werde ich nach meinem Lieblings-hier und Lieblings-da gefragt. Ich hasse diese Frage! Wenn mir etwas gefällt, gefällt es mir. Das ist ein Bauchgefühl.

Ich wollte mir auch nie eine Garderobe zusammenstellen. Ich kaufte einfach Stücke, wenn ich sie fand – und sie mir leisten konnte. Inzwischen konnte ich eine Kollektion von Couture-Stücken ansammeln, das begann in den 1950ern bei einer Geschäftsreise für mein Textilunternehmen nach Paris. Am Ende der Saison suchte ich in den Ateliers der Haute Couture nach Laufsteg-Abverkäufen. Dabei entdeckte ich, dass einige Häuser – Lanvin, Nina Ricci, Christian Dior und Jean-Louis Scherrer zum Beispiel – Models einsetzten, die ungefähr meine Größe hatten. Ich konnte es mir nicht leisten, mir ein Einzelstück von einem Couturier maßschneidern zu lassen. Außerdem kaufe ich, was mir gefällt: Wenn ein fantastischer Armreifen nur fünf Dollar kostet – umso besser.

Auch auf Flohmärkten in Europa war ich gern, dort fand ich tolle Stücke – nicht das übliche Zeug. Eines Tages entdeckte ich an einem der Textilstände dieses Messgewand aus dem 19. Jahrhundert – im Originalkarton. Es war ungetragen und perfekt erhalten. Ein typisches Gewand eines Priesters, nur mit Ärmeln. Es sah aus wie eine prunkvolle Tunika: rubinroter Samt mit großflächigem Seidenbroché und einem Rand aufwändiger handgearbeite-

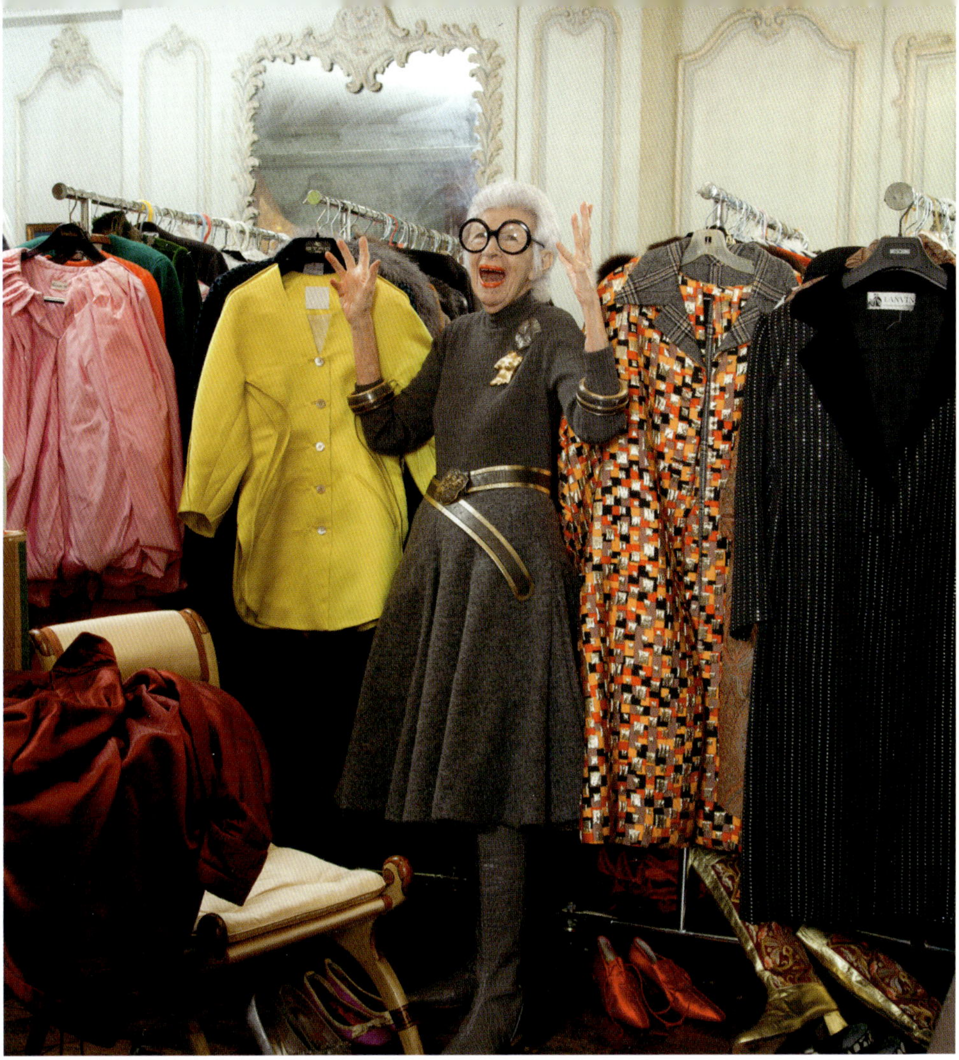

ter Posamente. Wunderschön.

Ich wollte es kaufen, doch Carl war richtig sauer.

Er wollte wohl nicht, dass die Leute glaubten, er könne mir keine richtigen Kleider kaufen. Wir waren kurz vor einem großen Krach, als der Himmel die bekannte Modejournalistin Eugenia Sheppard schickte. Sie sah das Stück und schwärmte sofort: »Oh Gott, wie umwerfend!« Sie war viel besser und vor allem günstiger als ein Eheberater: Carl wurde blass und lenkte ein.

Ich übernahm den Stoff in unsere Linie »Old World Weavers« und ließ Hosen und Slipper anfertigen, um das Outfit zu komplettieren. Ich habe noch nie in meinem Leben etwas so oft getragen – ich habe es noch immer. In Frankreich fand ich einige Messgewänder – alle aus dem 19. Jahrhundert und gut erhalten. Ich begann, sie zu sammeln.

Ich muss zugeben, ich sollte meine Schränke besser in Ordnung halten. Ich habe viele Stücke – überall –, aber wer hat schon Zeit zum Aufräumen? Ich bestimmt nicht.

Ich hänge meine Kleider immer nur auf Kleiderständer.

Meistens habe ich es so eilig, dass ich nichts finde. Ein Fotoshooting hier, ein anderes da, ich reise umher. Ich habe keine Zeit, ordentlich auszupacken, wenn ich nach Hause komme, schon bin ich wieder unterwegs.

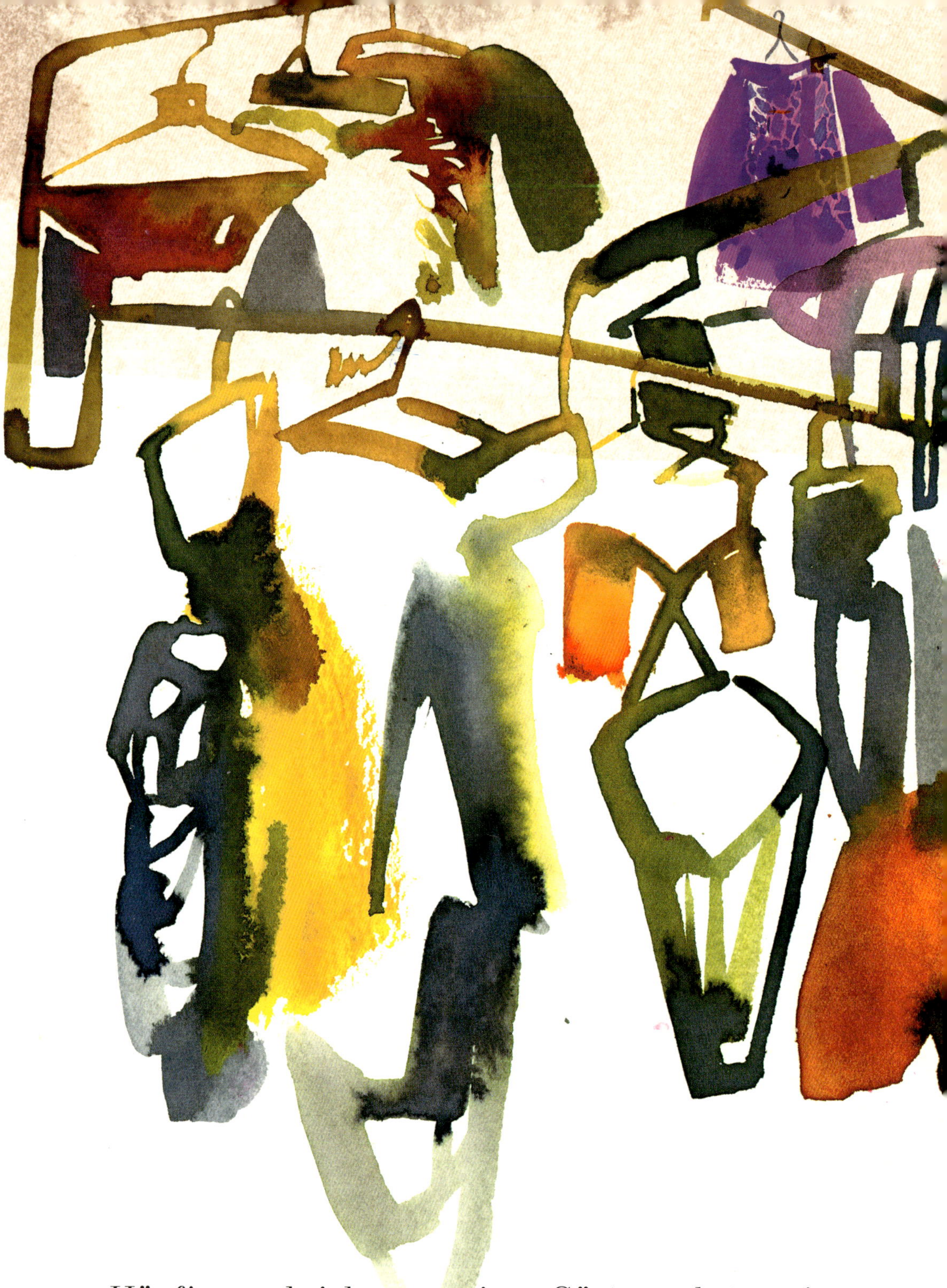

Häufig werde ich von meinen Gästen gebeten, sie in meine Schränke schauen zu lassen. Und schon Hunderte Redakteure großer Zeitschriften baten um eine Tour. Das wird es nicht geben.

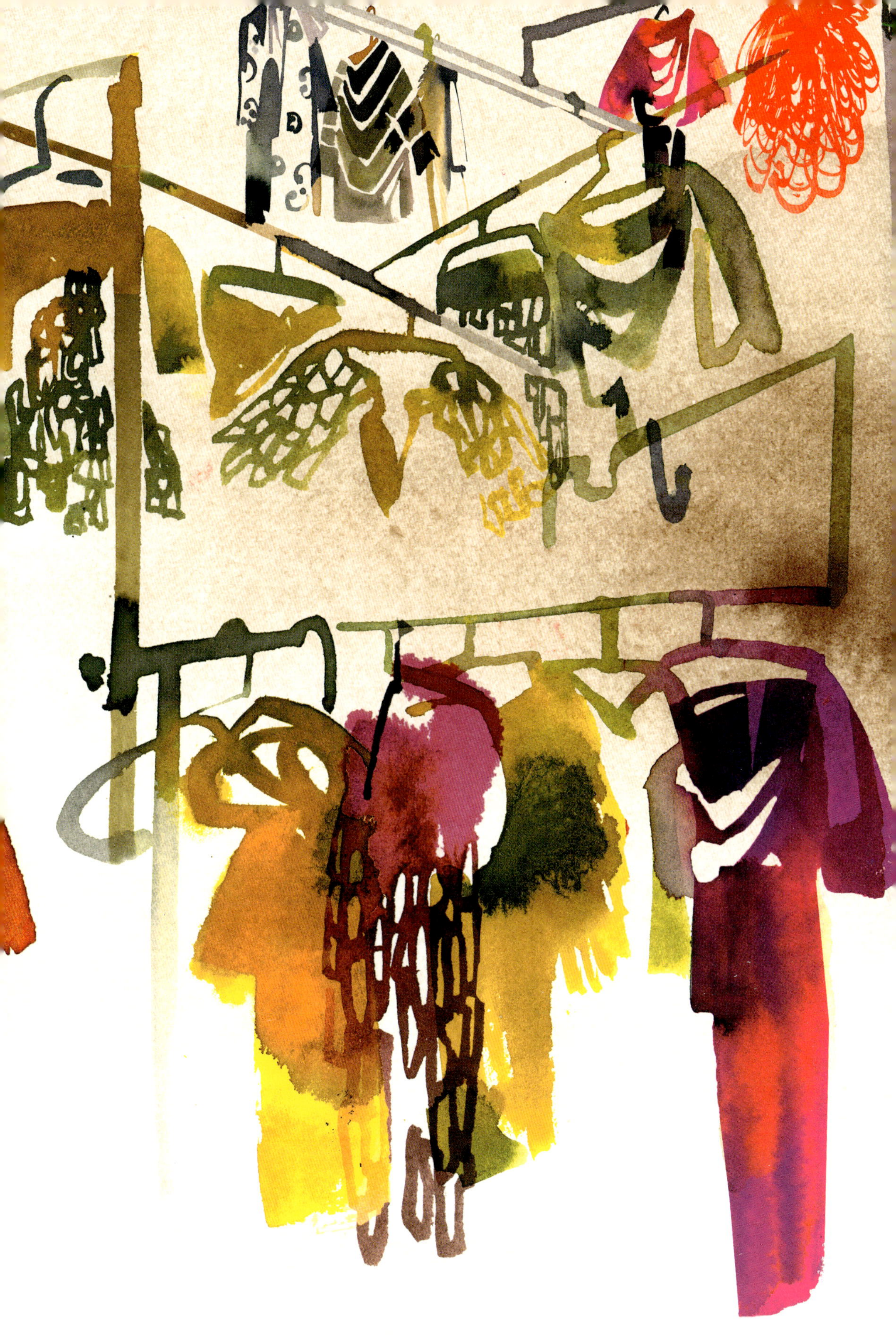

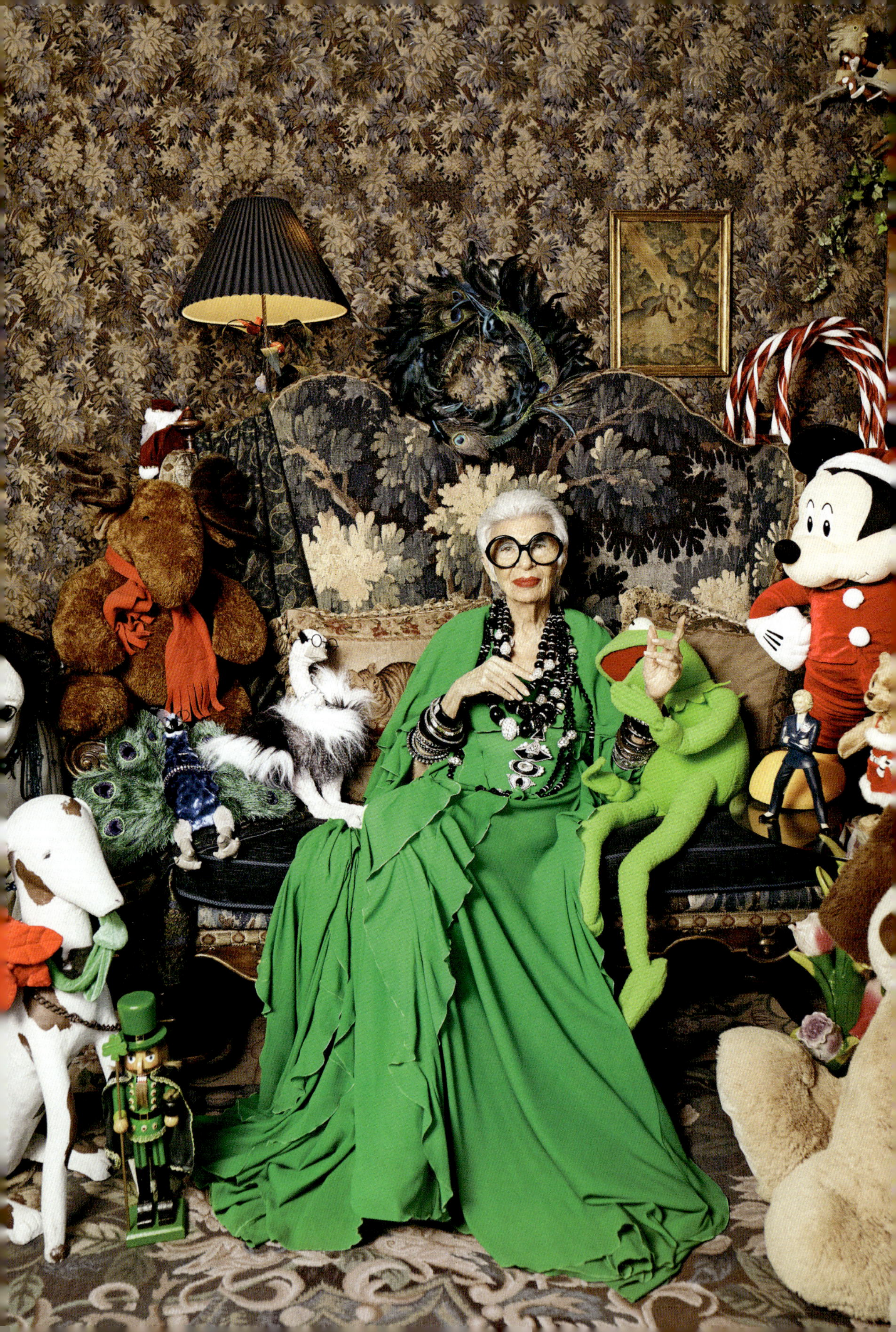

Du entdeckst nicht, wer du bist, wenn du nicht daran arbeitest.

ONE SIZE PASST NICHT ALLEN

ICH WOLLTE MICH NIE ANPASSEN. Nicht dass ich groß versucht hätte, zu rebellieren oder gesellschaftlich inakzeptable Dinge zu tun – leider. Als ich jünger war, musste ich Bridge lernen – doch ebenso wurde mir klar, ich musste ich selbst sein, um zufrieden sein zu können. Wenn man versucht, es allen recht zu machen, bleibt nichts von einem übrig.

Mein Kleidungsstil mag für manche vielleicht »anders« oder »exzentrisch« wirken, die allem ein Etikett aufdrücken müssen, aber das ist mir egal.

Ich kleide mich nicht, um angestarrt zu werden; ich tue es für mich. Wenn man sich nicht anzieht wie alle, muss man auch nicht wie alle denken.

Das Kritische dabei: Ich bin keine Insel, sondern Teil des Festlands, um es mit Mr. John Donne zu sagen. Ich gehöre dazu, aber auf meine Weise. Ein Konformist war ich nie, und ehrlich, es hat mir in meinen über 90 Jahren nicht geschadet. Scheint also, ich habe etwas richtig gemacht.

Irgendwie habe ich schon früh in meinem Leben gelernt, wie wichtig es ist, sich anzupassen. Mit sechs schickten mich meine Eltern für zwei Monate in ein Ferienlager in Upstate New York. Ich war »die Neue« und lernte schnell, meine Meinung in einer Gruppe nicht zu forsch zu vertreten. Ich kann mich nicht an den Vorfall erinnern, aber ich muss gesehen haben, dass bei jemand anderem etwas völlig nach hinten losgegangen ist. So lernte ich, dass, wenn man sich Mühe gibt, Anschluss an eine Gruppe findet und akzeptiert wird, die anderen es auch mögen, wenn man etwas Originelles tut.

Aber wenn man nicht dazugehören will, kann man es vergessen. Dann arbeitet die Originalität gegen dich. Erst also anpassen, dann ausscheren. Es ist ein großer Unterschied, ob man als originell wahrgenommen und dafür akzeptiert oder sogar geliebt wird, oder ob man dich als originell wahrnimmt und dafür verachtet. Es geht wirklich beides.

MUTTER WEISS ES AM BESTEN

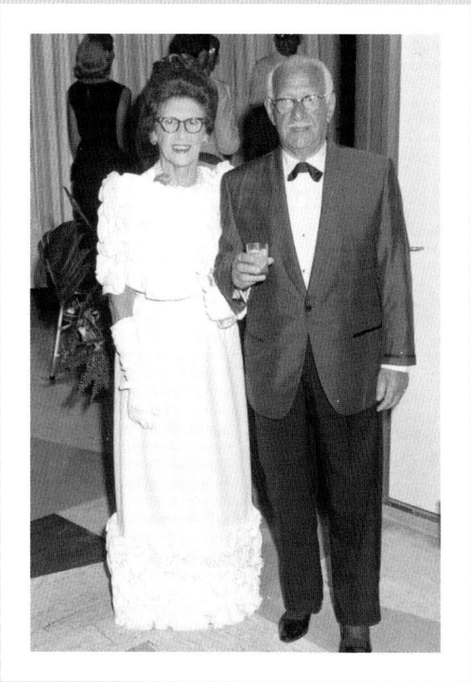

ALS ICH UNGEFÄHR vier Jahre alt war, fuhr ich mit meinen Eltern in den Sommerurlaub. Meine Mutter kleidete mich für die verschiedenen Ereignisse des Tages ein: Baden, Mittagessen, Abendessen und dazwischen – immer gab es besondere Ensembles. Während sie mich schick machte, stellte sie mich auf eine orange Kiste, die sie irgendwo gefunden haben musste.

Eines Abends, wurde mir später erzählt, begann ich während dieses Rituals zu schreien und zu toben und riss meinen Hut herunter. Alle möglichen Leute stürmten in unser Zimmer, um zu sehen, welche Misshandlungen mir meine Eltern angedeihen ließen. Ich brüllte, als würde ich mit einer Axt angegriffen. Doch fanden mich die anderen Gäste und Angestellten lebendig und wie immer bestens gekleidet vor.

»Sie passt nicht! Sie passt nicht! Sie passt nicht! Sie passt nicht!«

Meine Mutter hatte mir eine Schleife ins Haar gebunden, die nicht zum Rest des Outfits passte, und ich war am Durchdrehen.

Später wurde mir klar, dass Mama wie üblich recht hatte. Inzwischen hasse ich es, wenn alles farblich zusammenpasst. Doch damals wusste ich es nicht besser.

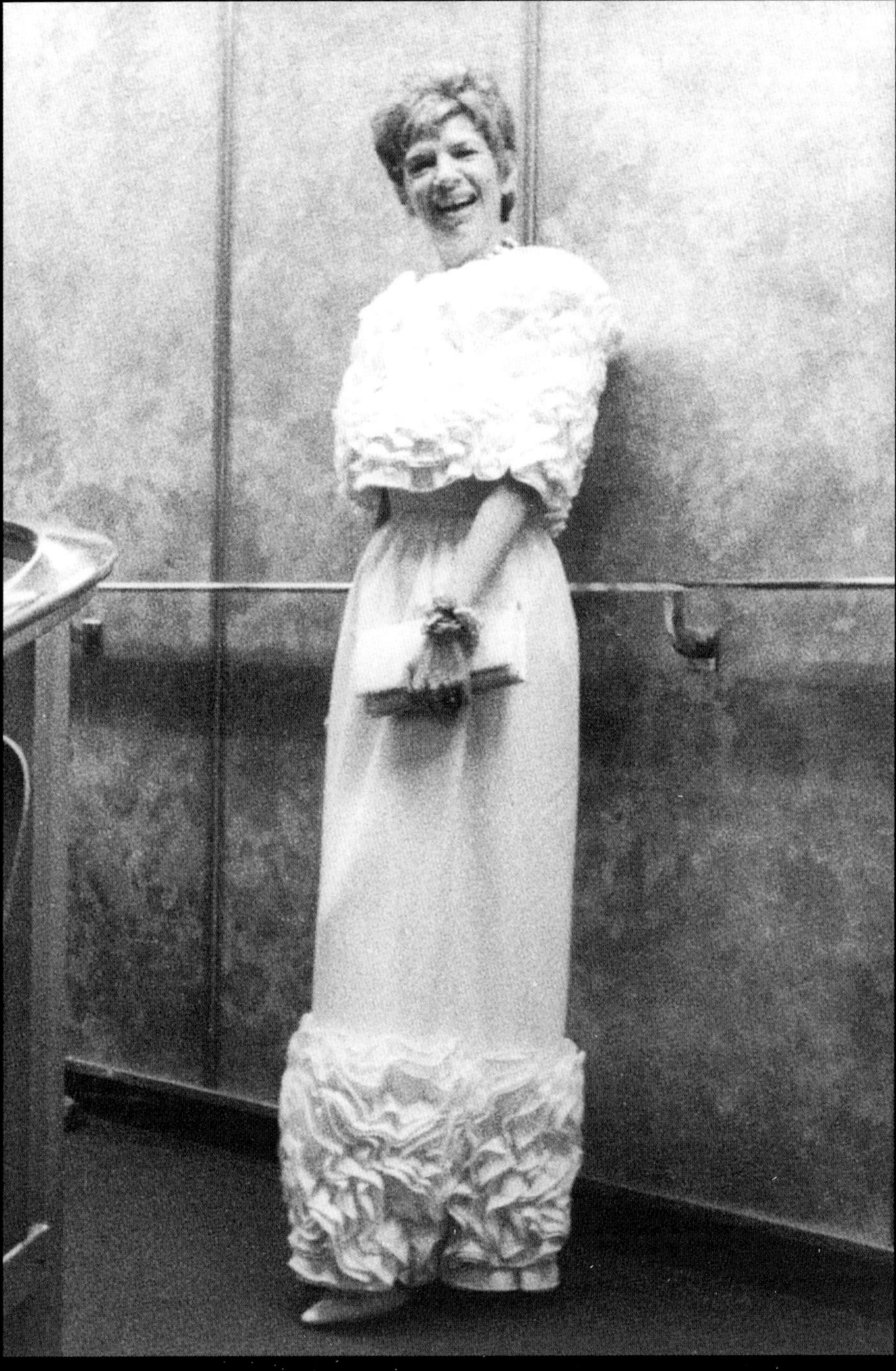

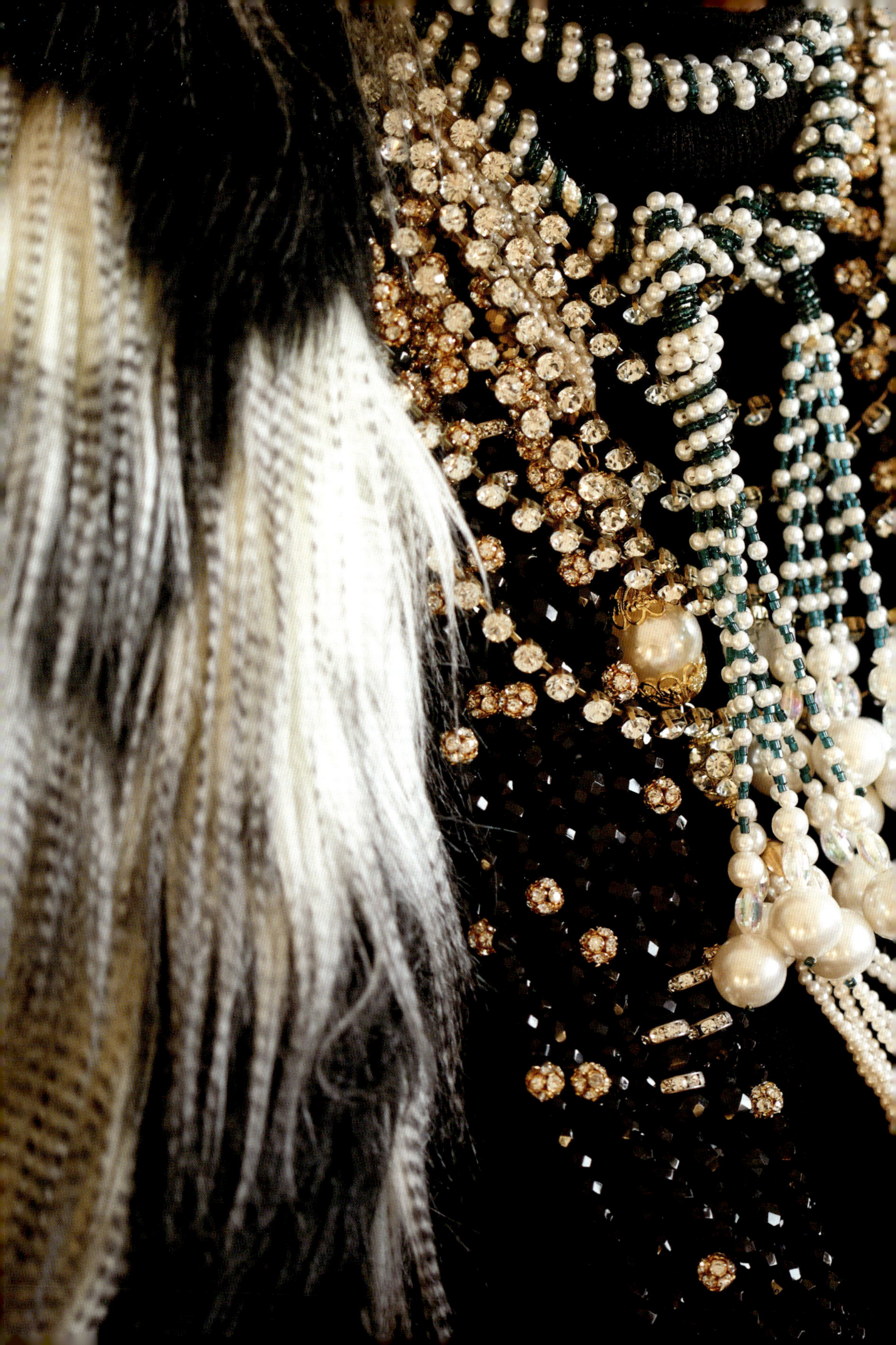

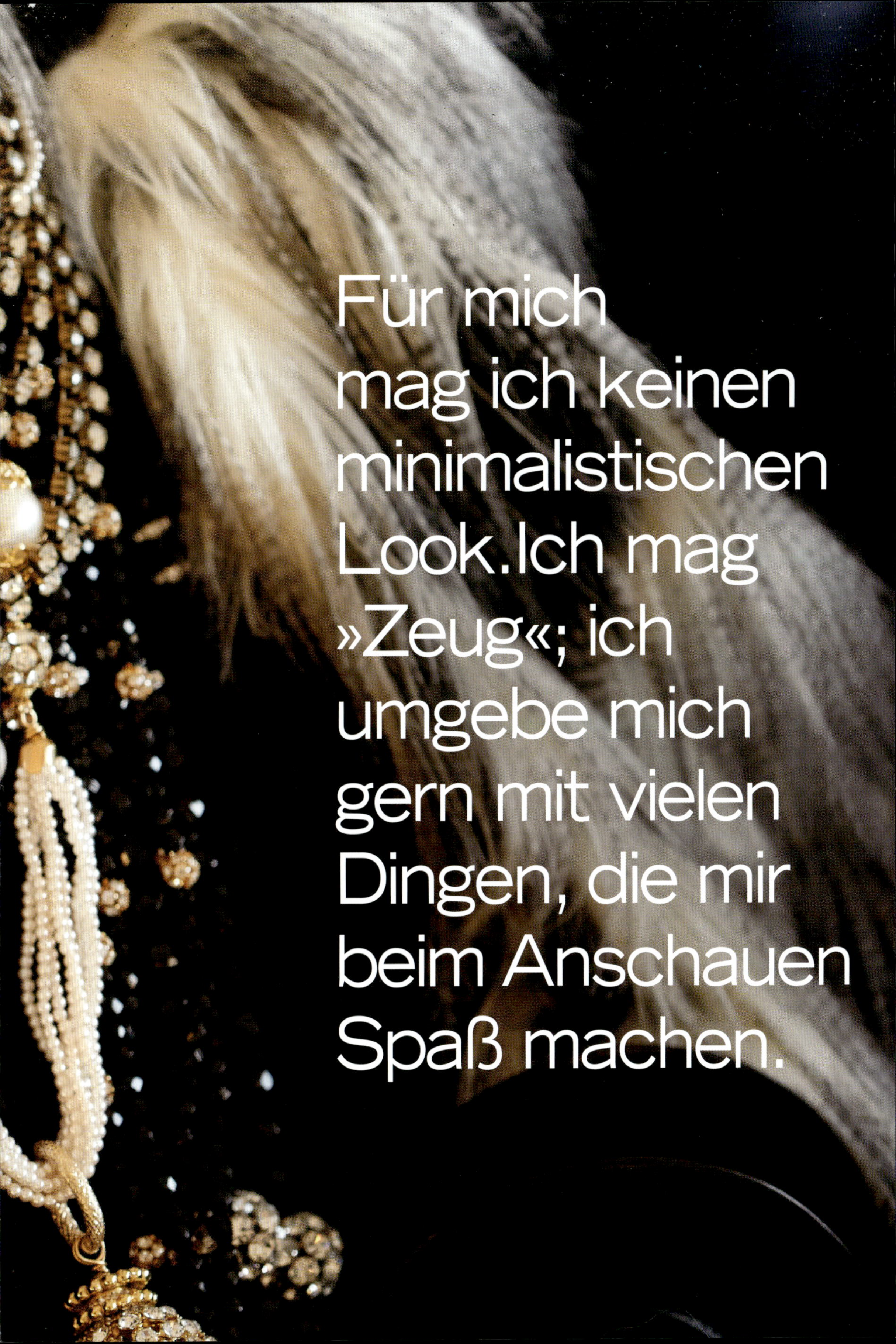

Für mich mag ich keinen minimalistischen Look. Ich mag »Zeug«; ich umgebe mich gern mit vielen Dingen, die mir beim Anschauen Spaß machen.

MORE
IS
MORE

AND LESS IS A BORE.

STIL VERSUS MODE

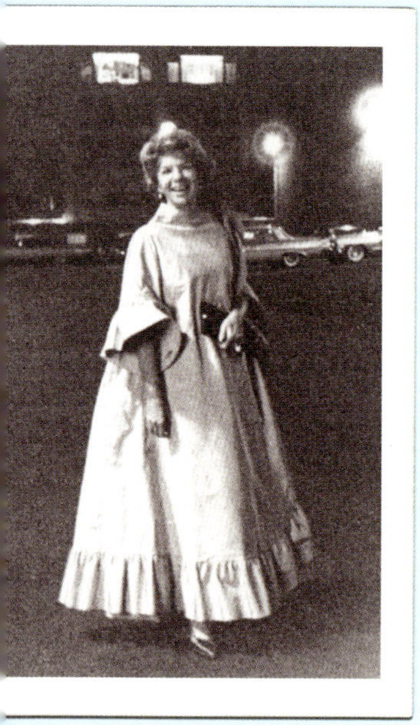

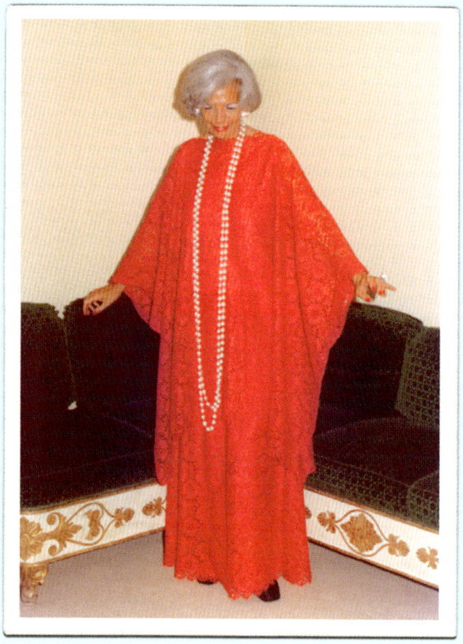

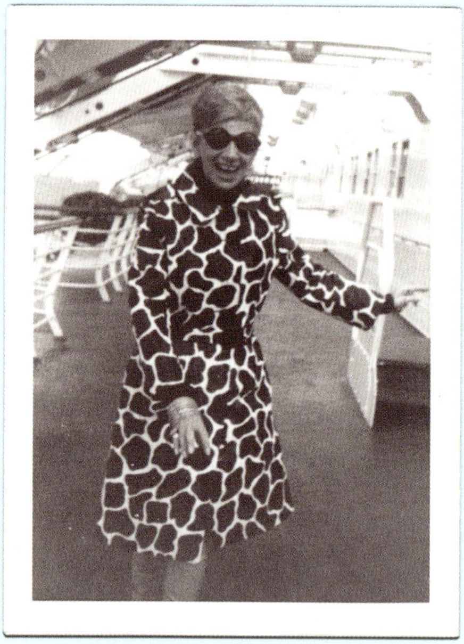

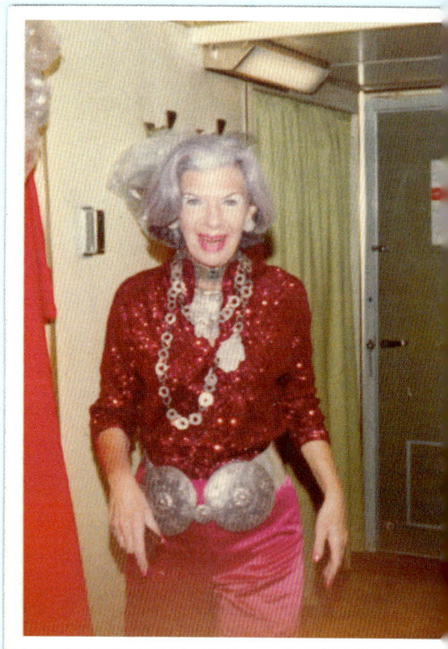

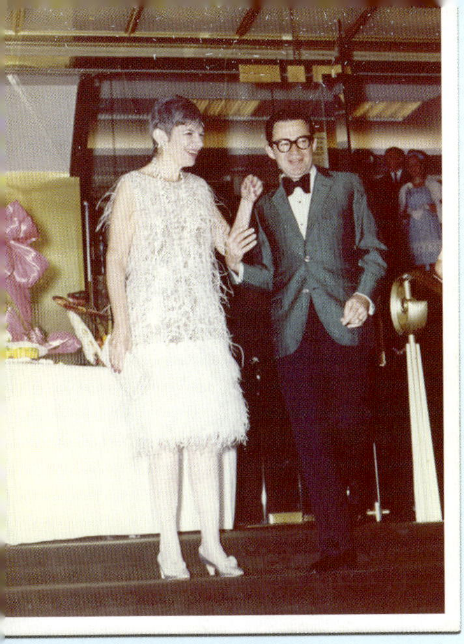

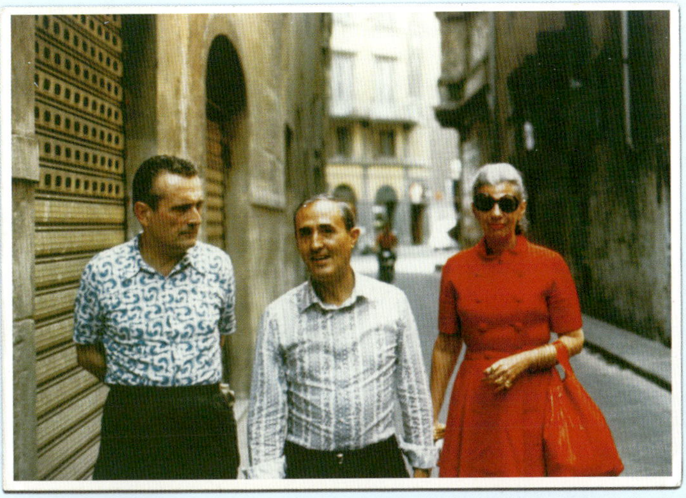

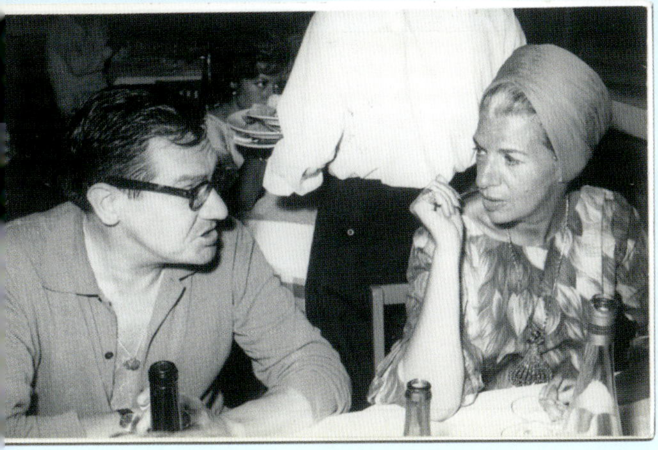

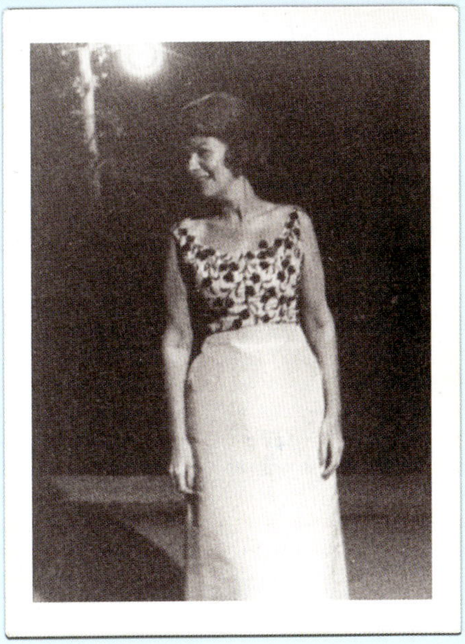

MODE KANN MAN KAUFEN.
STIL MUSS MAN HABEN.

EDNA WOOLMAN CHASE

Chefredakteurin, *Vogue*, 1914–1952

Das sagt alles. Und darum sage ich:
Man kann **LERNEN**, modisch zu sein.
Man kann modisch **WERDEN.**

Doch was Stil angeht ...

ENTWEDER MAN HAT IHN

oder

MAN HAT IHN NICHT.

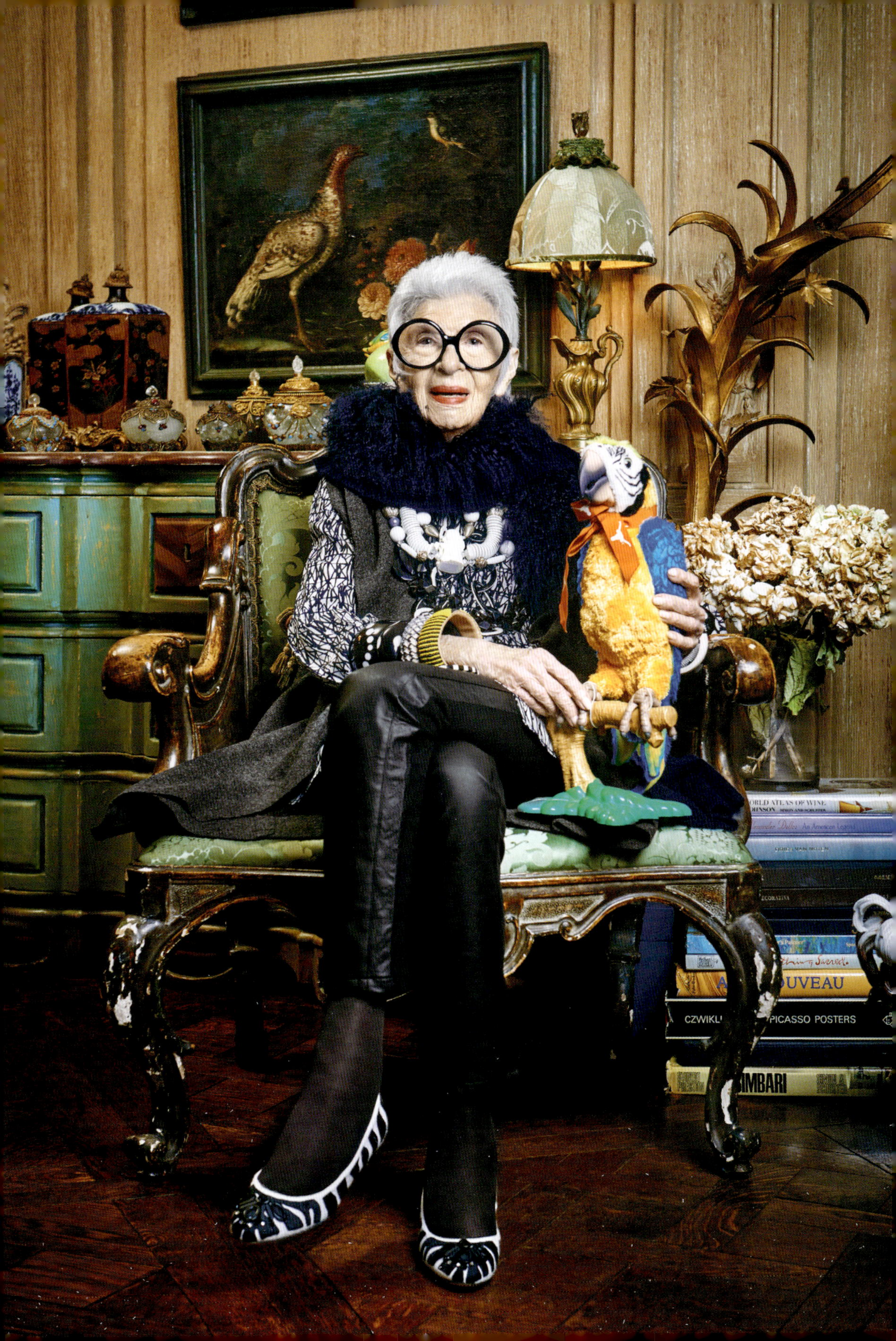
PICASSO POSTERS

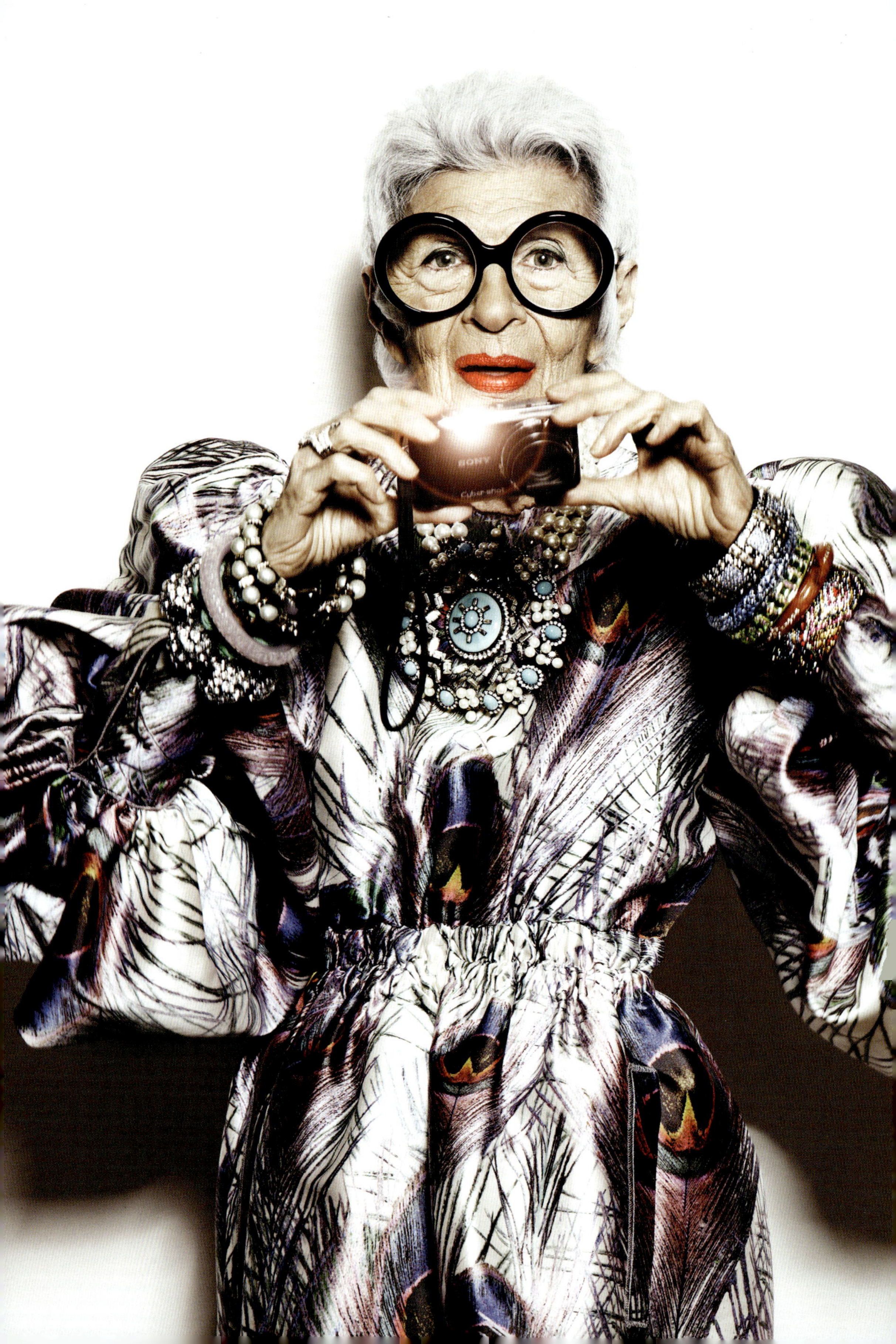
SONY
Cyber-shot

STIL LIEGT IN DEN GENEN.

ICH WERDE STÄNDIG um Rat in Stilfragen gebeten. Richtlinien hasse ich, denn was für den einen funktioniert, muss nicht bei jedem klappen. Aber eines glaube ich ganz fest: Der größte modische Faux-pas ist, wenn man in den Spiegel schaut und jemand anderes erkennt.

Du musst WISSEN, WER DU BIST, um deinen Stil zu finden.

Wenn ich Ihnen zu etwas rate, dann ist es nicht mehr Ihr Stil. Es ist meiner. Ihr Stil kommt von Ihnen selbst. Stil kann man nicht kaufen oder erlernen – er liegt in den Genen. Man kann helfen, ihn zu entwickeln; man kann lernen, sich besser zu kleiden. Aber Stil wohnt einer Person inne. Auch ein persönlicher Einkäufer oder Stilberater kann da nicht helfen.

Stil ist HALTUNG, HALTUNG, HALTUNG.

Stil hat nichts mit teurer Kleidung zu tun. Sie können noch so viel Geld haben, allein davon kommt aber kein Stil. Sie können sich in der neuesten Mode kleiden, Zehntausende von Dollars in Schuhe investieren und bis zum Geht-nicht-mehr aufgetakelt sein – und trotzdem aussehen wie ein geschmückter Christbaum.

Es geht nicht darum, was Sie tragen, sondern WIE SIE ES TRAGEN.

Ich trage ebenso gern einen Armreif für drei Dollar wie ich ein wertvolles Stück anlege – und ich mixe gern billig und teuer, je nachdem, wonach mir ist. Wenn Sie sich zu sehr anstrengen, stilvoll zu sein, wirkt das unangenehm wie eine Verkleidung, als beträten Ihre Sachen den Raum vor Ihnen. Wenn das geschieht, lassen Sie es besser. Glücklich zu sein ist viel wichtiger als gut gekleidet.

Meine Mutter betete Accessoires an.

ICH GLAUBE, ICH HABE DAS GEERBT.

SIE LEHRTE MICH eine einfache, aber wertvolle Sache: Wenn du in einige wenige, aber gut gemachte Klassiker investierst – zum Beispiel ein kleines Schwarzes – und dann dein Geld in Accessoires anlegst, hast du Millionen verschiedene Outfits.

Ich habe ihren Rat immer befolgt, vielleicht in den Augen mancher Leute bis zum Extrem. Aber ich kleide mich für mich, die Meinung anderer interessiert mich eigentlich eher wenig.

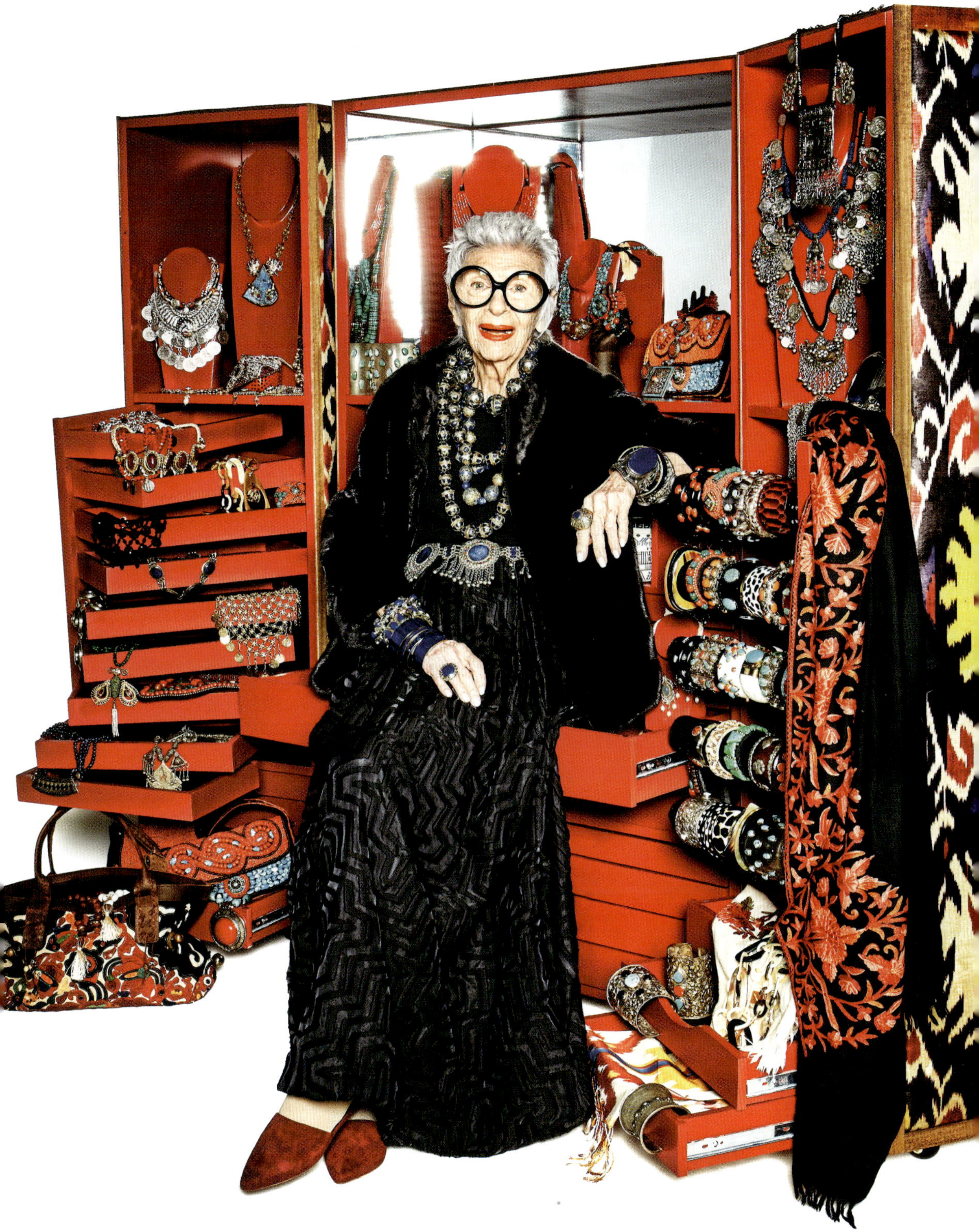

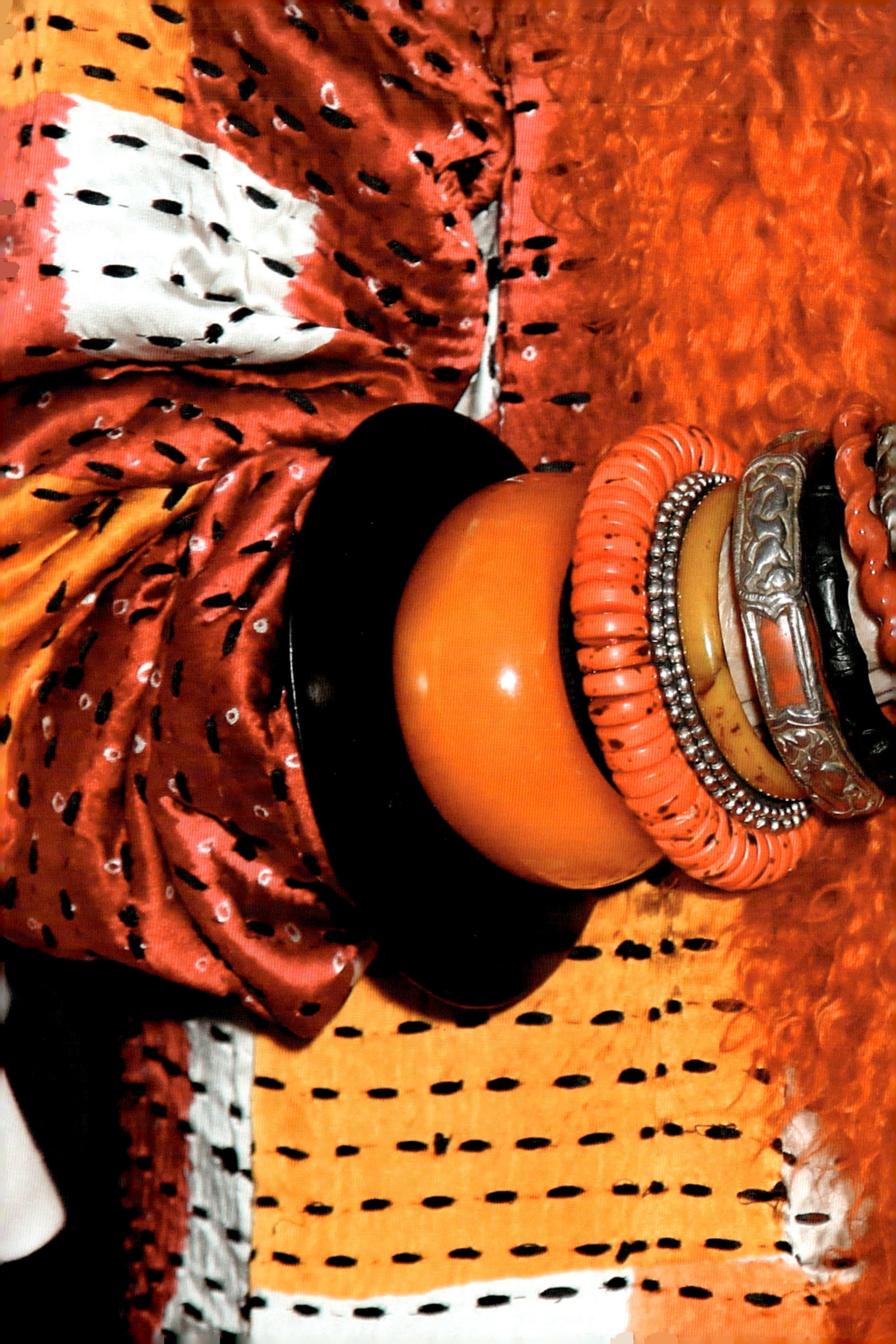

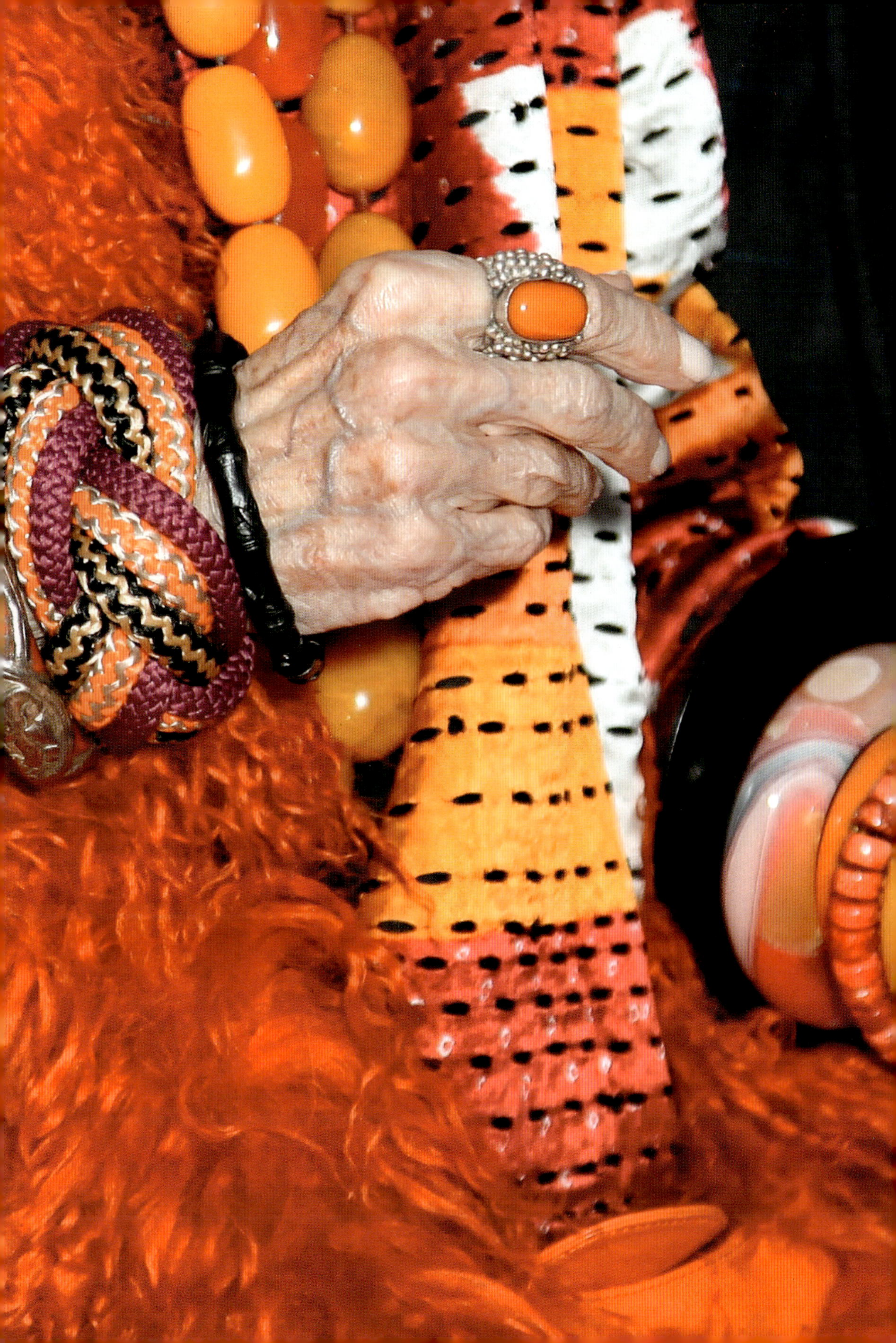

JUNGE DAMEN TRAGEN KEINE JEANS

ICH WAR EINE DER ERSTEN Frauen, die Jeans getragen hat. Ich liebe Denim bis heute. Als ich 1940 in Wisconsin am College war, konnten Frauen nicht wie heute Jeans kaufen. Jeans waren kein Modeartikel. Sie wurden in Läden für Arbeitskleidung verkauft und in riesigen Männergrößen angeboten. Kleinere Größen gab es nicht, und schon gar keine, die mir passten.

Dennoch, ich war versessen auf die Jagd nach dem Indigo; meine Vision war: ich mit einem karierten Baumwollturban, übergroßen goldenen Ohrringen, gebügeltem weißen Hemd und klassischer Arbeiterjeans – sie ging mir einfach nicht aus dem Kopf. Also betrat ich einen Army-Navy-Laden in der Nähe und fragte danach. Ich erntete merkwürdige Blicke, gleichermaßen fragend wie schockiert.

»Junge Damen tragen keine Jeans, wissen Sie das nicht?«

Mir war völlig egal, ob junge Damen Jeans trugen oder nicht – ich wollte welche.

Ich bettelte den Verkäufer an, mir zu helfen. Er wiederholte, er habe nichts für mich. Ich bat ihn, mir eine Jeans zu ändern. Vergeblich. Er setzte mich einfach vor die Tür.

In der Woche darauf ging ich wieder hin und wir wiederholten das Spiel. Das ging ein paar Wochen so. Ich war inzwischen Little Girl Blue, aber ich wollte unbedingt gewinnen.

Eines Tages hatte der Verkäufer entweder so viel Mitleid mit mir oder er konnte meinen Anblick einfach nicht mehr ertragen, also bestellte er eine Jungen-Jeans für mich. Als ich den Anruf bekam, war ich außer mir vor Freude – und konnte an nichts anderes mehr denken als an mein Ensemble.

kennen, darunter die Innendesignerin Elinor Johnson. Elinor arbeitete mit Jack Heinz (und seinen »57 Varieties«) und er finanzierte ihre Inneneinrichtungen von Luxus-Apartments nahe dem Grand Central Terminal, wie das Louis Sherry, das Marguery und andere traumhafte Gebäude. Manche Apartments kaufte sie, andere mietete sie, dann richtete sie jedes für einen imaginären Bewohner ein, eine Person, die sie sich sehr konkret vorstellte, wie ein Method-Actor. Sie war eine Method-Dekorateurin. Lee Strasberg wäre begeistert gewesen.

Elinor konnte zwar nicht mal eine Papiertüte dekorieren, aber sie konnte ein Team genialer, im Aufstieg begriffener Inneneinrichter zusammenstellen. Auch mich holte sie an Bord. Einmal arbeiteten wir in einem Apartment, das einen Couchtisch brauchte. Möbellieferungen gab es jedoch mitten im Krieg nicht. Also zogen wir durch die Bowery und fanden alte Säulen ohne Kapitelle, die nahmen wir mit. Außerdem fanden wir eine dicke Glasscheibe. Im Apartment legten wir die Scheibe auf die Säulen und – voilá! Fertig war der Couchtisch. Dieses Stück entstand einzig durch Improvisation.

Doch schon nach kurzer Zeit griff ich wieder zum Stift. Irgendwie schaffte ich es, durch eine Kurzanstellung als Reporterin bei Grossinger's – dem legendären Resort in Ferndale, New York – meinen ersten Job als Raumgestalterin zu bekommen.

Das Hotel, 1914 gegründet von den österreichischen Immigranten Asher und Malke Grossinger, gab täglich eine Zeitung heraus. Auf kopierten Seiten las man über die Ereignisse in diesem angesagten Resort. Grossinger's war nicht nur für seine Top-Unterhaltung berühmt – Größen wie Sammy Davis Jr., Milton Berle und Shecky Greene traten auf, um nur einige zu nennen –, sondern auch für seine VIP-Gäste, die von den vielen Veranstaltungen, dem strikt koscheren Essen und den Sporteinrichtungen begeistert waren. Sie kamen alle.

Mein Abschluss an der University of Wisconsin lag noch nicht weit zurück und ich kannte die Grossingers, sie wussten, dass ich gern schrieb. Also fragten sie mich, ob ich nicht für einen Monat die Reporterin des Hauses vertreten könne.

Bei meiner Ankunft zeigte man mir meine Bude in den Angestelltenquartieren. Nicht

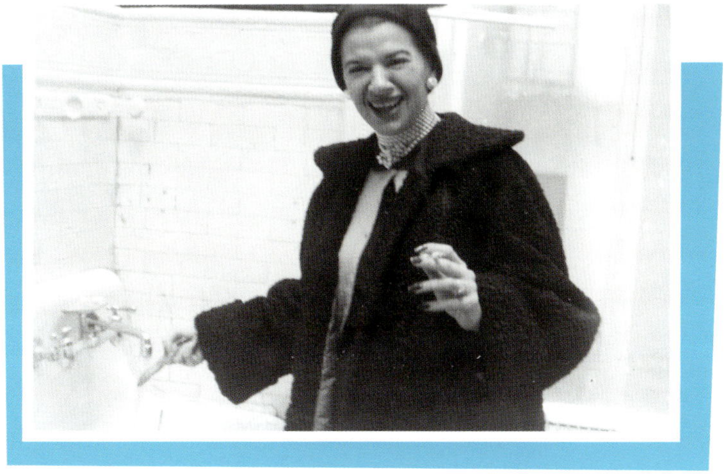

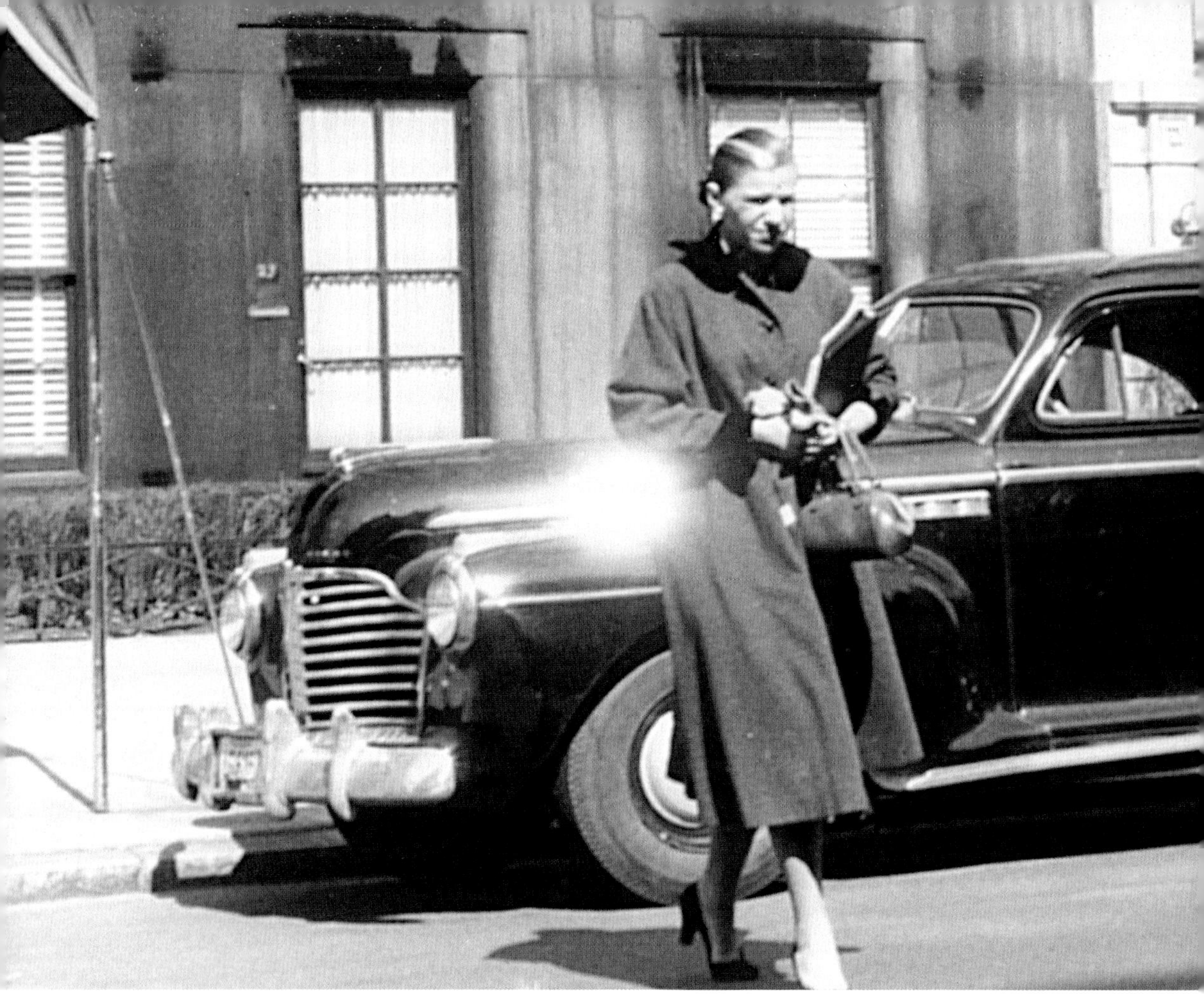

gerade glamourös, aber ich ging mit Begeisterung ans Werk: Ich schrieb über alle Veranstaltungen im Resort, interviewte Gäste und berichtete über sie. Leute lieben es, wenn ihr Name in der Zeitung steht. Meine Mühen wurden belohnt, als mich die Familie in ein kleines Apartment im Obergeschoss ihres wunderschönen Hauses auf dem Hotelgelände umsiedelte.

Für den Job brauchte ich viele Outfits – Frühstück, Lunch, Dinner … und alles dazwischen. Rund um die Uhr gab es Geschichten zu entdecken. Meine geschickte Kombination von Kleidungsstücken brachte mir Komplimente ein und ich wurde für den einen oder anderen guten Look bekannt. Das war sehr schmeichelhaft, denn ich hatte nicht viel Geld und bekam auch keine Zuwendung für Kleidung vom Hotel, ich musste also mixen und kombinieren. Aber den Gästen fiel es auf und in einem der Gespräche erwähnte ich beiläufig mein Interesse und die Erfahrungen im Raumdesign, was wiederum zu einem Job führte.

Ich hatte keine Referenzen, daher mussten die Gäste angenommen haben, wenn ich ein Outfit zusammenstellen kann, muss das auch bei einem Raum funktionieren. Plötzlich sprachen mich Leute an, die ihre Häuser renovieren wollten. So kam ich zu einigen sehr guten Kunden und machte daraus ein Geschäft.

Meine Kunden hatten keinen »Geschmack von der Stange«. Mir war das sehr recht,

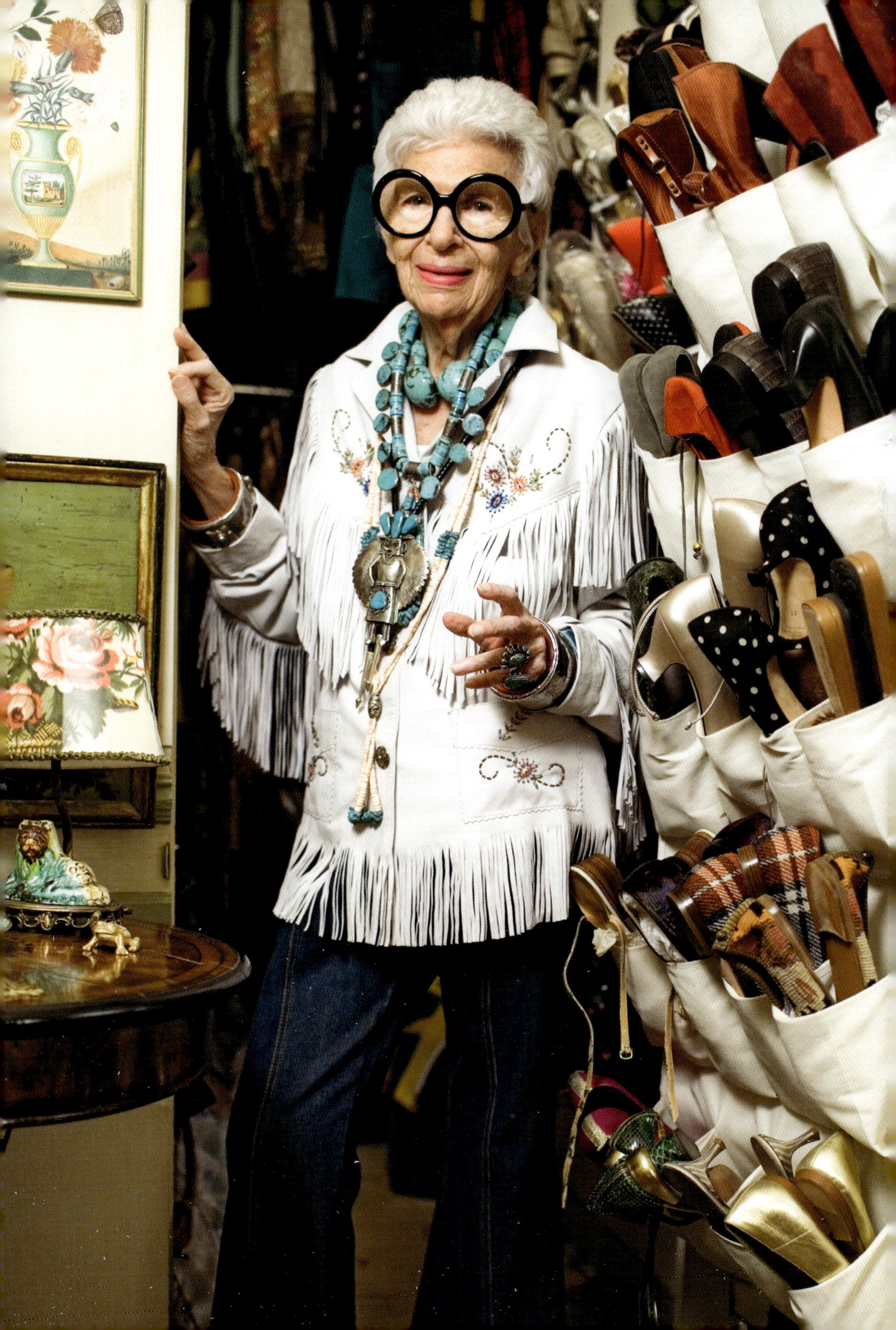

VOM SCHREIBPULT DER

IRIS APFEL

AN: DEN LESER VON: IRIS APFEL

BETREFF: GEDANKEN ZUM LEBEN UND KLEIDEN

Wenn du nichts riskierst, lebst du nicht.
Ein Risiko einzugehen tut nicht weh, probiere etwas Neues aus.

Du scheiterst nur, wenn du es nicht versuchst.

Ich habe mir nie etwas nicht zugetraut, nur weil ich eine Frau bin. Ich wollte ein Unternehmen gründen und Stoffe herstellen, also fand ich heraus, wie man das macht. Hätte ich mir über die Eröffnung von Old World Weavers zu viele Gedanken gemacht, wären mir wohl nur die ganzen Hindernisse eingefallen und ich hätte meinen Traum aufgegeben. Manchmal musst du einfach loslegen, auch wenn es nur ein kleiner Schritt ist.

In meinen über 90 Jahren, die ich nun schon auf diesem Planeten herumlaufe, habe ich diese Philosophie aufs Leben – und aufs Kleiden – angewendet, und bin nie falsch damit gefahren.

Kleide dich für DICH.

Höre auf deine innere Stimme und riskiere etwas.

Warum nicht auch einmal etwas tragen, das der ganzen Welt sagt: „HIER BIN ICH HEUTE!“

Übrigens, wenn du einen Fehler machst, ist das okay. Das sind nur Klamotten. Die Modepolizei wird dich schon nicht verhaften.

N A C H T R A G

AN: DEN LESER VON: IRIS APFEL

BETREFF: WEITERE GEDANKEN ZUM LEBEN UND KLEIDEN

Sei neugierig.

Entwickle einen Sinn für Humor.

Erhalte dir dein Staunen.

Denke nach, bevor du sprichst.
Was du nicht gesagt hast, muss dir auch nicht leid tun.

Und zaudere nicht!

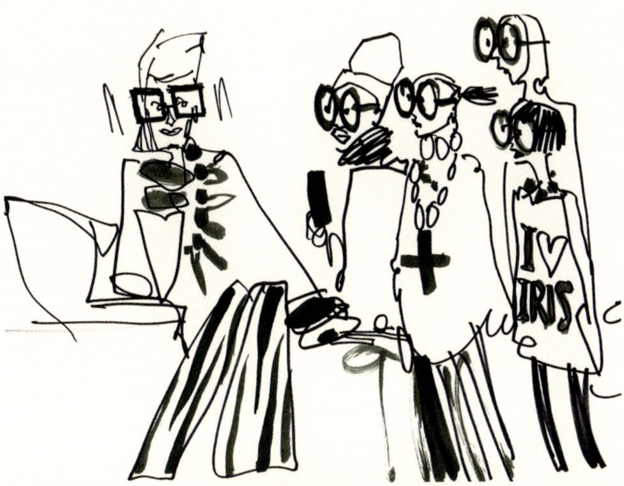

Iris Apfel gibt der ersten Reihe Rätsel auf.

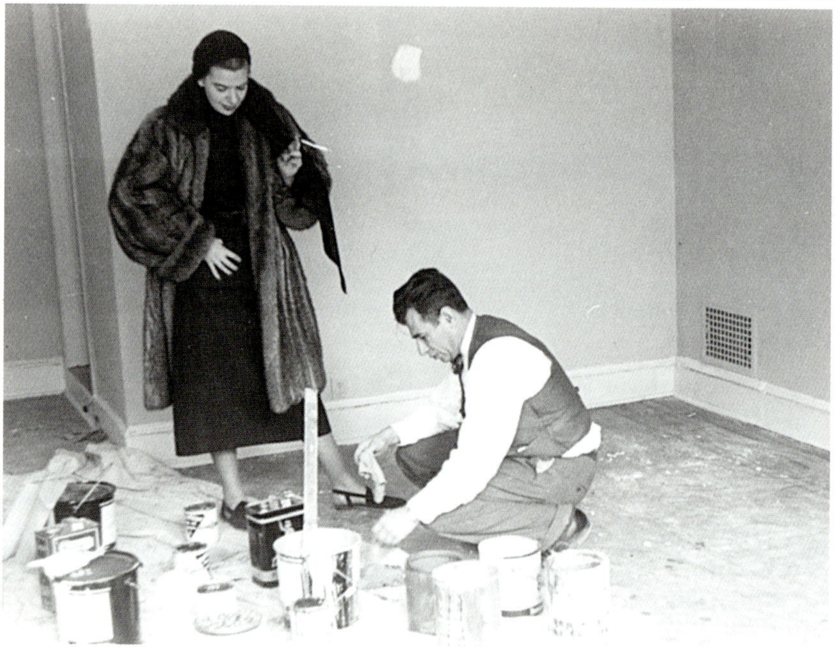

IMPROVISATION

NACH DEM COLLEGE wollte ich mich im Journalismus ausprobieren. In meinem Abschlussjahr hatte ich gute Aussichten, für *Vogue* in Paris im Rahmen des Wettbewerbs Prix de Paris zu arbeiten, aber das Büro wurde während des Zweiten Weltkriegs geschlossen. Ich war aber entschlossen, Moderedakteurin zu werden. Ich nahm zunächst einen schlecht bezahlten Job als Textkurier bei *Women's Wear Daily* in New York City an. Ich bekam 15 $ pro Woche, auch damals ein Hungerlohn. Das war lange vor dem Zeitalter der Hochtechnologie und auch Rohrpost gab es nur selten, darum rannte ich mit den neuesten Storys die Treppen auf und ab, von einer Abteilung zur nächsten, und brachte Nachrichten von einem Redakteur zum anderen. Ich lernte zwar nichts über das Modegeschäft, aber war hinterher in der Form meines Lebens.

Nach einigen Monaten war klar, dass ich es hier zu nichts bringen würden, denn 90 % der Redakteure waren zu alt, um schwanger zu werden, und zu jung, um in Rente zu gehen. Ich zog also weiter und ergatterte einen netten Job bei Robert Goodman, dem angesagtesten Modezeichner jener Zeit. In seinem mondänen Penthouse gegenüber vom Luxuskaufhaus Saks Fifth Avenue betreute er eine illustre Kundschaft und ich lernte neue Leute

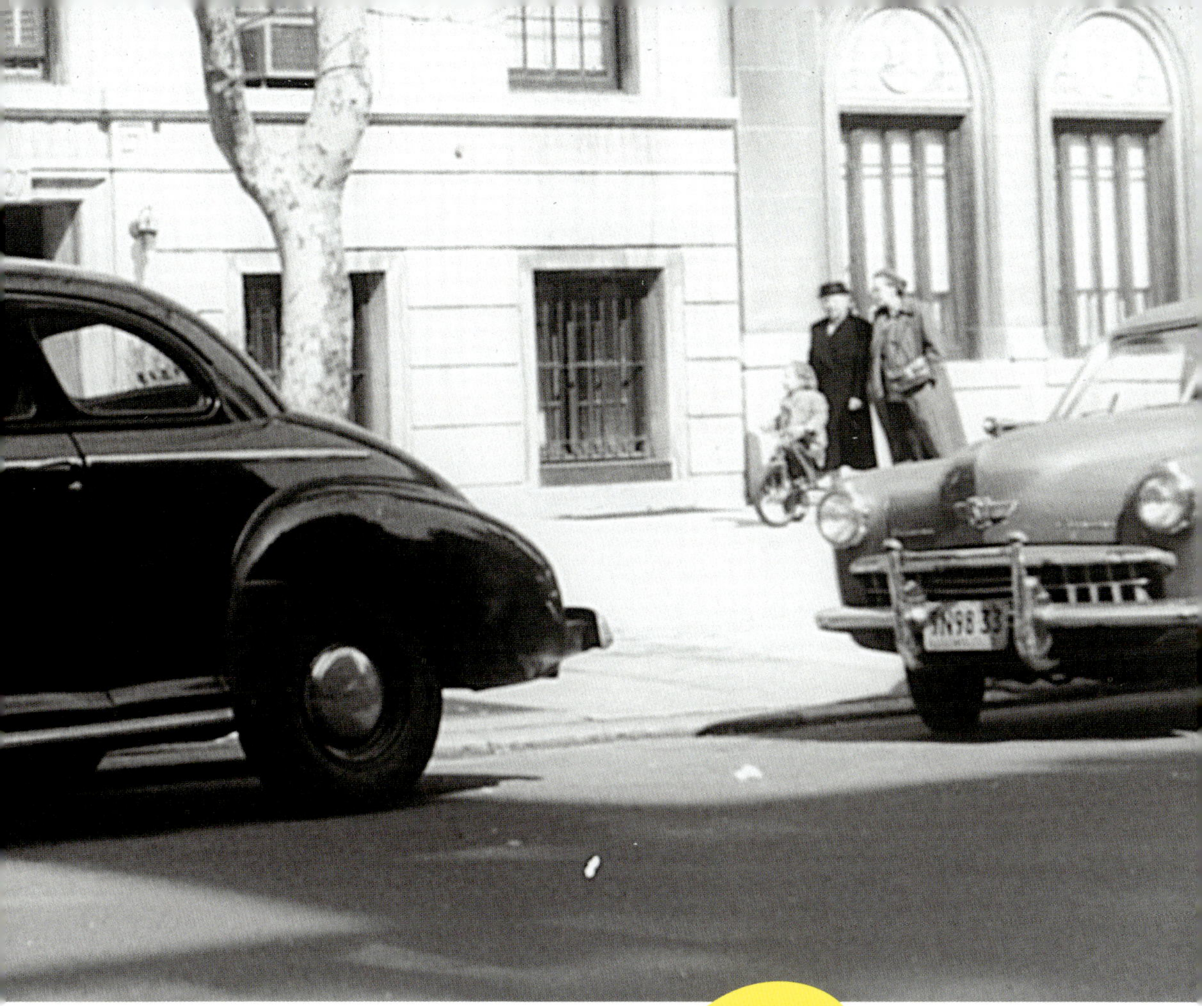

»Meine Kunden hatten keinen Geschmack von der Stange, das war mir sehr recht ...«

denn ich glaube ohnehin nicht, dass ein Stil zu jedem passt. Ich versuchte, so viel wie möglich über ihre Interessen, ihren Stil und ihren Geschmack herauszufinden, und wenn sie mir darüber nichts erzählen konnten, entwickelte ich anhand dessen, was ich über sie wusste, eine Einrichtung, die ihrer Ästhetik entsprach. Manche wollten auch nicht mit mir arbeiten, weil ich nie eine Zeichnung von meinen Plänen anbot, sondern einfach loslegte. Manchmal war es schwierig, vor allem, wenn die Kunden genau auf ihren Wünschen bestanden. Bei den meisten bekam ich jedoch irgendwann freie Hand. Ich konnte improvisieren, und das gefiel mir sehr. Schließlich führen alle Wege zum Jazz.

LOVE AND MARRIAGE

ICH WAR 66 JAHRE lang verheiratet – eine lange Zeit, um zusammen zu sein. Manchmal fühlte sich das wie ein Jahrhundert an, manchmal wie ein Augenblick. Wir führten eine wunderbare Beziehung; das Wie, Warum und Wann ist für mich jedoch zu privat und schmerzlich, als dass ich im Moment darüber schreiben will, ich habe meinen Liebling erst vor Kurzem verloren.

Ich begegnete Carl Apfel ganz kurz bei einem Urlaub am Lake George. Einige Wochen später saß ich beim Lunch mit meiner Mutter und einem Beau, der Modeeinkäufer für Neiman Marcus in Dallas war. Als er mich zurück in mein Büro brachte, kamen wir bei Bonwit Teller auf der Fifth Avenue vorbei. Wir blieben stehen und unterhielten uns über das Schaufenster. An jenem Abend kam ich nach Hause und das Telefon klingelte. Es war Carl.

»Mir hat gefallen, was Sie heute getragen haben«, sagte er. Dann machte er mir viele Komplimente über mein Kostüm, meine Tasche, meine Schuhe – das gesamte Outfit. Und dann lud er mich zum Essen ein.

Zuerst hatte ich keine Ahnung, doch dann erklärte er, er habe in einem kaputten Bus auf der Fifth Avenue vor Bonwit Teller festgesessen, gerade als ich vor dem Geschäft stand.

Dann ging alles ganz schnell.

Das erste Date am Columbus Day (12.10.).

Verlobung an Thanksgiving.

Ich bekam einen Ring zu Weihnachten.

Und wir heirateten an Washingtons Geburtstag, am 22. Februar 1948. Ich trug ein trägerloses rosa Brautkleid. Ich hatte es skizziert, und eine Schneiderin, eine Bekannte meiner Mutter, nähte es. Es hatte einen langen Rock und ein kleines Cape, das ich zur Trauung und später zu offiziellen Anlässen trug. Unheimlich viel Geld für ein Brautkleid auszugeben, das man nur einmal trägt und dann in einem Karton aufhebt, schien mir ziemlich unpraktisch.

Wir heirateten im Waldorf Astoria. Die Trauung fand dort statt, mit Cocktails und Dinner. Eine eher kleine Veranstaltung mit 120 Leuten, aber wunderschön. Und die Hochzeit war rosa – ich konnte nicht riskieren, dass sich die Deko mit dem Kleid beißt!

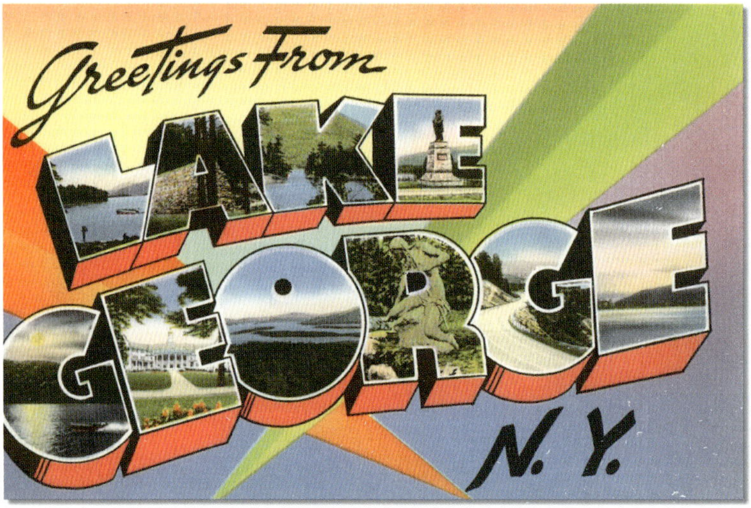

DO NOT DISTURB

Guests wishing to be left undisturbed by knocking on the door are requested to pl…

do…

Ple…

If y…
cal…
Als…
ser…

Tel…
thi…
to t…

WHITNEY DU…

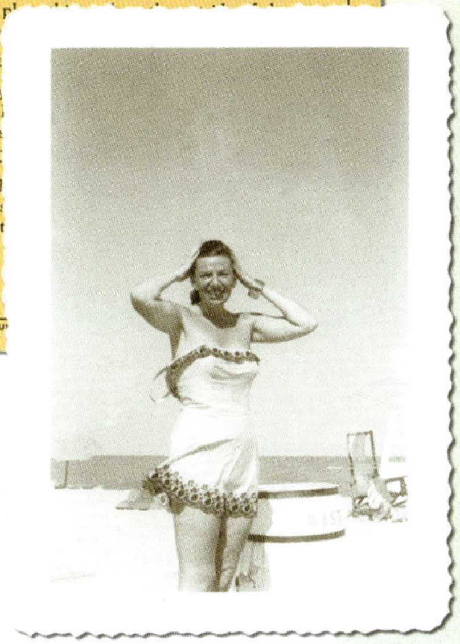

Palm Beach Hotel

January
23rd
1 9 4 8

Dear Mr. Apfel,

Thank you very much for your letter of January 20th and for the reservation it contains, pursuant to your previous conversation with our New York office of that date. We are pleased indeed that you will be with us at the Palm Beach Hotel.

Upon your arrival here with Mrs. Apfel on Wednesday, February 25th, for a stay of three full weeks, you will find awaiting you a twin studio-bedded room with private bath, at the rate of $36.00 per day for the room for two until March 10th, and $26.00 per day thereafter for the room for two persons.

Your deposit check of $100.00 is hereby acknowledged; this amount will be credited to your account at the end of your stay, as above.

We look forward to the pleasure of your company, and assure you and Mrs. Apfel a hearty welcome and a most enjoyable stay.

Most sincerely,

PALM B…

MS:JG

Mr. C. B…

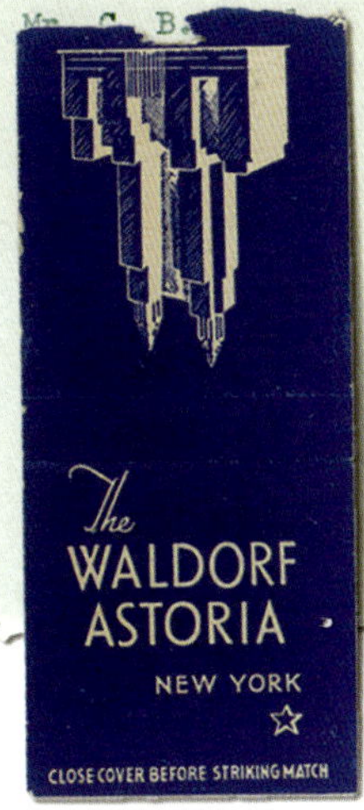

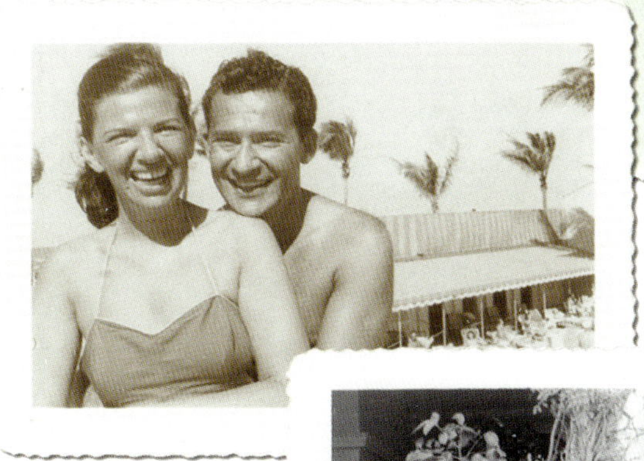

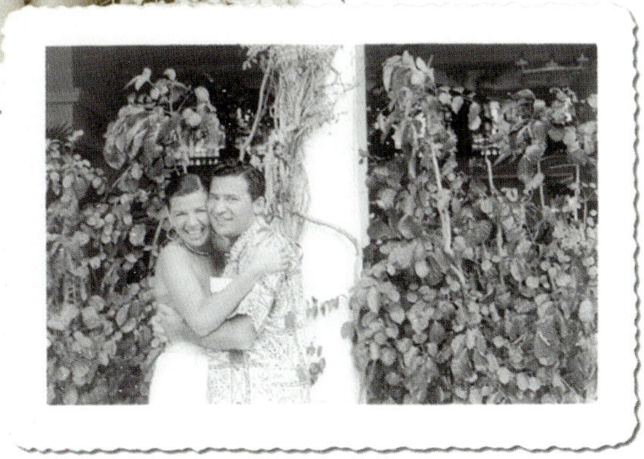

THURSDAY, MARCH 11, 1948

Carl Apfel Returns From Honeymoon

Mr. and Mrs. Carl B. Apfel of Forest Hills are making their home here following their honeymoon in Palm Beach. Mrs. Apfel is the former Iris Barrel.

Chaplain L. Goldberg performed the marriage ceremony in the Hotel Waldorf-Astoria. A reception for 120 followed at the hotel.

The bride was gowned in cloud pink lace with a capelet embroidered with tiny matching heads and a bonnet type veil of matching lace and illusion. Her nosegay of pink lipped white orchids was surrounded by various pink flowers.

Mrs. Clifford Shuman was the matron of honor and Dr. Everett Apfel was his brother's best man. The ushers were Charles Taubman, Arthur Waxman, Morton Diamond Jack Meyers, Daniel Myerson, Clifford Schuman, Joseph Fishman and Leward Werbein.

Mrs. Apfel is the daughter of Mr. and Mrs. Samuel Barrel of Astoria. She was graduated from the University of Wisconsin and attended Cornell University.

Her husband is the son of Mr. and Mrs. Harold Apfel of 68-38 Yellowstone Boulevard. He is a graduate of the New York University School of Advertising.

Queens TB Assn.

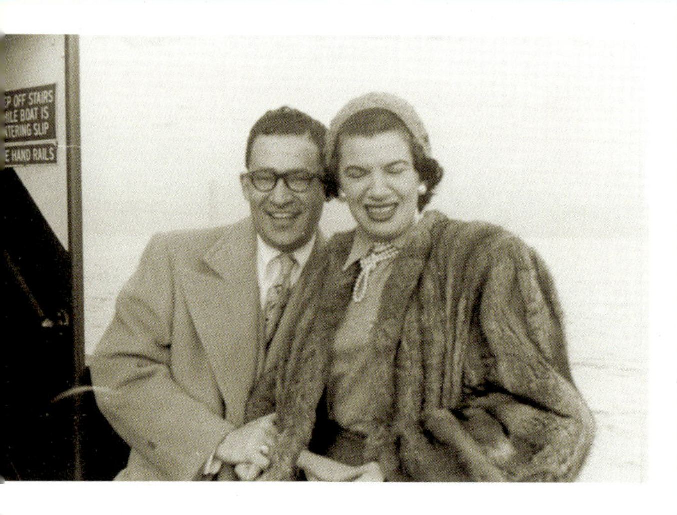
P OFF STAIRS
HILE BOAT IS
NTERING SLIP
E HAND RAILS

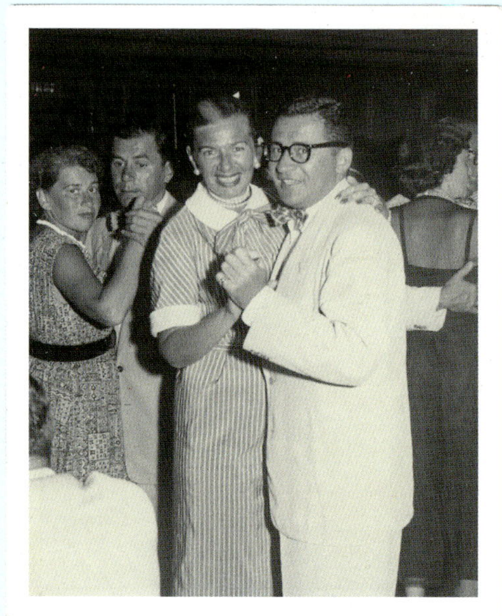

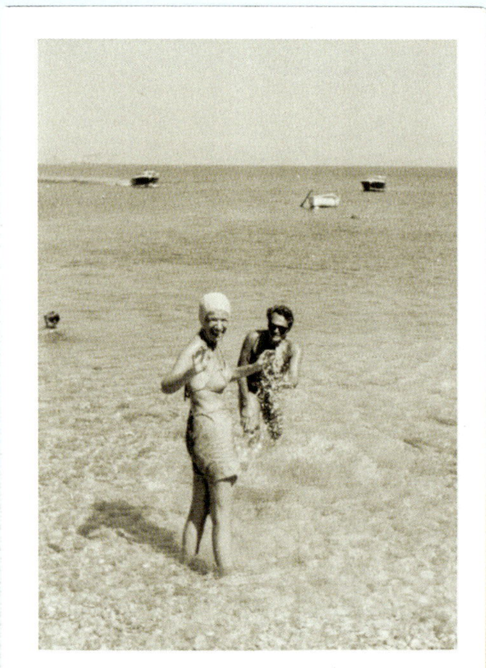

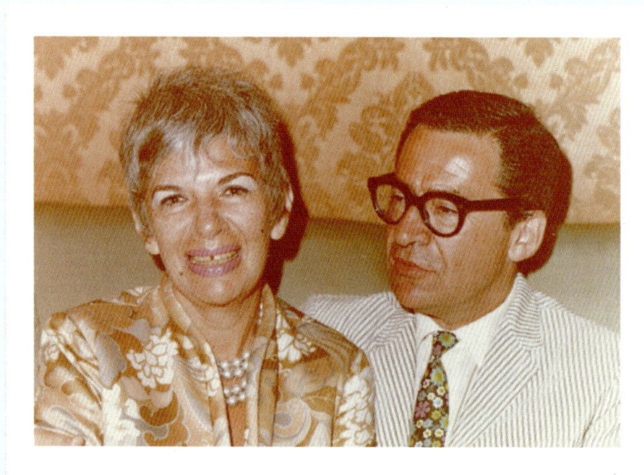

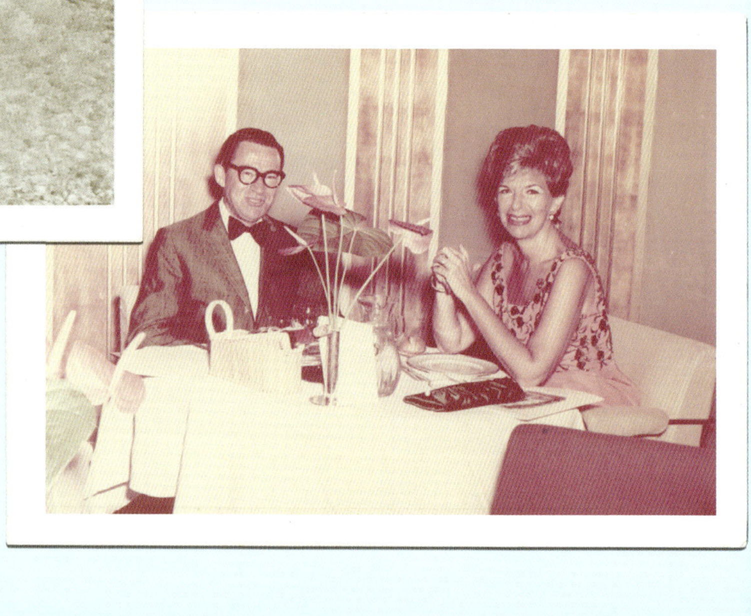

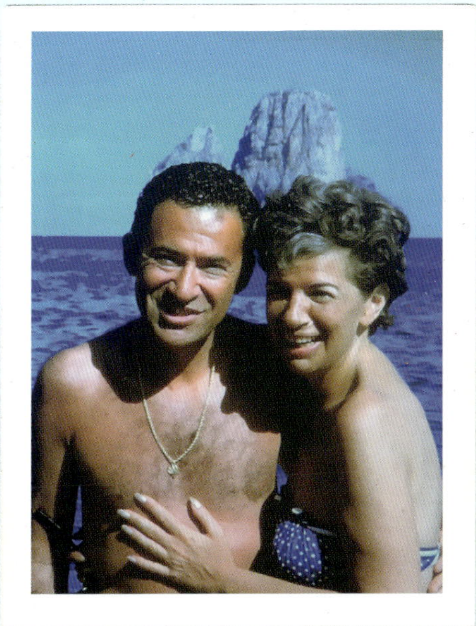

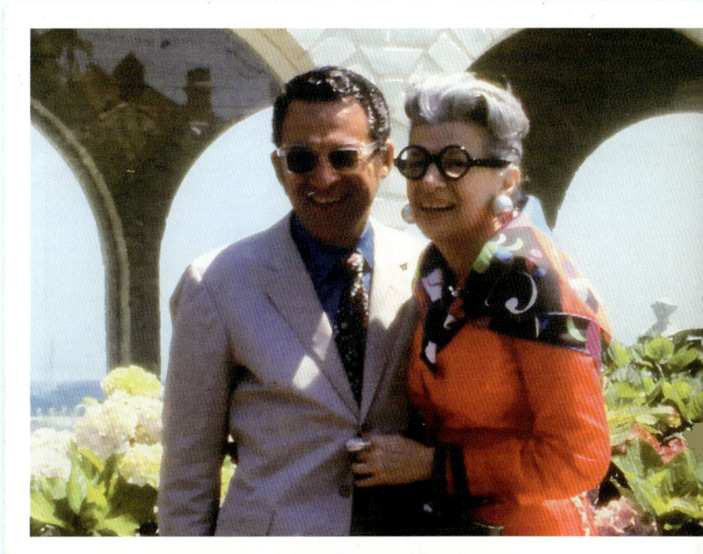

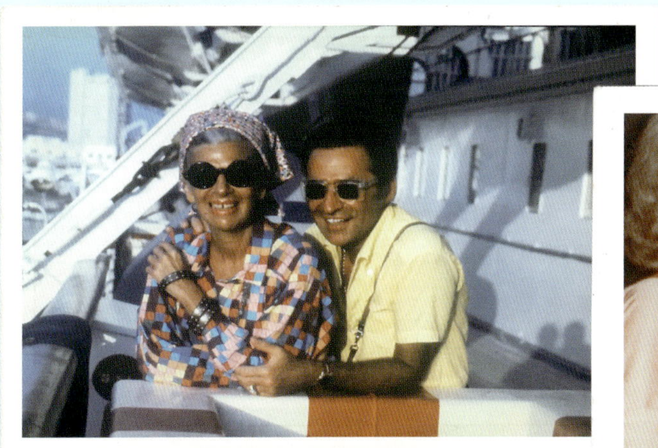

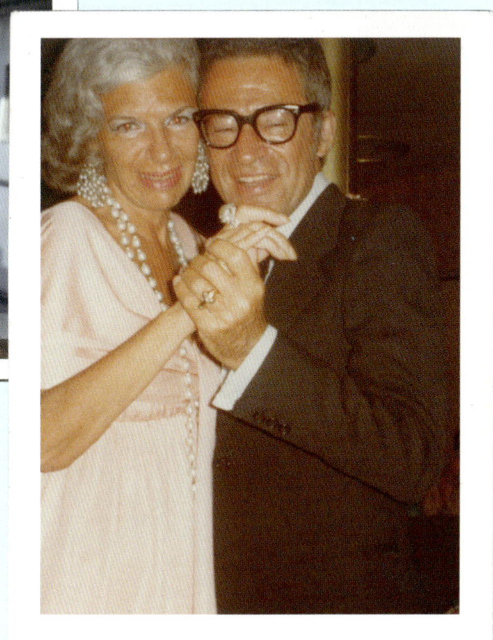

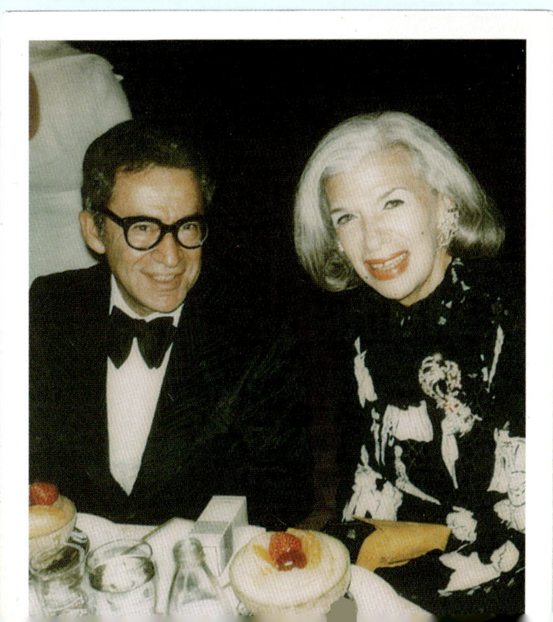

DIE GEHEIMNISSE EINER LANGEN UND GLÜCKLICHEN EHE

IMMER WIEDER WERDE ICH nach den Geheimnissen einer langen und glücklichen Ehe gefragt. Die Geheimnisse kenne ich nicht, aber ich hätte da ein paar Ideen.

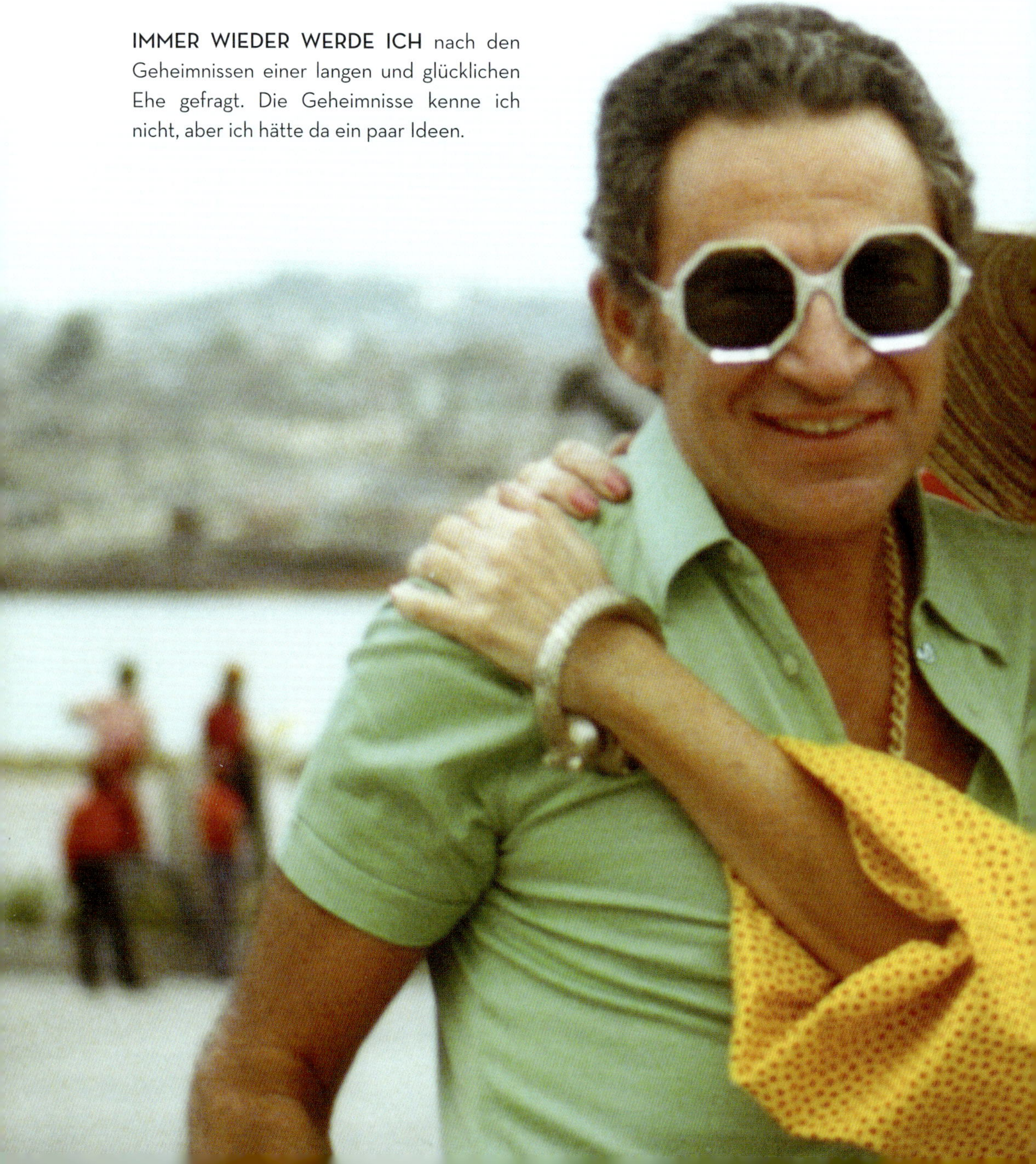

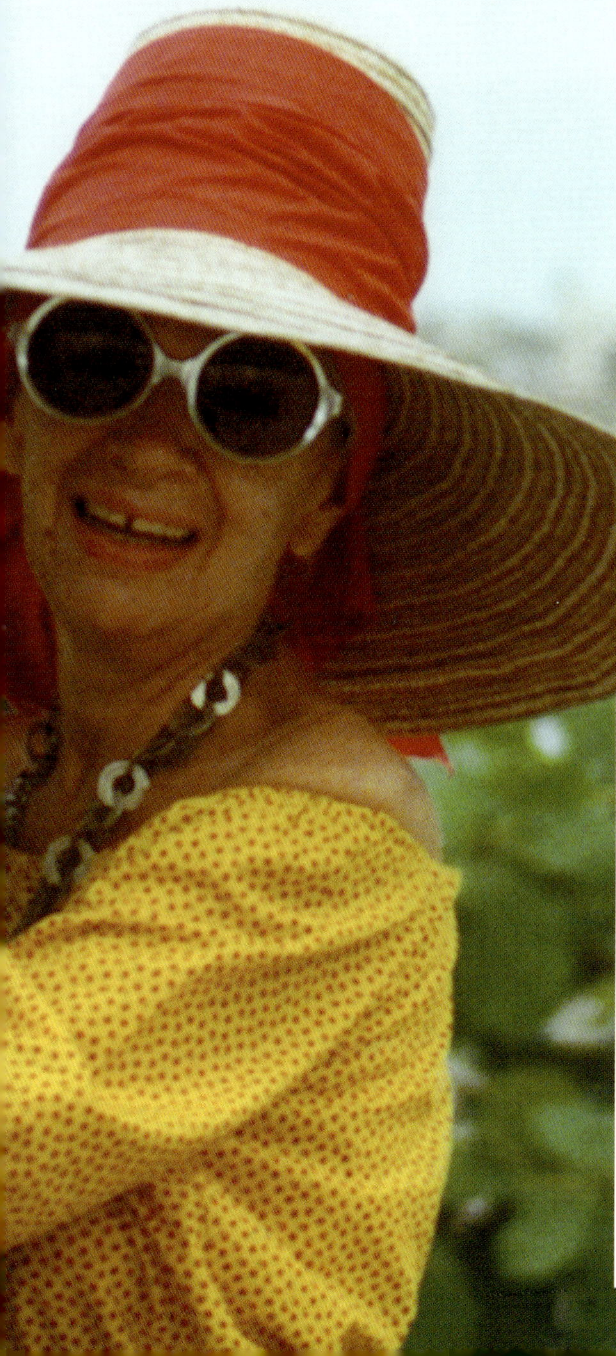

1. Ich führe das zuerst auf, weil es mir bei dieser Frage immer zuerst einfällt: Erhalten Sie sich einen Sinn für Humor. Das bringt Sie durch schlechte Zeiten und macht die guten noch besser.

2. Respektieren Sie einander.

3. Geben Sie einander Raum; kleben Sie nicht immer aneinander.

4. Akzeptieren Sie, nicht immer einer Meinung zu sein. Mehr oder weniger auf derselben Wellenlänge zu sein, hilft aber enorm.

5. Geben Sie Ihre Persönlichkeit nicht auf. Und akzeptieren Sie, wer Ihr Partner ist. Sie sind vielleicht ein Paar, aber nicht dieselbe Person.

6. Seien Sie nicht kleinlich. Die meisten Paare streiten über dumme Kleinigkeiten, die sie unnötig aufblasen. Denken Sie immer daran: Nichts ist nerviger als Erbsenzählerei.

7. Bewahren Sie sich den Sinn fürs Abenteuer: Unternehmen Sie Dinge gemeinsam.

8. Akzeptieren Sie, dass Sie nicht immer dieselben Dinge und Leute mögen.

9. Wenn Sie etwas gern tun, Ihr Partner aber nicht, machen Sie es trotzdem! Und machen Sie hin und wieder auch mal das, was Ihr Partner mag, Sie aber nicht.

10. Seien Sie kreativ. Neue gemeinsame Interessen bringen frischen Wind in eine Beziehung.

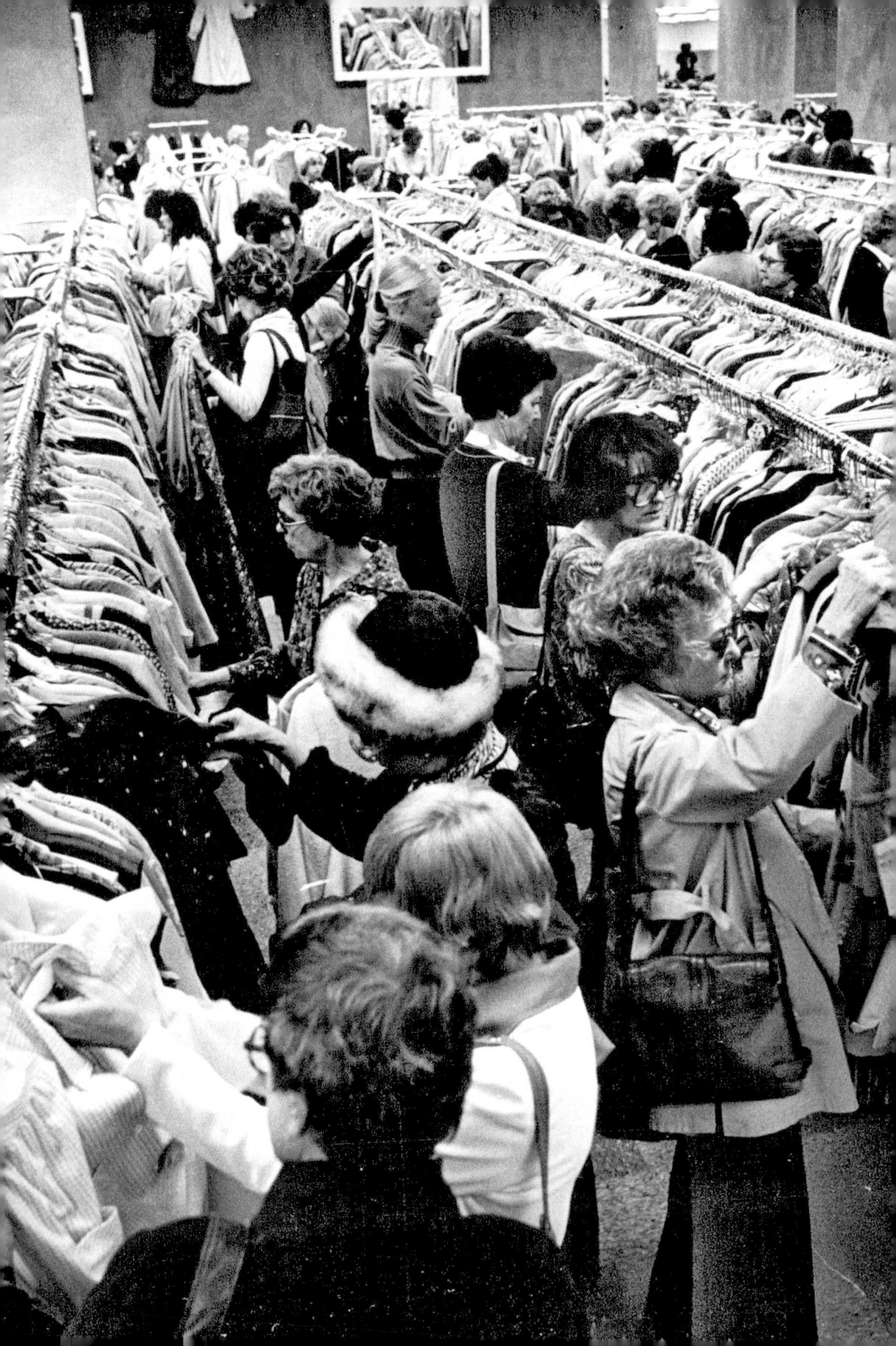

ALADINS HÖHLE

MEIN GESCHÄFT IM RAUMDESIGN boomte und ich war auf dem Weg zu einer neuen Kundin in Brooklyn. Ihre Wegbeschreibung gab mir einige Rätsel auf. Ich stieg an der falschen Station aus der U-Bahn und geriet zudem noch unerwartet in einen Regenguss.

Ich versuchte krampfhaft herauszufinden, wohin ich geraten war, als ich plötzlich eine Art Wunder entdeckte: ein langes, schlankes Schaufenster mit Tiffany-Schirm an einem Ende, vor dem ein großartiges Outfit von Norman Norell drapiert war. Ein Traum. Und am anderen Ende eine Schaufensterpuppe, die ganz im Stil von Pauline Trigère gekleidet war.

Klatschnass und gierig betrat ich den Laden, einen höhlenartigen Raum voller Kleidung auf Metallständern, Frauen, die sie durchsuchten und bereits halb ausgezogen waren, sowie Dutzende brummiger Ehemänner, die ihre Gattinnen zur Eile drängten.

Mir wurde klar, dass ich auf Loehmann's gestoßen war, den legendären Discount-Händler. Ich durchstöberte die Kleiderstangen, nichts gefiel mir, und ich fragte mich, was dieses Durcheinander eigentlich sollte. Ich schickte mich bereits zum Gehen an, als mich eine andere Kundin rettete. Sie erklärte, ich sei in der Billigabteilung gelandet, aber hinten im Laden die Treppe hoch käme ich in den »Back Room«. Ich folgte der Beschreibung und entdeckte Aladins Höhle: In schwindelerregenden Mengen fand ich dort Stücke aller großen Modedesigner. Die Kleider waren großartig und unglaublich günstig. Ich hatte den heiligen Gral gefunden, aber weder genug Zeit noch ausreichend Geld dabei. Also dankte ich dem Herrn für mein Glück und versprach wiederzukommen.

Ich wurde zu einer Art Dauergast. Jedes Mal, wenn ich nach Brooklyn kam, schaute ich vorbei und nahm wieder einige Stücke mit. Häufig war ich zu Kunden unterwegs und hatte nicht mal Zeit zum Anprobieren. Zurückgeben konnte man damals nichts, aber als Stoff-Narr konnte ich jedes zu große Kleid schnell in prächtige Sofakissen verwandeln. Welch ein Schatz!

Hin und wieder saß Mrs. Loehmann auf einem Hochstuhl im Verkaufsraum, um das Treiben zu beobachten. Die zierliche Dame trug ihr Haar im Dutt. Immer kleidete sie sich mit einer hoch geknöpften Bluse und einem langen engen Rock sowie hoch geknöpften Stiefeletten – und sie trug immer einen Geldbeutel mit den Einnahmen der Geschäfte an der Seventh Avenue. Sie erinnerte mich an eine Figur aus einem Gemälde von Toulouse-Lautrec.

Häufig beobachtete sie mich, und eines Tages zitierte sie mich zu sich.

»Junge Dame, ich habe Sie beobachtet«, sagte sie. »Sie sind sicherlich keine Schönheit, aber Sie haben etwas viel Besseres – Sie haben Stil!«

Damals verstand ich sie nicht ganz, aber ihre Bemerkung war ein Vorbote dessen, was noch kommen sollte.

Als kleines Mädchen fragte ich meinen Vater,
was er mir zum Geburtstag schenken würde.
Er entgegnete: »Warum soll ich dir etwas schenken?«
»Weil es mein Geburtstag ist«, stammelte ich.
»Ich muss dir gar nichts schenken«, erwiderte er.
»Du hattest nichts mit deiner Geburt zu tun!«

%***#$!

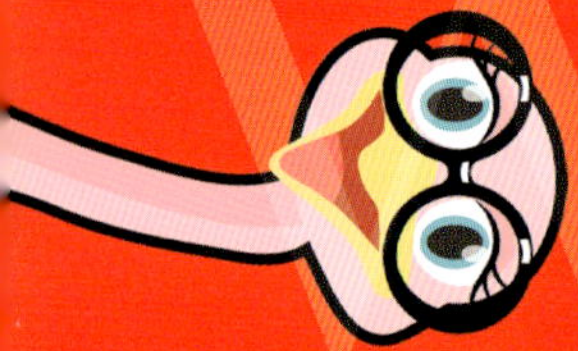

WHAT!

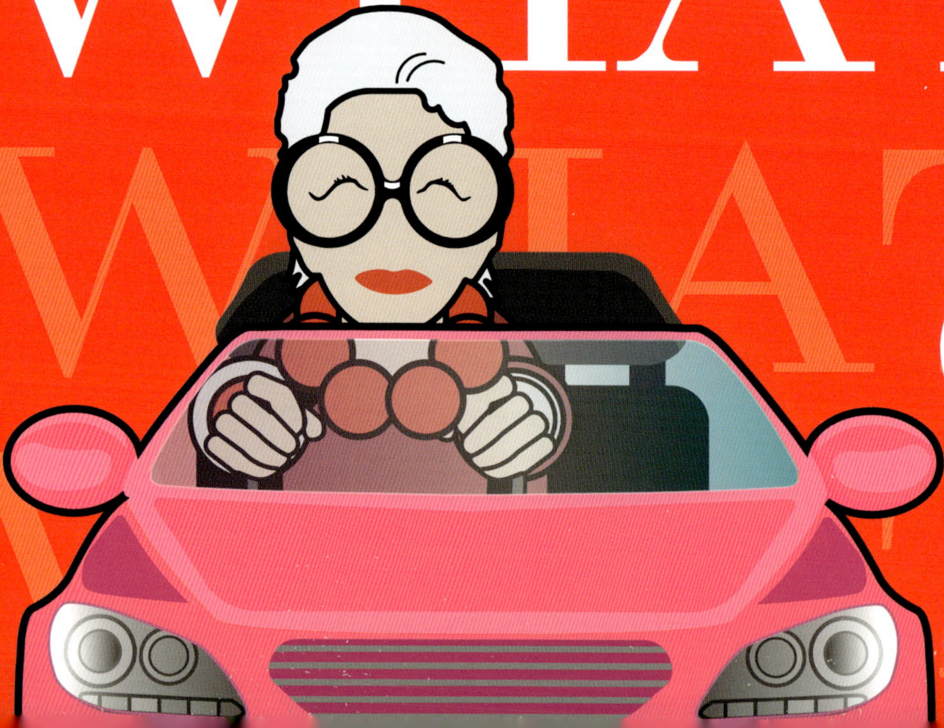

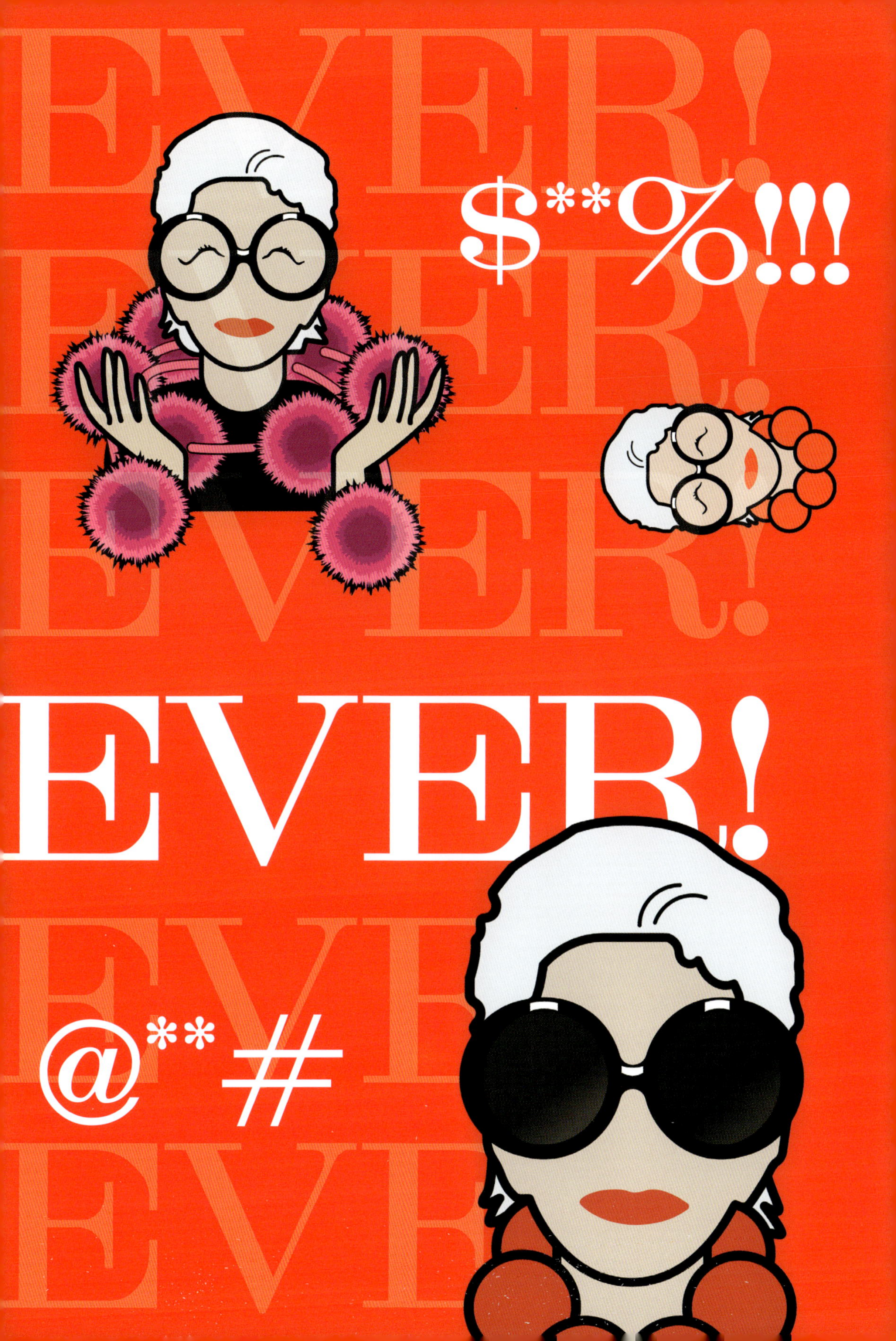
$**%!!!
EVER!
@**#

KONZENTRATION

SECHS SCHWIERIGE STÜCKE

HÄUFIG WERDE ICH GEFRAGT, woher meine Leidenschaft für Stoffe kommt. Lange Zeit konnte ich das nicht genau sagen. Doch dann fiel mir etwas aus meiner frühesten Kindheit wieder ein – und alles war klar.

Ich war ein Einzelkind und viele Jahre lang auch das einzige Enkelkind auf beiden Seiten der Familie. Bei Familienfeiern war ich also meist allein unter Erwachsenen. Wir wohnten in Queens, und hin und wieder besuchten wir die Großeltern väterlicherseits in Brooklyn, wo sich alle Tanten und Onkel zu einem geselligen Abend zusammenfanden. In den ersten fünfzehn Minuten knuddelten sie mich, kniffen mir in die Wange und stellten Fragen. Dann wurde ich ihnen zu langweilig und sie ließen sich zum Kartenspiel und für ein paar Drinks nieder. Ich stand dann ziemlich dumm da.

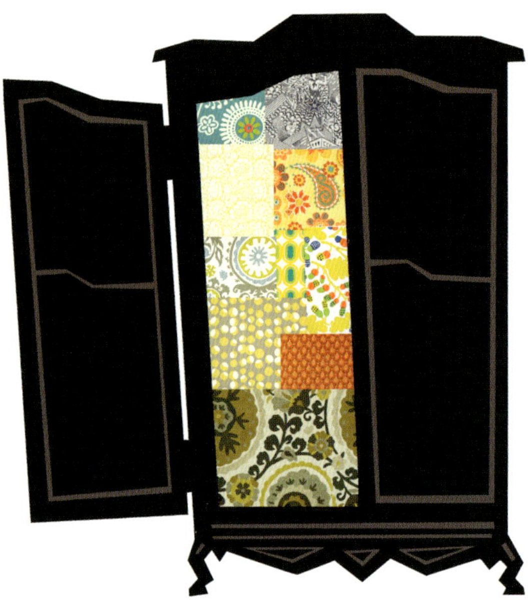

Meine Großmutter beschloss, eine Beschäftigung für mich zu finden. Sie war sozial sehr engagiert und organisierte viel für die Armen und Kranken. Sie war damals eine der Gründerinnen eines Krankenhauses und eines Altersheims. Und sie hatte vier Töchter, die immer für wohltätige Zwecke nähten.

Einmal, als ich noch sehr klein war, nahm sie mich mit in ein Hinterzimmer mit zwei riesigen Schränken. »Setz dich auf den Boden, ich habe einen Schatz für dich.«

Ich gehorchte, und sie öffnete die Schranktüren. Heraus purzelten einige riesige weiße Säcke. Sie öffnete den einen, dann den nächsten, und was herausfiel, ließ mein Herz höher schlagen: ein riesiger Haufen Stoffreste in allen vorstellbaren Farben und Mustern, Formen und Größen.

Dann sagte sie: »Hier, spiel damit. Mach, was immer du willst. Und wenn du brav bist, darfst du sechs Stücke mit nach Hause nehmen.«

Ich war fasziniert, und wir wiederholten das bei jedem Besuch. Ich saß auf dem Boden im Hinterzimmer und stellte Kombinationen zusammen. Wenn mir ein Set nicht gefiel, »reparierte« ich es. Ich erinnere mich noch, wie schwer mir Veränderungen fielen, vor allem wenn ich einen Stoffrest aus einem »fertigen« Arrangement entnehmen und in ein anderes, neues einbauen wollte. Denn dann musste ich ja das erste auch »reparieren«. Wie besessen von Strukturen, Farben und Mustern beschäftigte ich mich ganze Abende lang damit. Die Zeit verging wie im Flug und ich war immer traurig, wenn mich meine Großmutter aus dem Hinterzimmer holte. Rückblickend ist klar, dass ich so mein Auge trainierte und ein tiefes Interesse an Stoffen entwickelte.

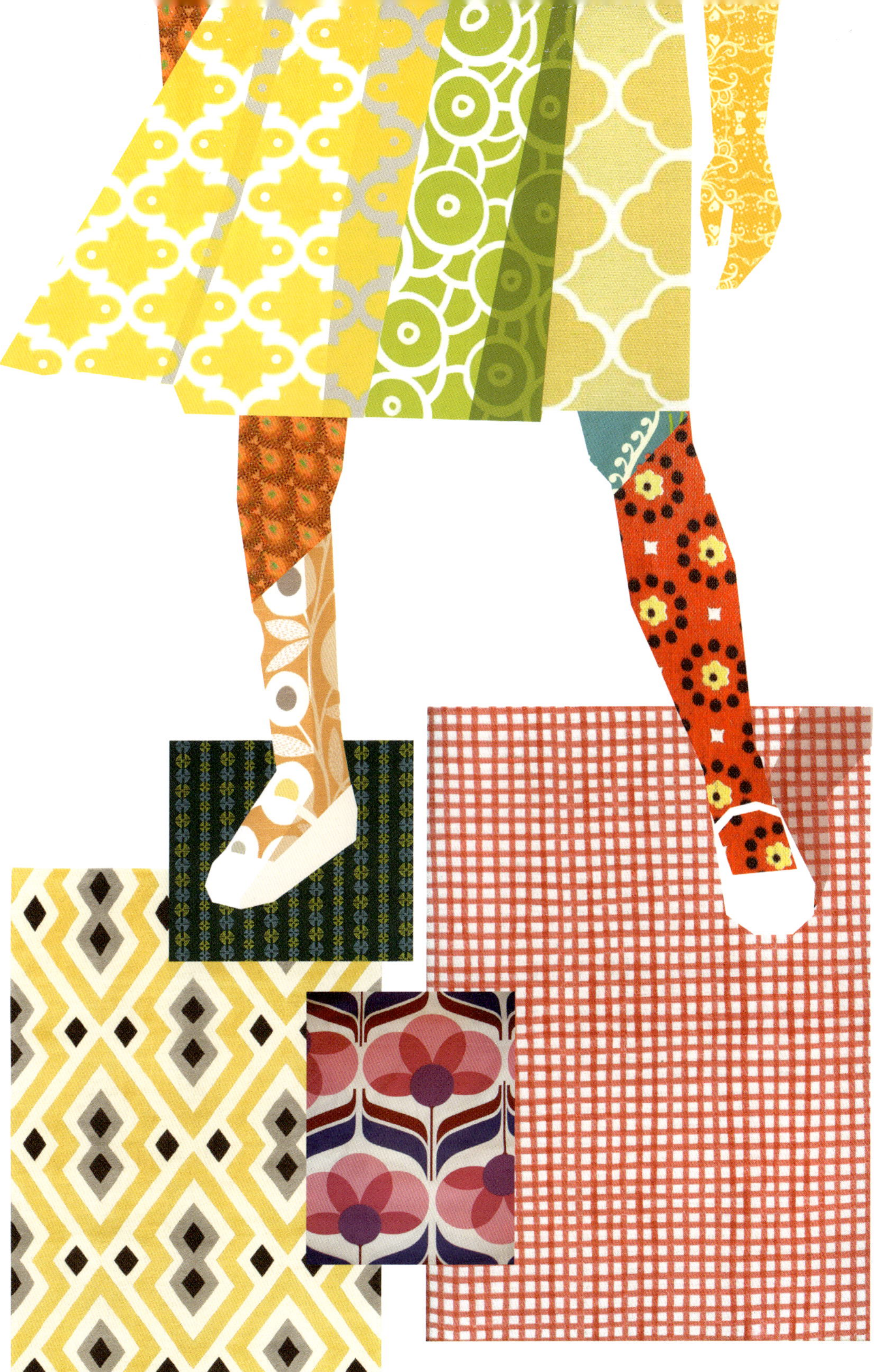

RETTUNG VOM DUKE

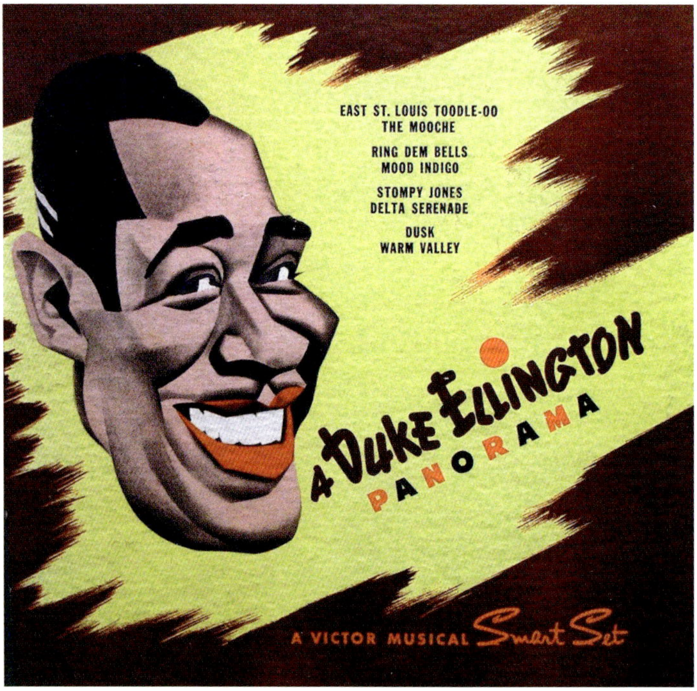

ICH BIN JAZZ-FAN, seit ich denken kann. An der Highschool arbeiteten zwei meiner Freunde für die Werbeagentur, die 1930 das Programm *Let's Dance* bei NBC sponsorte. Benny Goodmans Band war ein Haupt-Act der Show und der letzte Schrei. Diese Jungs verdienten einen Haufen Geld, nicht zuletzt, weil sie Tickets, die eigentlich zu Werbezwecken an Sponsoren verteilt werden sollten, unter der Hand verkauften. Wir alle kauften ihre Tickets, denn wir wollten Benny Goodman unbedingt hören. Eine ganze Truppe der William Cullen Bryant High School in Long Island City ging jede Woche hin. Und wir drehten durch. Wir tanzten mit unseren Saddle-Shoes in den Gängen. Ein riesiger Spaß!

Am College wechselte ich von der New York University an die University of Wisconsin in Madison, und irgendwie fehlten mir ein paar Scheine, die bei der Umstellung verloren gegangen waren. Ich brauchte sie aber dringend für meinen Abschluss.

Ich wälzte das Kursangebot vor und zurück, um etwas Interessantes zu finden, was ich an der NYU noch nicht belegt hatte. Um es kurz zu machen, ich fand einen Kurs namens Museum Administrations I, Museumsverwaltung.

Meine erste Aufgabe war, den Professor und das Gebäude zu finden, wo der Kurs stattfinden sollte. Das war nicht einfach. Das Gebäude stand am anderen Ende des Campus und dort fand kein Kurs statt. Als ich endlich den Raum gefunden hatte, klopfte ich an und wurde von einem sehr überraschten älteren Herrn hereingebeten. Er fragte, warum ich da sei; offensichtlich hatte ich mich als Erste und Einzige in acht Jahren für den Kurs angemeldet! Er hatte die Hoffnung auf Studenten quasi aufgegeben und wartete geduldig auf die Pension. Als ich fragte, worum es in dem Kurs gehen solle, antwortete er, das könne ich mir aussuchen. Und dabei erklärte er, wie sehr er sich ein Museum indigener amerikanischer Kultur wünsche.

»Wie wäre es mit Jazz?«, fragte ich.

»Brillant!«, sagte er.

»Was soll ich tun?«, fragte ich.

»Vielleicht eine Arbeit schreiben?«

»Brillant!«, gab ich zurück und lief begeistert in die Bibliothek, nur um wieder auf Granit zu beißen. Dort gab es nicht ein Buch über Jazz.

Nachdem ich mich wochenlang mit dem Problem herumgeschlagen hatte und schon fürchtete, den Rest meines Lebens an der Uni zuzubringen, half der Zufall weiter. In der Zeitung las ich, Duke Ellington und seine Band kämen in die Stadt und spielten in einem Filmtheater zwischen den Vorführungen.

»Aha!«, dachte ich mir, »gehe ich eben an die Quelle.«

Ich zog graue Flanellhosen, einen grauen Cashmere-Pullover und einen Cornell-Blazer an – ein traumhaftes weißes Flanell-Jacket mit dunkelroten Paspeln und wunderschönen Knöpfen – dazu trug ich ein Paar Loafer und ging ins Theater statt wie üblich in die Uni.

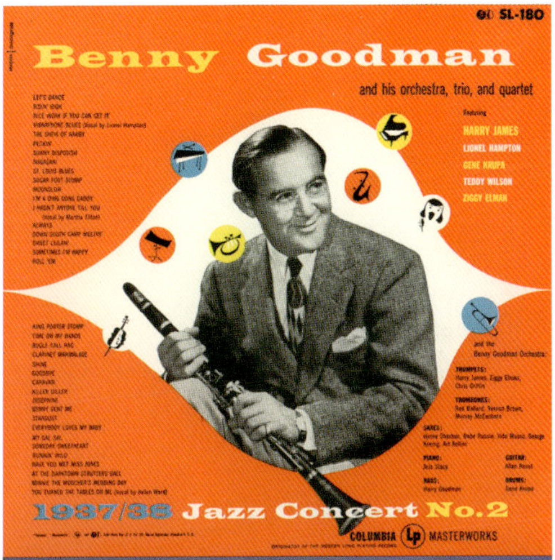

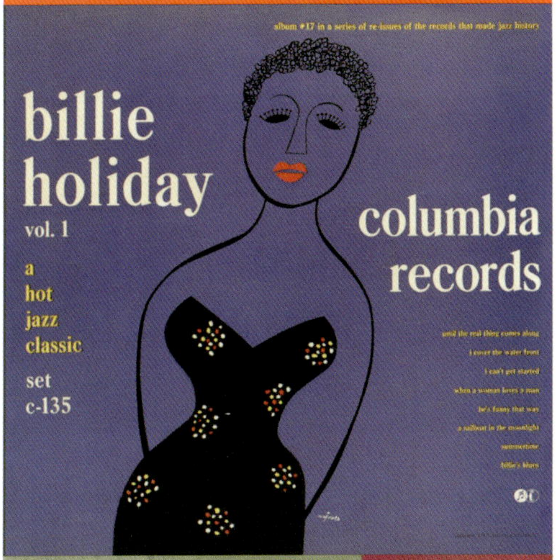

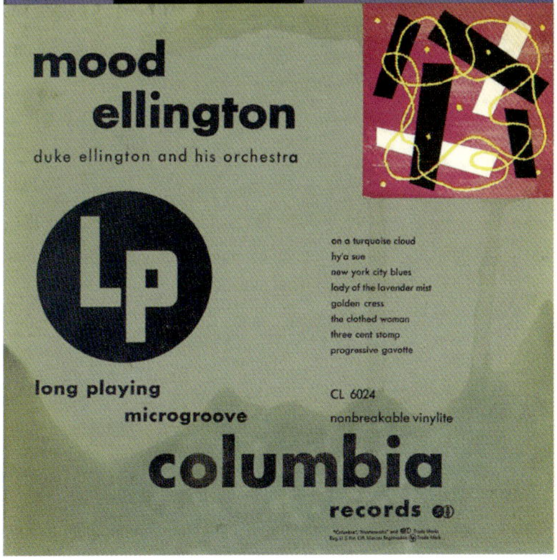

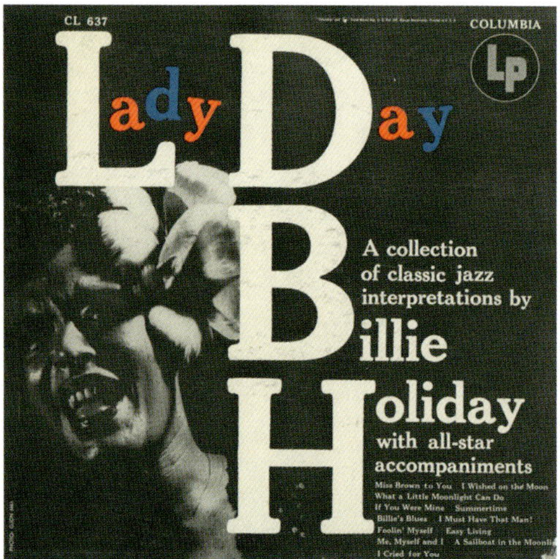

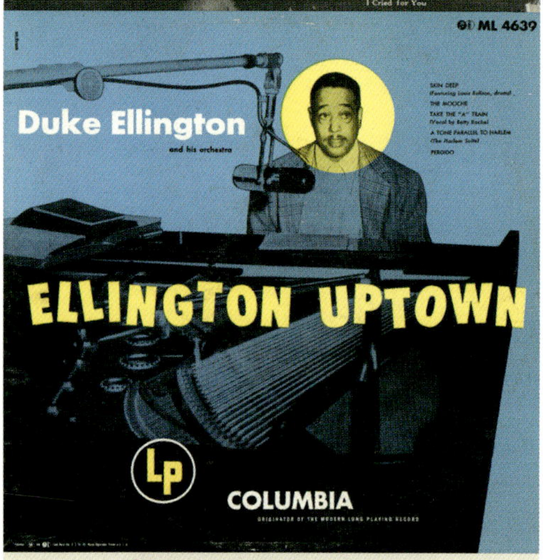

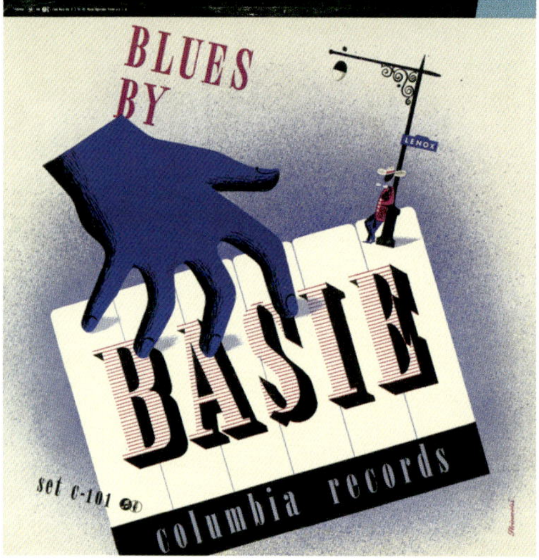

Ich schlich mich hinter die Bühne und klopfte an der Garderobe. Ray Nance, ein Geiger der Band, öffnete und betrachtete mich.

»Herr Gott! Wer ist denn dein Schneider? Was können wir für dich tun?«

Er bat mich hinein und als er von meiner Mission erfuhr, bat er mich, bis nach dem Set auf den Duke zu warten.

> »Der Duke war charmant, und bis heute gehört er zu den charmantesten Herren, die ich je getroffen habe. Er war höflich, klug und elegant.«

Als der Duke in die Garderobe kam, war ich überwältigt. Er war so charmant, bis heute gehört er zu den charmantesten Herren, die ich je getroffen habe. Er war höflich, klug und elegant. Wir verbrachten den Rest des Nachmittags zusammen; der Duke überschüttete mich mit Jazz-Geschichten. Er erzählte mir, seine Band bleibe die ganze Woche in Madison und ich könne wiederkommen, wenn ich wolle. Und er gab mir jede Menge Informationen: Wir sprachen über verschiedene Musiker, ihre Arbeit, ihre Stile, auch über verschiedene Stile im Jazz. Er nahm sich unglaublich viel Zeit für mich. Natürlich blieb mein Platz an der Uni in dieser Woche leer.

Nach sieben Tagen kündigte der Duke an, er und seine Band nähmen den Milchzug nach Chicago, um dort zwei Wochen an einem Theater zu spielen. Alle Jazz-Größen, die gerade in der Gegend seien, würden vorbeikommen. Und er sagte, er wäre begeistert, wenn auch ich kommen könnte, dann würde er mich allen vorstellen. Das war wohl das Wunderbarste, was ich jemals gehört hatte.

Am letzten Abend kehrte die Band nicht mehr ins Hotel zurück. Madison war in den 1940ern schrecklicher Ort, was die Hautfarbe von Menschen angeht. Afro-Amerikaner mussten in einem Rattenloch von Hotel unterkommen. Als Paul Robeson, der Schauspieler und großartige Sänger, in die Stadt kam, richtete die Uni ein Zimmer im Studentenwohnheim für ihn her, weil das Hotel so übel war. Ich verstand also, was gemeint war, wenn die Band sagte, sie würde nach der letzten Show auf den Milchzug warten.

In jener letzten Nacht spazierten wir durch die Stadt, als die Straßenreinigung kam. Billy Strayhorn, ein großartiger Mitarbeiter von Ellington, aber auch depressiv, war sehr betrunken. Er begann, seine ganzen Noten auf die Straße zu werfen, wo sie buchstäblich die Gosse runtergingen. Wir alle hatten zu tun, die Seiten wieder einzusammeln. Viel davon war einfach weg.

Eine Hürde musste ich noch überwinden, um nach Chicago zu kommen – meine Mutter. Sie musste gestatten, dass ich das Studentenhaus verließ, in dem ich wohnte. NICHT GENEHMIGT.

Ich fuhr trotzdem. In Chicago traf ich alle Musiker, von denen der Duke erzählt hatte. Sie spielten sogar Jam-Sessions mit ihm. Und ich konnte mit ihnen über meine Arbeit sprechen. Problem gelöst.

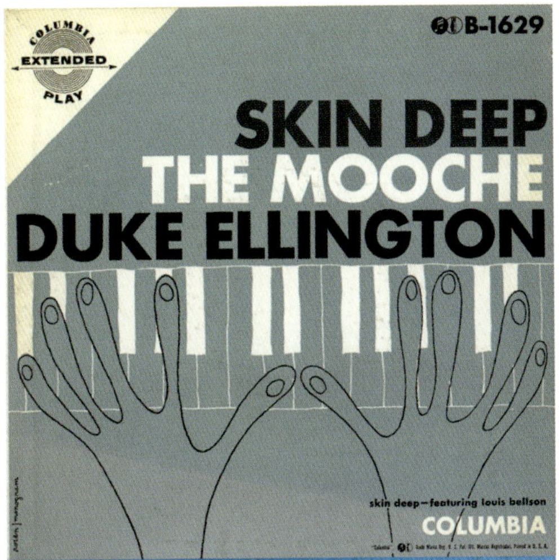

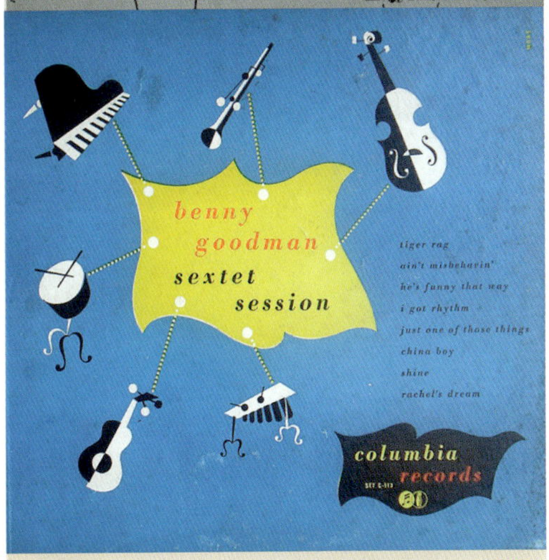

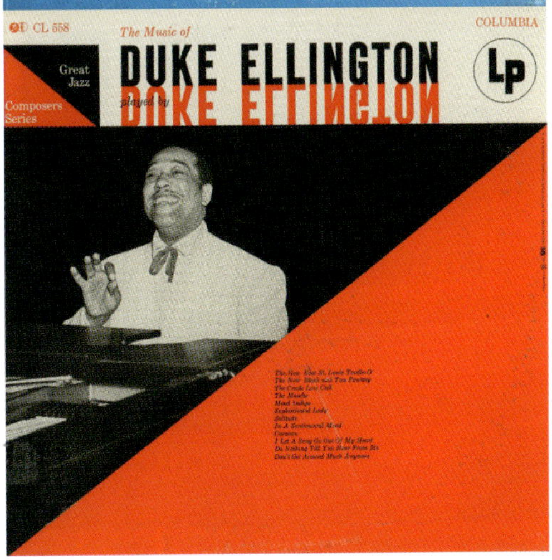

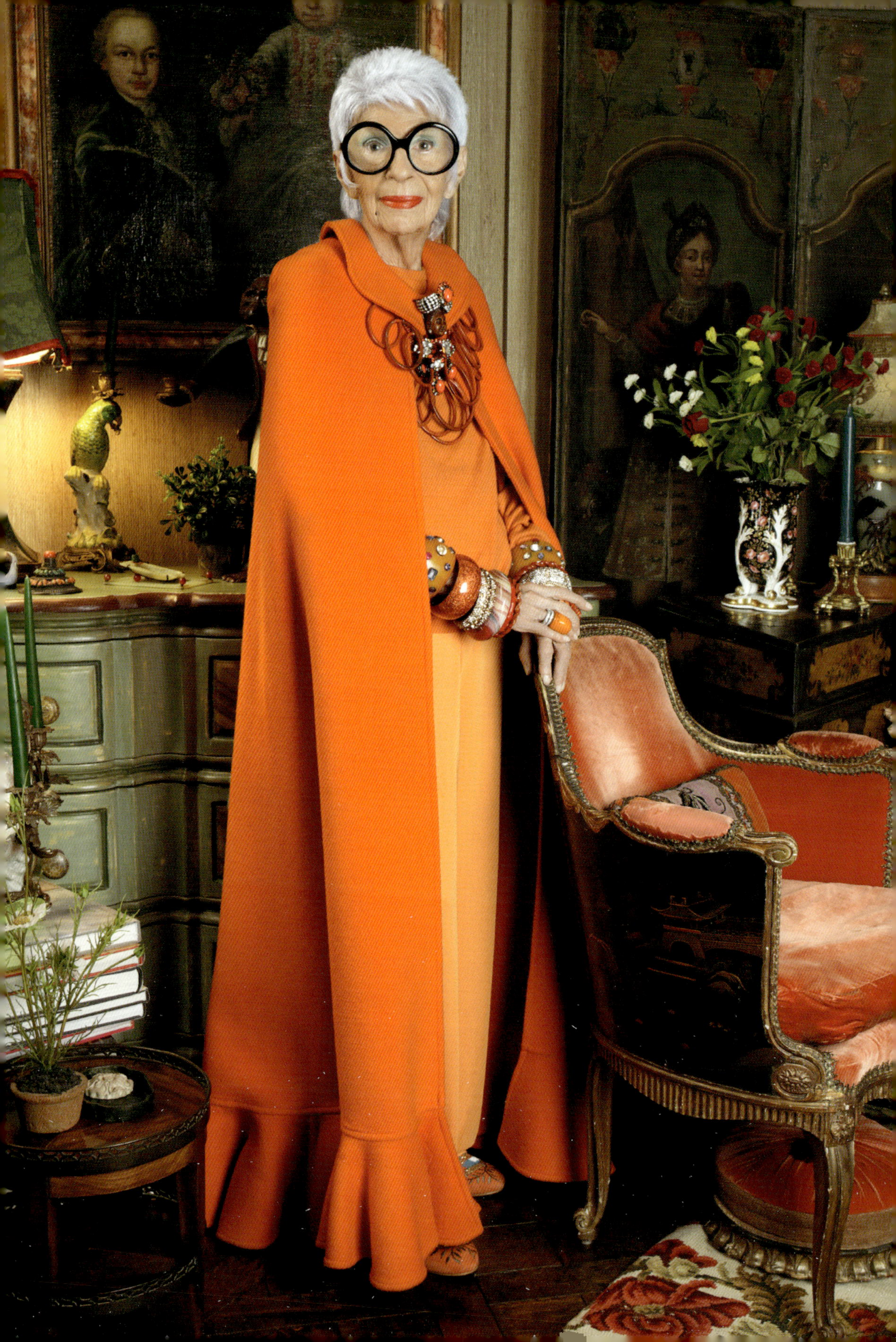

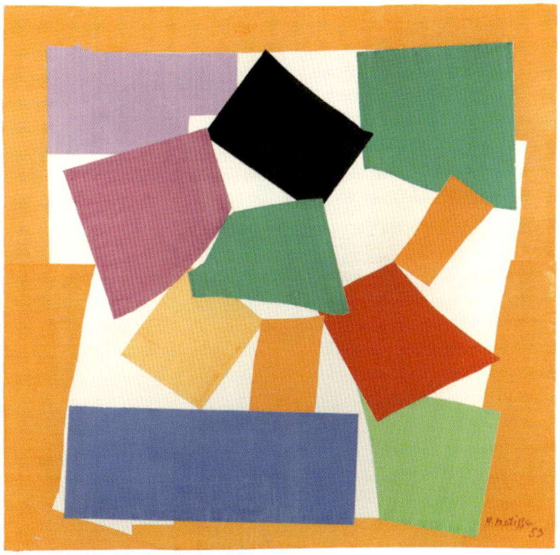

MATISSE UND ICH

FÜR DIE AUSSTELLUNG *Henri Matisse: The Cut-Outs* (Scherenschnitte) an der Tate Modern im Jahr 2014 baten mich die Kuratoren, ein Video aufzunehmen. Ich sollte über die Gemeinsamkeiten der Arbeiten von Matisse und meinem Kleidungsstil sprechen. Darüber hatte ich, ehrlich gesagt, nie zuvor nachgedacht – es konnte aber witzig werden. Als ich das Outfit für die Aufnahme aussuchte, merkte ich, dass es stimmte. Einige meiner Stücke sehen sehr – nun ja, matissig aus.

Für das Video wurde ich gefilmt, wie ich den Ausstellungskatalog durchblättere und über die Stücke aus meinem Schrank spreche, die zu den jeweiligen Kunstwerken passen könnten. Ein Bild, *Die Schnecke*, gefiel mir besonders wegen seiner gedämpften, aber dennoch leuchtend farbigen Quadrate. Durch ihre Tonalität passen sie perfekt zueinander. Wäre das Werk ein Kleidungsstück, es wäre ein ausgezeichnetes Beispiel von Color-Blocking. Also stellte ich ein ebensolches Outfit zusammen: Ich trug bunte Armreifen und eine farbige mehrlagige Kette auf einem grell orangefarbenen Vintage-Cape. Der bodenlange Umhang mit hohem, geschwungenem Kragen war schwer wie eine Pferdedecke, aber ich erklärte dazu: »Für unsere Kunst müssen wir leiden.«

Pferd, Reiter und Clown mit seinen intensiven Farben weckte die Erinnerung an einen weißen Hosenanzug von Gianni Versace. Und als selbsternannter Jazz-Freak entdeckte ich, dass das Werk aus seinem Portfolio *Jazz* stammte. Wie schön, dass ich meine Liebe zu Musik und Farbe mit Herrn Matisse teile.

Als Matisse diese Bilder schuf, war er bereits krank und musste die Bildhauerei aufgeben, im Katalog wird er jedoch als Schnitzer der Farbe beschrieben. Welch wunderbares Bild. Ich stelle mir gern vor, wie er seine Scheren als Meißel verwendet und damit Farben geschnitzt und große Farbblöcke durchtrennt hat.

Oben: **Henri Matisse, *Die Schnecke*, 1953**

COLOR

CAN RAISE
THE DEAD.

ÜBER FARBE

EIN PRIVATES MANIFEST

Ich persönlich kann ohne
FARBE nicht leben.

Ich habe noch keine **FARBE** gefunden, die
mir in der passenden Helligkeit nicht gefällt.

Die Welt ist heute so grau,
wir brauchen mehr
FARBE als je zuvor.

FARBE lebt und atmet.

Das Leben kann ganz schön langweilig
sein; also kann man beim Ankleiden mit
FARBE ruhig etwas Spaß haben.

Ich trage roten Lippenstift,

weil ich ihn mag und ich denke, dass er mir steht. Matisse sagte einmal: »Ein Fingerhut voll Rot ist röter als ein Eimer voll«, und Man Ray verglich den roten Lippenstift mit »der Geradlinigkeit und Würde eines mutigen Herzens«, besser kann ich es nicht ausdrücken. Roter Lippenstift ist in seiner Einfachheit und Eleganz minimal, jedoch maximal in seiner Wirkung, seiner Macht und seinem Glamour. Hätten Minimal und Maximal ein Baby, es wäre der perfekte rote Lippenstift.

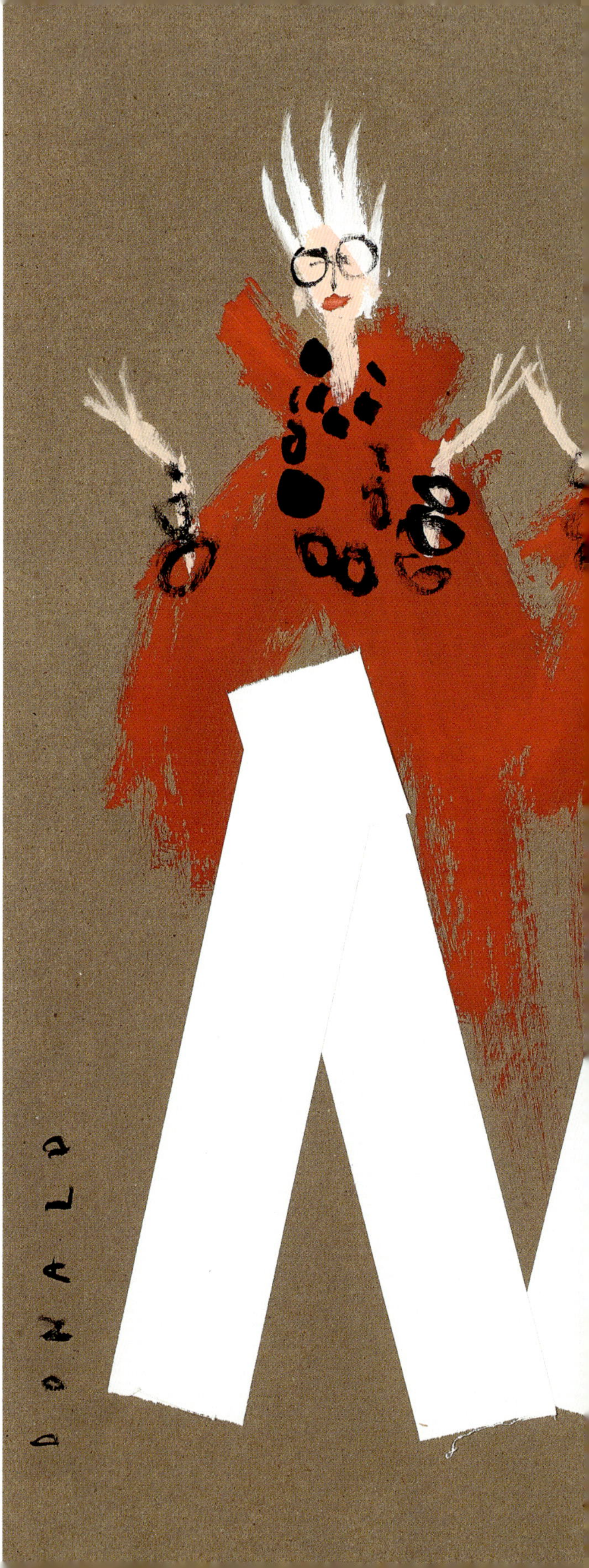

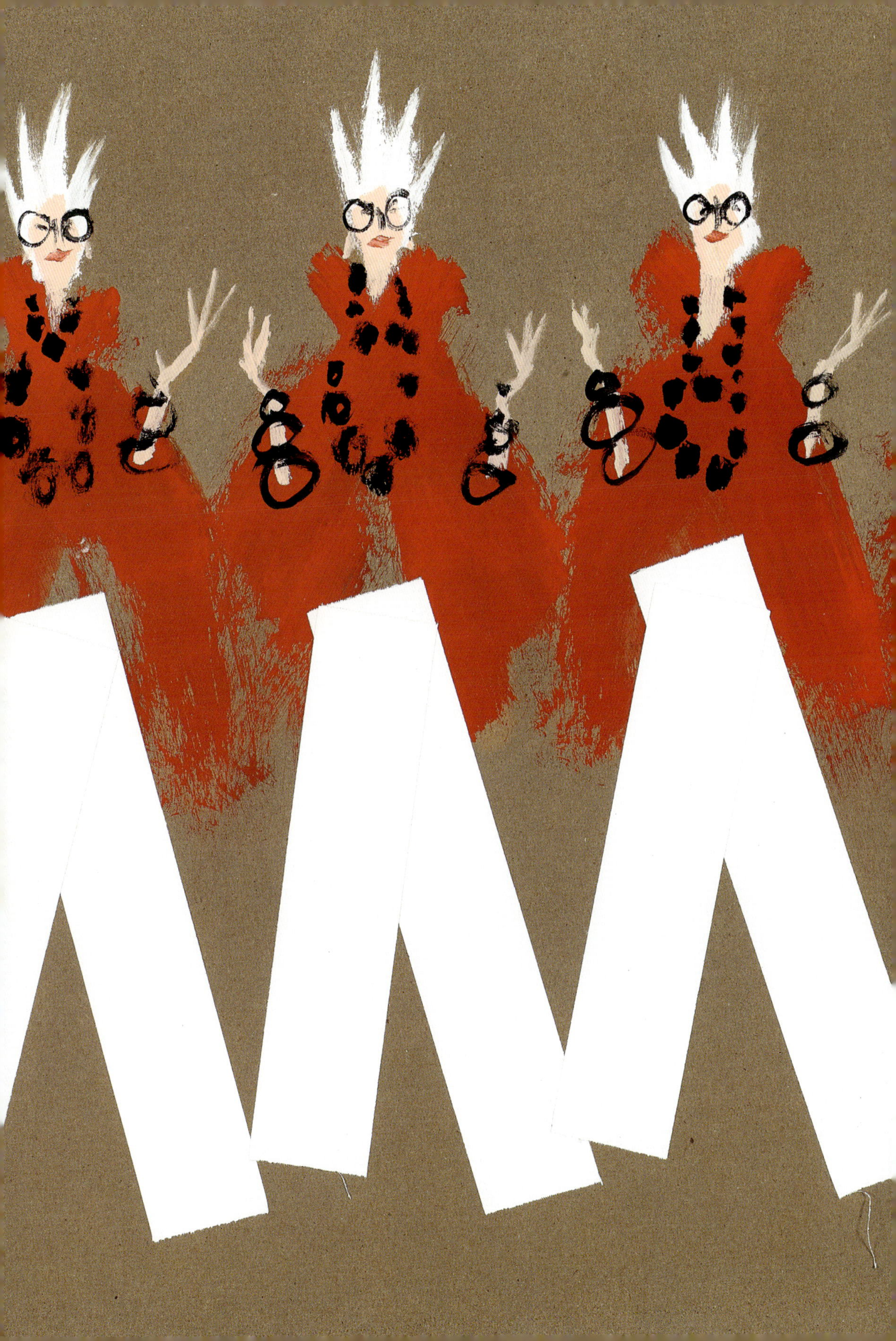

Wohin sind

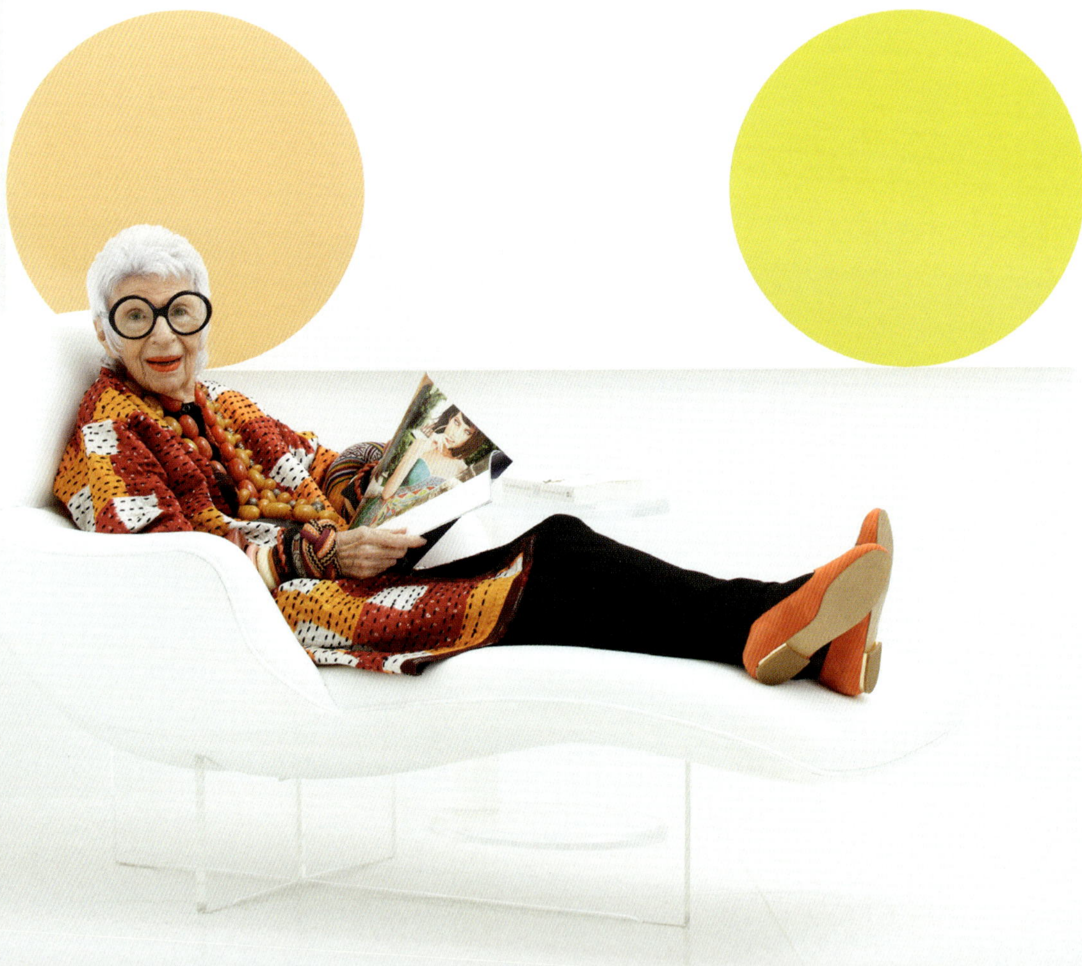

Mystery und Glamour

und all die schönen Dinge verschwunden?

DEIN SMARTPHONE IST NICHT DEIN GEHIRN

WENN MAN SEINE BEINE nicht benutzt, kann man nicht laufen. Und wenn man sein Gehirn nicht benutzt, kann man nichts mehr tun. Diese Technikbesessenheit bringt eine Generation von Zombies hervor. Aber nicht nur das – die Menschen reden nicht mehr miteinander. Man geht zu einem Date, sitzt sich dann gegenüber und textet, statt zu reden.

Technologie ist wunderbar, für die Medizin etc. Aber auf menschlicher Ebene ist sie ein Desaster. Die Leute nutzen Smartphones und Computer als Krücke. Die Technologie hat eine ganze Generation junger Leute ruiniert. Sie hat Kinder ihrer Kindheit beraubt. Sie wurden zu Knöpfchendrückern. Sie glauben, wenn sie einen Knopf drücken, sind sie neugierig. Das hat jedoch nichts mit Neugier oder Fantasie zu tun, sondern gibt ihnen Zutritt in eine nur für sie geschaffene Welt.

Viele menschliche Fähigkeiten sind inzwischen über Bord gegangen. Lesen, Rechnen und Schreiben werden in der Schule auch nicht mehr so stark eingefordert, also können junge Leute nicht mehr lesen, schreiben und eins und eins zusammenzählen. Keiner merkt sich mehr etwas, denn die Handys merken es sich und erledigen alles für sie. Ich kann mir Telefonnummern ziemlich gut merken, und ich dachte, das kann fast jeder, aber heute sind viele überrascht, wenn ich eine Nummer aus dem Kopf wähle.

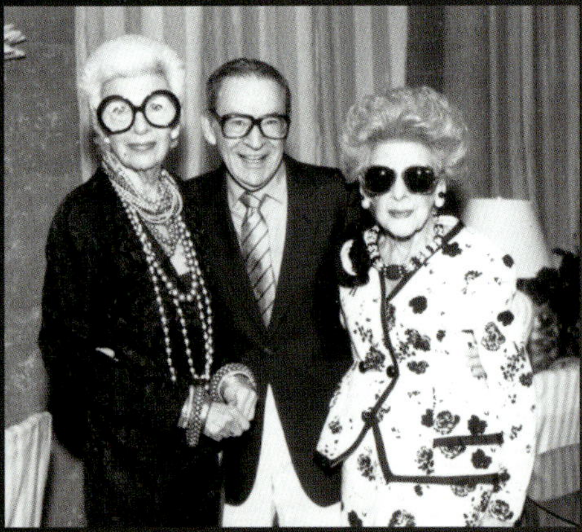

Meine Mutter starb 1998, vier Wochen nach ihrem 100. Geburtstag. Seit unserer Hochzeit schickte Carl ihr jedes Jahr zum Geburtstag einen Taschenrechner und sie schickte ihn jedes Mal zurück.

Er fragte: »Warum tust du das? Ich versuche, dir zu helfen.«

Und sie antwortete: »Nein, das ist keine Hilfe. Wenn ich ihn benutze, vergesse ich alles. Ich werde dann nicht mehr rechnen können.«

Bis ins hohe Alter konnte sie riesige Summen im Kopf berechnen.

Anfangs sagte jeder, ich sei eine alte Oma, als ich mich zu dem Thema äußerte. Inzwischen gibt es »handyfreie« Treffen oder »technikfreie Zeiten«, bei denen sich Familien dem kalten Handyentzug einen Abend lang aussetzen. Oder, so Gott will, einen ganzen Tag.

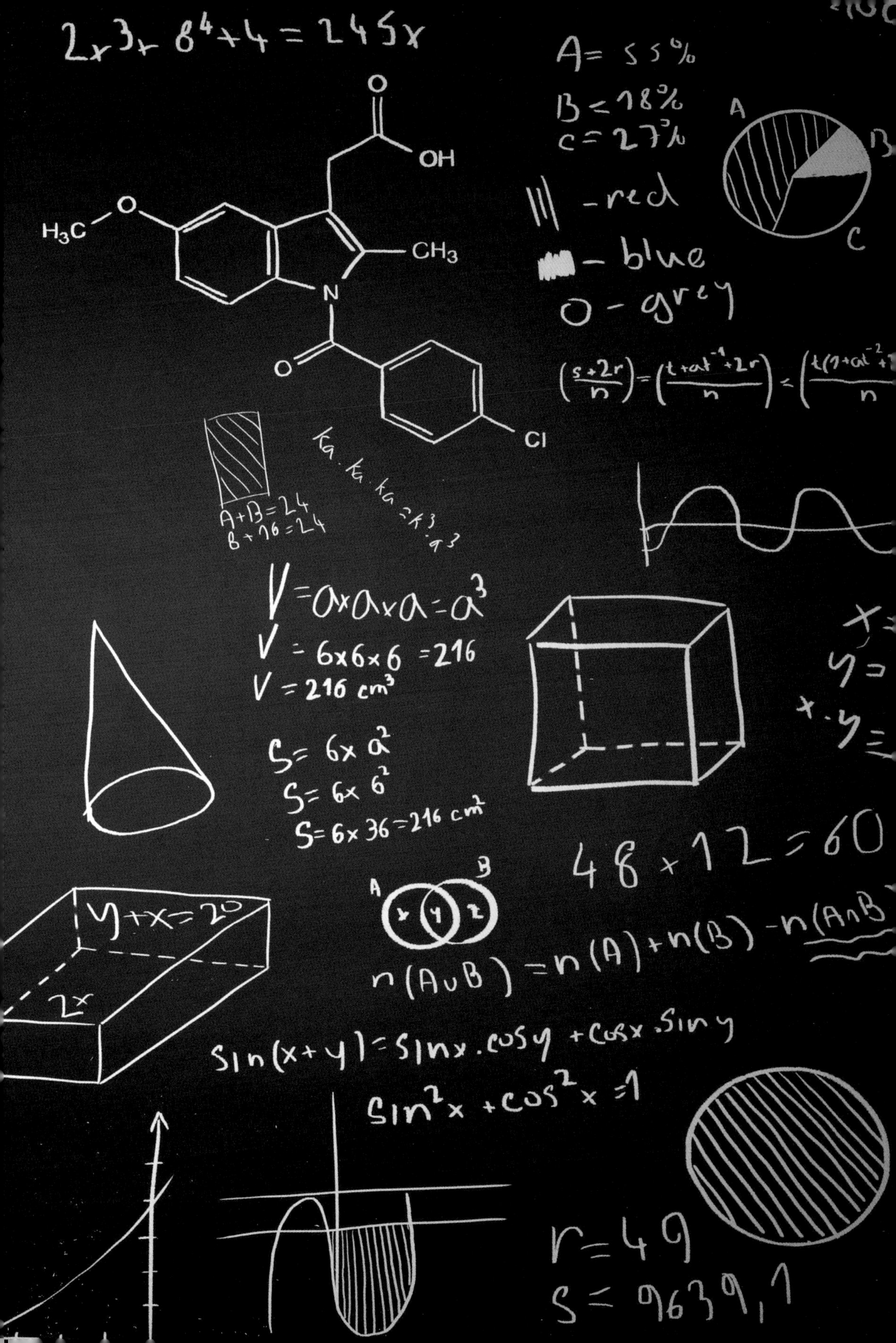
2x3+8⁴+4=245x
OH
H3C
CH3
N
O
Cl
A=55%
B=18%
C=27%
A
B
C
- red
- blue
- grey
A+B=24
V=a×a×a=a³
V=6×6×6=216
V=216 cm³
S=6×a²
S=6×6²
S=6×36=216 cm²
48×12=60
A
B
n(A∪B)=n(A)+n(B)-n(A∩B)
y+x=20
2x
sin(x+y)=sinx.cosy+cosx.siny
sin²x+cos²x=1
r=49
S=9639,1

SPIEL MIT DEM RUHM

DER PROMIKULT (ich hasse dieses Wort) ist ein trauriges Statement zu unserer Gesellschaft. Scheinbar gleitet der Mensch so schnell ab, wie sich die Technik entwickelt. Realityshows sind furchtbar und suggerieren den Leuten, wie jemand anderes leben zu können. Sie folgen dem Leben einer prominenten Person fast in dem Maße, als würden sie es selbst leben. Was ist der Kultivierung des inneren Ich zugestoßen? Sie ist schmerzvoll und macht Arbeit, aber sie lohnt sich.

Diese Obsession für das Oberflächliche erinnert mich an all die jungen, hübschen Damen, mit denen ich zur Schule ging: Sie hatten perfektes Haar, gingen mit den Fußballern aus und wurden zur Ballkönigin gewählt. Weil sie so hübsch waren, verließen sie sich ausschließlich auf ihr Aussehen, um ans Ziel zu kommen. In anderer Hinsicht haben sie sich nicht entwickelt – im Gegensatz zu Mädchen, die aussahen wie ich, denn wir mussten es auf anderem Wege zu etwas bringen.

Bekannt zu sein und bewundert zu werden, weil man der Erde nützt oder Menschen hilft, ist die eine Sache, für mich endet aber der Reiz des Ruhms genau hier. Berühmtsein um des Berühmtseins willen ist lächerlich. Dadurch wird niemand interessant. Ich habe viele Promis getroffen und sie gleich wieder vergessen, weil sie nichts zu sagen hatten. Dabei erinnere ich mich an viele Menschen aus unterschiedlichen Gründen: Sie hatten Humor, waren intelligent, konnten gut erzählen – und es ist mir vollkommen egal, ob jemand weiß, wer sie sind.

Privatsphäre ist wertvoll, und wenn man berühmt ist, wird sie selten. Sobald man außerhalb seiner selbst nach Bestätigung sucht, wird es kritisch.

Ich war nicht auf Anerkennung aus. Die Leute kommen wegen Projekten zu mir, und wenn es etwas Neues ist oder sich das Projekt kreativ anhört oder nach Spaß klingt, bin ich dabei. Für mich geht es nur um die Arbeit. Ich arbeite gern, erlebe gern Neues. Wenn sich Leute für meinen Stil interessieren, meine Offenheit mögen oder es einfach lustig finden, dass ich mit meinen über 90 Jahren immer noch durch die Gegend laufe, ist das toll. Aber ich hatte nie vor, ein Vorbild für das Altern zu werden. Ich glaube, wir haben eine Mission. Und wenn man ab einem bestimmten Alter aufhört, sein Gehirn zu benutzen, hört es irgendwann auf zu funktionieren. Warum also in einer Ecke zusammenrollen und auf den Tod warten?

Seit *Rara Avis* werde ich in der Öffentlichkeit häufiger erkannt. Aber *Iris*, der Dokumentarfilm von Albert Maysles, katapultierte meine Berühmtheit bei seinem Erscheinen 2015 in andere Sphären. Anfangs wollte ich das gar nicht tun; ich wollte kein Filmteam mit mir herumschleppen und wusste auch gar nicht, was an meinem Leben so spannend sein soll. Aber irgendwann überzeugte mich meine gute Freundin Linda Fargo, einer der führenden Köpfe der New Yorker Modeszene, dass ich dumm wäre, es nicht zu tun. Also ließ ich Albert rein, und obwohl ich ihn erst zu Beginn des Films kennengelernt habe, verstanden wir uns gut. Er ging mir nie auf die Nerven und wir drehten immer wieder über vier Jahre. Auch wenn es im Film um mich und meinen Stil geht, wurde der Film für mich aus einem anderen Grund wichtig. Viele Zuschauer berichteten, sie sähen in *Iris* eine Liebesgeschichte über Carl und mich. Das ist er auch. Aber eigentlich eine Dreierbeziehung – über meine Liebe zu Carl und zu meiner Arbeit.

Ich war schockiert, als Albert im März verstarb, nur einen Monat vor der Veröffentlichung. Er hat nie durchblicken lassen, dass er krank war. Einige Monate später verstarb Carl kurz vor seinem 101. Geburtstag. Nun da er fort ist, bin ich froh, dass wir den Film gemacht haben. Es geht darin um Leidenschaft auf vielen Ebenen; und das ist mir wichtig.

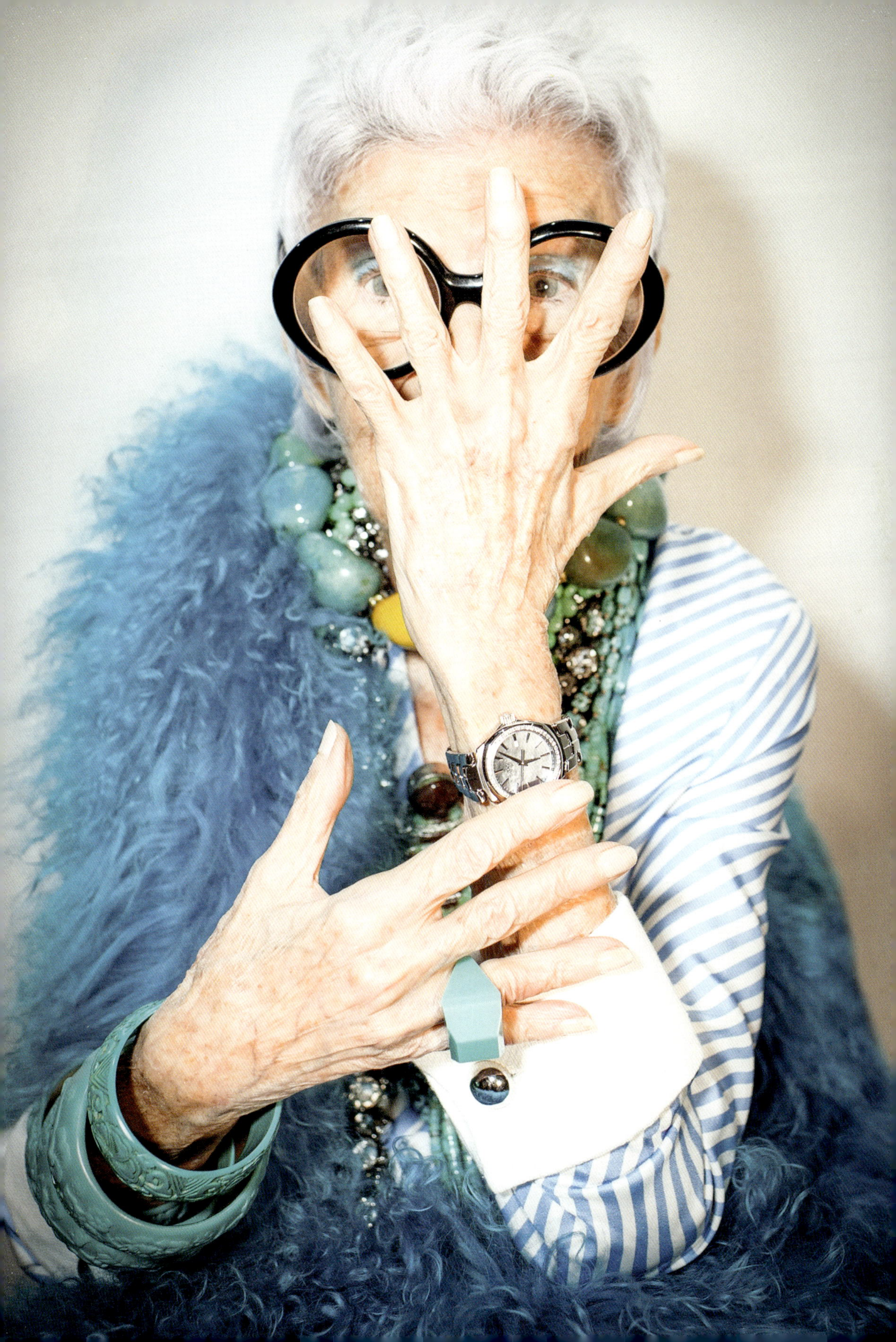

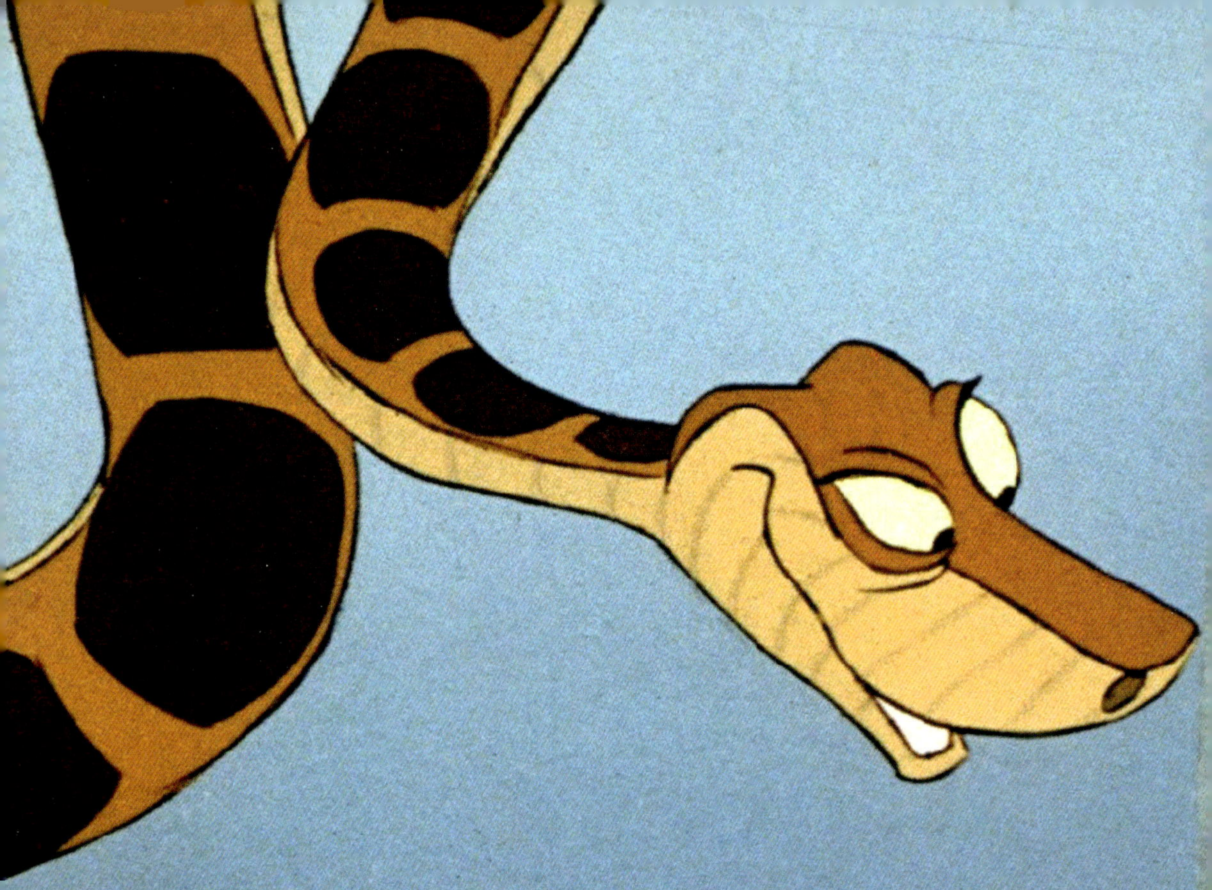

Ich fürchte:

Dinge, die ich nicht kontrollieren kann, wie Blitze. Da bin ich sofort unterm Bett.

Schleimige, zischelnde Schlangen und andere matschige Kreaturen.

Technische Geräte zum Zeitsparen. Ich kann kein einziges davon bedienen. Ich bin sicher, sie sind einfach nur hinter mir her.

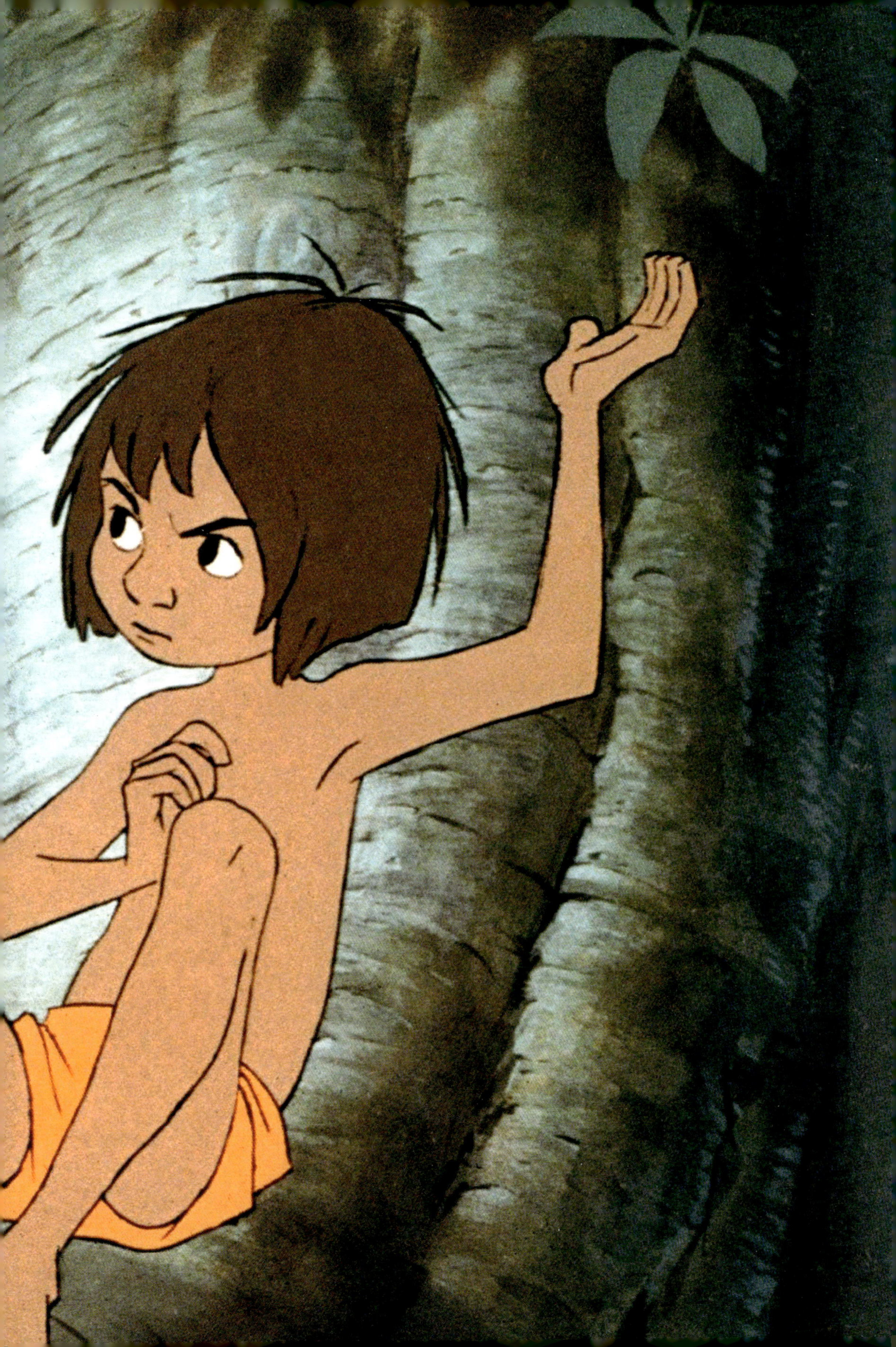

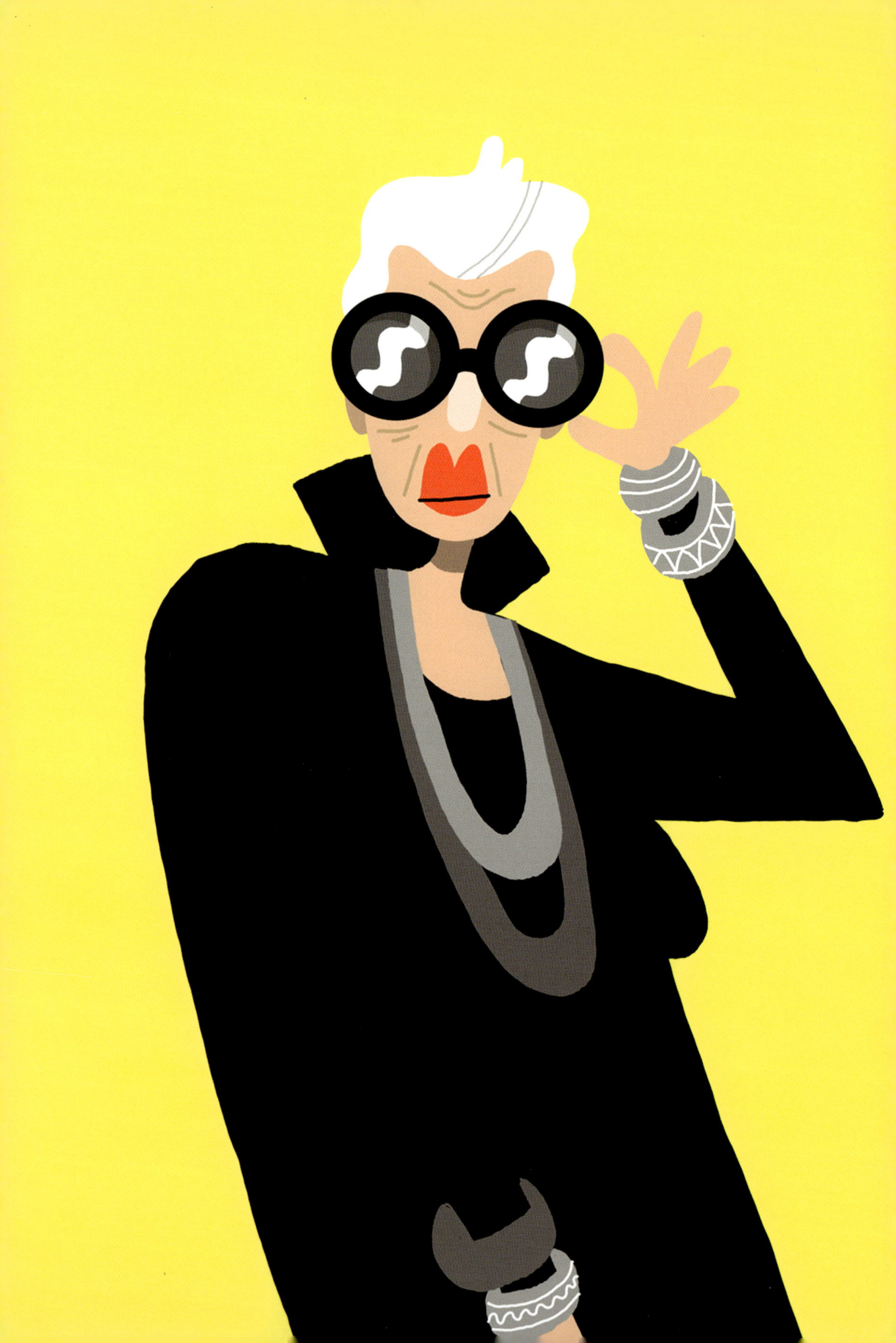

OPTISCH GESAGT

DIE LEUTE FRAGEN IMMER, wie viele dieser übergroßen Brillen ich habe. Ehrlich, ich habe sie noch nie gezählt. Vermutlich trage ich drei oder vier immer wieder, dann habe ich noch ein paar zu besonderen Outfits.

Seit meiner Kindheit habe ich schon immer gern auf Flohmärkten herumgewühlt. Und aus irgendeinem Grund faszinieren mich ungewöhnliche Brillengestelle. Immer wenn ich ein einzigartiges sah, kaufte ich es und verstaute es in einem alten Schuhkarton meiner Mutter im Wandschrank.

Hin und wieder nahm ich sie heraus und probierte sie. So ein Spaß! Damals brauchte ich keine Brille, aber manchmal trug ich die Gestelle einfach ohne Gläser, weil sie so großartige Accessoires abgaben.

Jahre später, als ich viel älter war und wirklich eine Brille brauchte, dachte ich: *Wenn ich schon eine Brille tragen muss, dann kann sie ruhig GROSS sein.* Also nahm ich die größte, die in der Kiste war, und ließ Brillengläser einbauen.

Warum ich eine so große Brille trage?

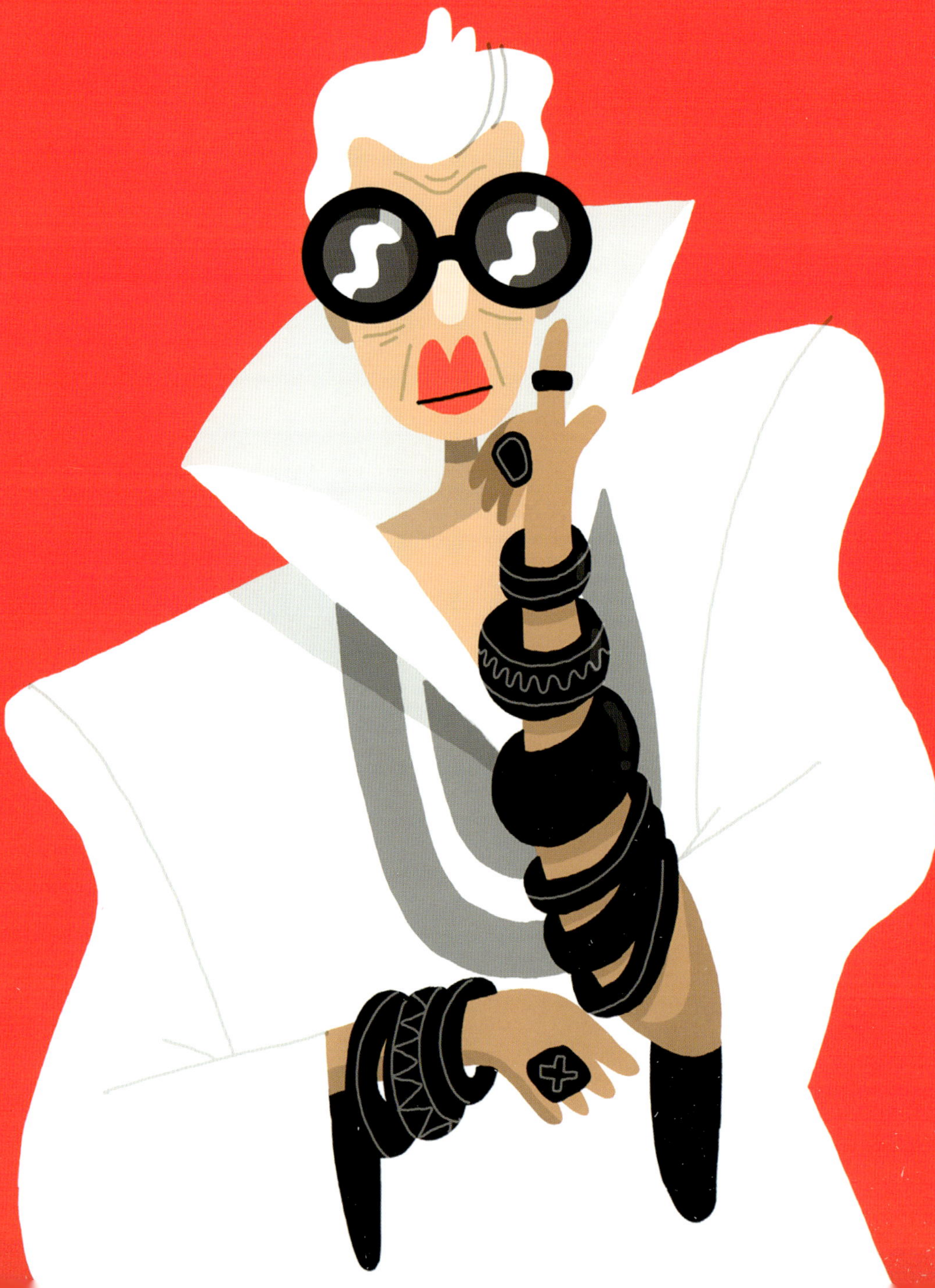

Damit ich dich besser sehen kann, Liebes.

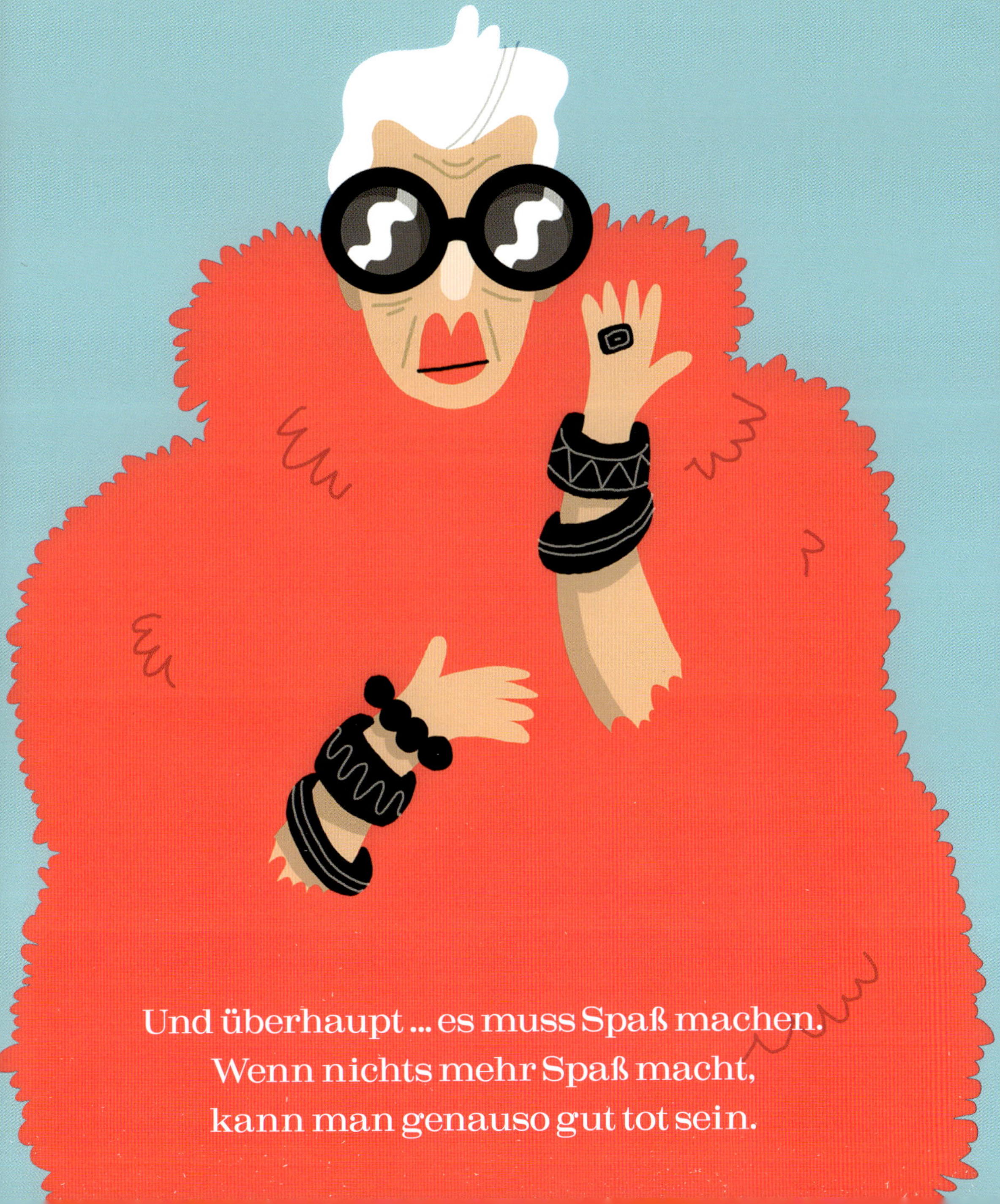

Und überhaupt ... es muss Spaß machen.
Wenn nichts mehr Spaß macht,
kann man genauso gut tot sein.

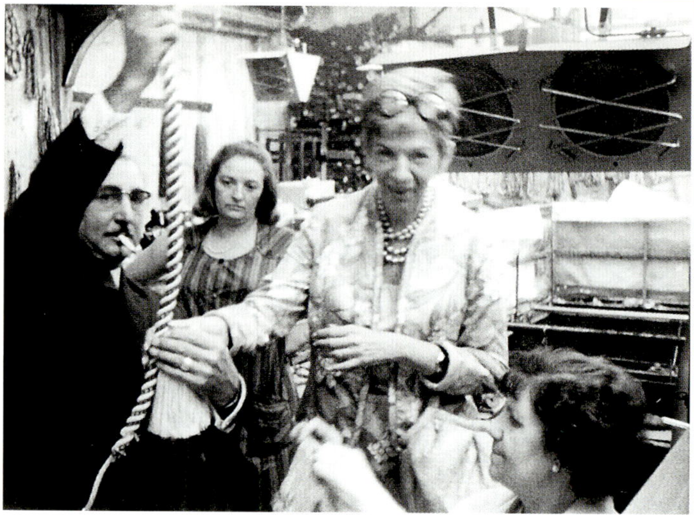

NETTE ARBEIT, WENN DU SIE BEKOMMST

ENDE DER 1940er brummte mein Raumdesign-Geschäft. Eines Tages, ich arbeitete an einem schönen Haus auf Long Island, suchte ich einen bestimmten Stoff, oder eher eine Vision davon. Ich war sicher, ihn irgendwo in New York City zu finden. Ich wollte genau diesen Stoff. Doch es gab ihn nicht, ich war kurz davor durchzudrehen.

Durch Zufall traf ich eine Schulfreundin. Sie arbeitete für einen Stoff-Großhändler, also fragte ich sie, wo ich meine Stoff-Vision wohl finden könne. Sie wusste es zwar nicht, empfahl mir aber, ihren Vater zu besuchen. Wie sich herausstellte, galt er als Textil-Genie. Er war mit ein paar Handwebstühlen aus Süditalien nach Amerika gekommen und hatte sie in Paterson, New Jersey, aufgestellt, wo er die wunderbarsten Stoffe herstellte. Schließlich eröffnete er eine kleine Weberei in Long Island City und arbeitete für Stoff-Grossisten wie Scalamandré, Lee Jofa und Schumacher.

Also besuchte ich »Papa« und erzählte ihm von dem gesuchten Stoff. Er meinte, ich solle mit einem Entwurf wiederkommen, und wenn er ihm gefiele, würde er ihn mir machen. Er konnte auch nur kleine Mengen herstellen, was ein großer Vorteil war; die meisten Fabrikanten boten so kleine Mengen gar nicht an, das war zu teuer. Er setzte also den Stoff meiner Träume in die Realität um und er wurde ein riesiger Erfolg. Kurz darauf fragte er mich, ob ich noch mehr Designs hätte, und wir begannen, gemeinsam Textilien herzustellen. Ich verwendete sie für mein Geschäft und er verkaufte sie ebenfalls.

Eines Tages kam er mit der Idee, ein gemeinsames Geschäft zu gründen: Er würde die Stoffe herstellen, ich sollte das Design liefern und Carl würde das Geschäftliche regeln und verkaufen. Carl und ich fanden die Idee gut, waren aber unsicher, wie wir es anstellen sollten. Wir hatten nicht viel Geld. Und wir mussten von etwas leben. Damals arbeitete Carl im Unternehmen seines Vaters.

Wir wollten zuerst den Markt testen. Damals waren Raumdesigner meist größere Unternehmen mit vielen Angestellten, keine Einzelunternehmer mit Hilfskräften wie heute. Wir stellten ein paar Stoffproben zusammen und Carl traf sich während seiner Mittagspausen mit einigen Designern. Die Reaktionen waren positiv, also stellten wir mehr Proben zusammen.

Schließlich hatten wir so viele, dass wir sie in einen Koffer packen mussten, aber der war schnell voll und wurde so schwer, dass Carl ihn nicht mehr tragen konnte. Also baute er Räder dran – er war der Erste, der das jemals tat. Hätte er sich den Rollkoffer patentieren lassen, hätten wir wohl ausgesorgt gehabt. Aber immer, wenn ich das erwähnte, sagte er: »Egal, denk lieber an all den Spaß, den wir sonst verpasst hätten.«

Wir hatten unheimlich viele Proben, denn bei jedem Auftrag zweigte »Papa« ein Stückchen Stoff ab und gab es mir. Eines Tages war der Koffer zum Brechen voll und ließ sich kaum noch schließen, vor allem weil ein schwerer Taft mit Satin-Rücken dabei war. Da kam mir die Idee mit der Farbdecke. Ich nahm alle Proben mit in die Firma, sortierte sie, nahm von jeder Farbe ca. 30 cm und ordnete die Streifen harmonisch an.

Nach Monaten bekamen wir eines Tages endlich einen Termin mit Dorothy Draper, der führenden Dekorateurin jener Zeit. Zufällig kam die Farbdecke an jenem Tag aus der Firma, also legte Carl sie oben auf die anderen Proben und machte sich auf den Weg.

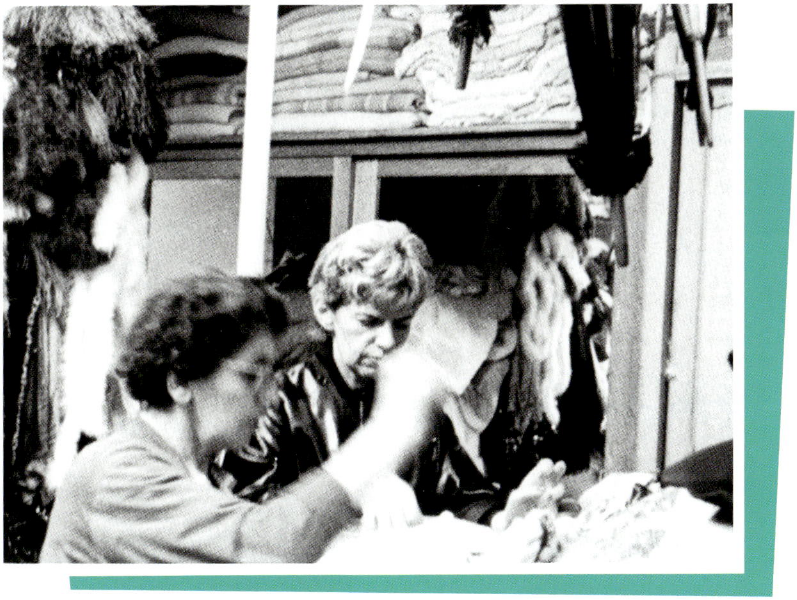

Als Carl zu Mrs. Draper vorgelassen wurde, einer sehr stattlichen Frau, stand sie hinter einem riesigen Arbeitstisch, den sie als Schreibtisch verwendete.

Sie schaute Carl an und sagte: »Na, junger Mann, was haben Sie denn für mich?«

Er öffnete den Koffer und warf die Decke mit einem dramatischen Schwung auf den Tisch.

Sie schnappte nach Luft und sagte: »Oh Gott, das ist der erste intelligent aufgeteilte Streifen, den ich je gesehen habe!«

Sie hielt es für gestreiften Stoff. Carl hatte nicht den Mut, ihr zu erklären, dass es nicht so war, und sie wollte 100 m bestellen.

Am nächsten Tag bekamen wir Besuch von Sara Fredericks. Sie verkaufte wunderbare Designerkleidung in ihren Shops in New York, Boston und Palm Beach – und war bekannt für ihren unfehlbaren Geschmack und ihre Liebe zum Luxus. Sara hatte von einem gemeinsamen Bekannten, einem Antiquitätenhändler, von uns erfahren und angefragt, ob sie uns nach Geschäftsschluss besuchen könne. Sie bestellte schließlich 250 m eines anderen Designs. Wir dachten uns, wenn wir für diese Größen in Dekoration und Mode gut genug waren, sollten wir wohl ins Geschäft einsteigen.

1950 eröffneten wir Old World Weavers.

Damals war es schwierig, in unseren Geschäftszweig einzusteigen. Wir mussten erfinderisch sein, und das zahlte sich aus. Zuerst boten wir Einzelanfertigungen für unsere Kunden an. Wir fertigten nur auf Bestellung, denn ein großes Lager konnten wir uns nicht leisten. Ein Auftrag führte zum nächsten und in den folgenden Jahren entwickelte sich das Geschäft. Als jedoch die Gewerkschaften in die Stoffproduktion eingriffen, wurde es schwerer, kleine Mengen ohne Verlust herzustellen.

Es wurde Zeit, einen Zahn zuzulegen.

1953 reisten wir nach Europa auf der Suche nach Stoffen, die wir replizieren konnten. Wenn ich etwas will, bin ich nicht zu stoppen, also waren wir überall. Wir fanden Broschiergewebe, Brokat, Brokatelle – alles tolle Handwebarbeiten. Und wir suchten nicht nur nach besonderen Stoffen, wir suchten auch die Maschinen, um sie authentisch herstellen zu können.

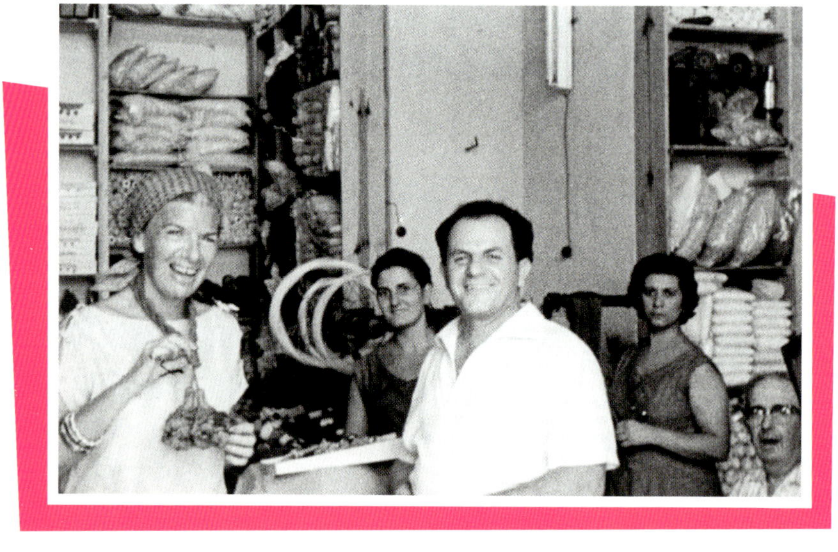

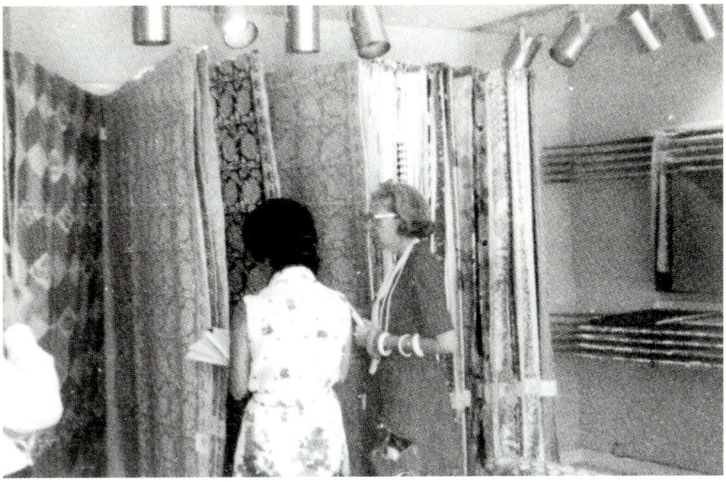

Viele Hersteller schlugen uns buchstäblich die Tür vor der Nase zu, weil wir nicht in großen Mengen bestellen wollten; sie befürchteten, wie waren nur auf Proben aus. Hinzu kam, dass der französische Kriegsheld Captain Roger E. Brunschwig mit einigen Unternehmen in Frankreich bereits im Geschäft war. Aber wir blieben hartnäckig und bekamen endlich einen Fuß in die Tür. In Italien waren wir schließlich sehr erfolgreich.

Ich behauptete gerne, wir hätten die beste und schönste Stoffsammlung zu jener Zeit. Schließlich bereisten wir Europa zweimal im Jahr, denn dort gab es Stoffe wie nirgendwo sonst.

Wir spezialisierten uns darauf, Stoffe aus dem 17., 18. und 19. Jahrhundert so originalgetreu wie möglich zu replizieren. Ich versuchte immer, Designs anzubieten, die alt und anders aussahen. Das führte uns um die ganze Welt: Manchmal begegneten wir Museumskuratoren, die uns die Türen zu ihren Sammlungen öffneten, um uns auf unserer Suche zu helfen. Wenn ich auf Dokumente stieß, die meine Designs stützten, suchte ich nach der Maschine, mit der man so etwas produzieren konnte.

So lernte ich praktisch, auf Märkten die richtigen Textilien zu finden. Aus Büchern kann man das wohl nicht lernen. Dazu braucht man Übung und muss das Auge trainieren. Das ist viel Arbeit und dauert Jahre, wie bei einem guten Koch, der ohne Rezept weiß, was in den Topf gehört. Und nichts gibt es umsonst, auch das habe ich gelernt.

Schließlich eröffneten wir einen Showroom unter dem Dach eines vierstöckigen Hauses, 115 East Fifty-Seventh Street in Manhattan, mitten im Antiquitäten-Distrikt. Prominente hörten von uns und kamen in den Showroom, der wie ein französischer Salon eingerichtet war. Und kurz danach kamen ihre Raumdesigner. Wir arbeiteten mit den besten Designern, Dekorateuren und Architekten und sehr prestigeträchtiger Kundschaft, darunter Greta Garbo, Estée Lauder, Montgomery Clift, Marjorie Merriweather Post und Joan Rivers. Anfangs zeigten wir unsere Designs auf Marmor, später dann auf Kleiderstangen. Das passte zwar nicht zum Look des Salons, hieß aber, dass das Geschäft boomte. Und dagegen konnte ich nichts einwenden.

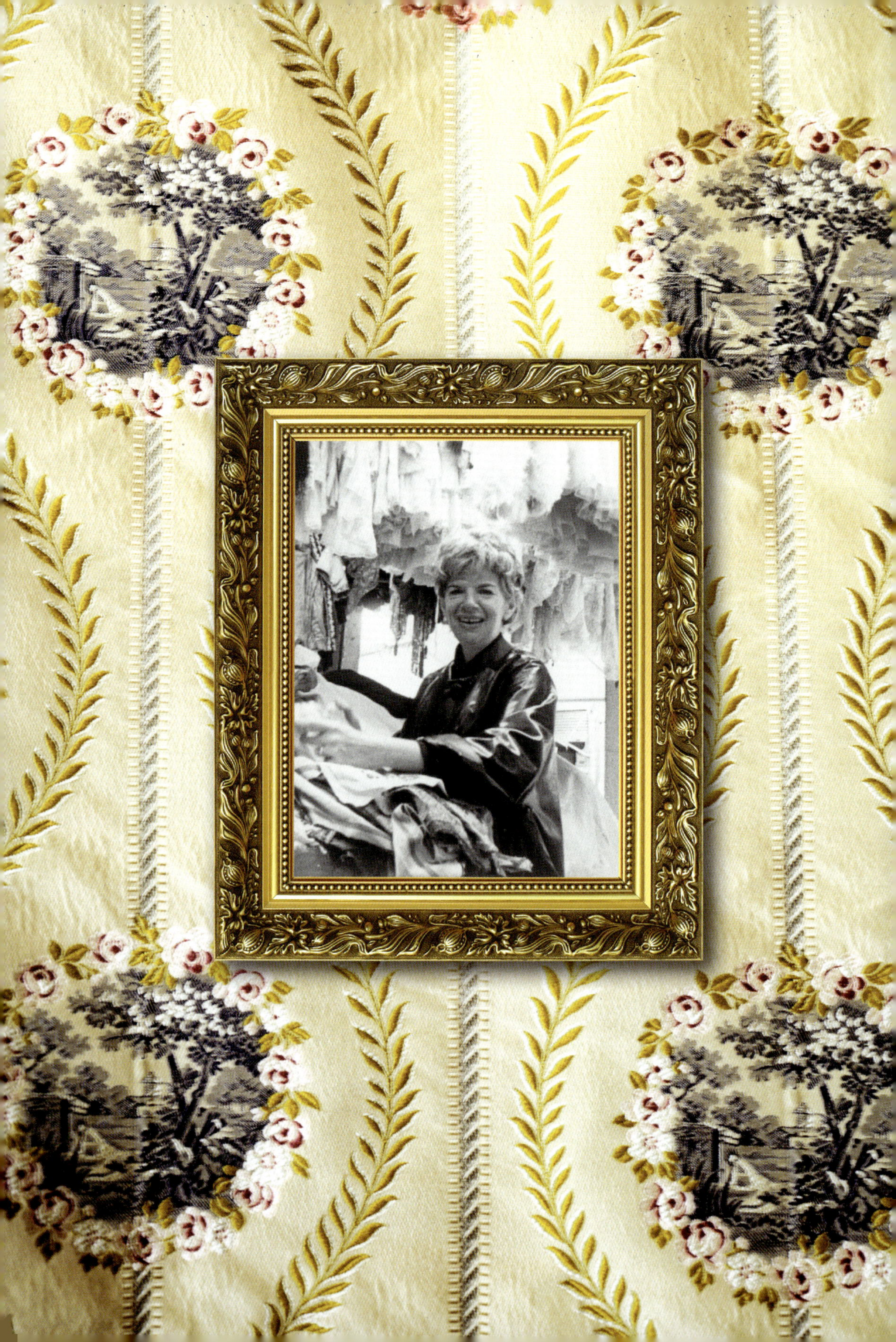

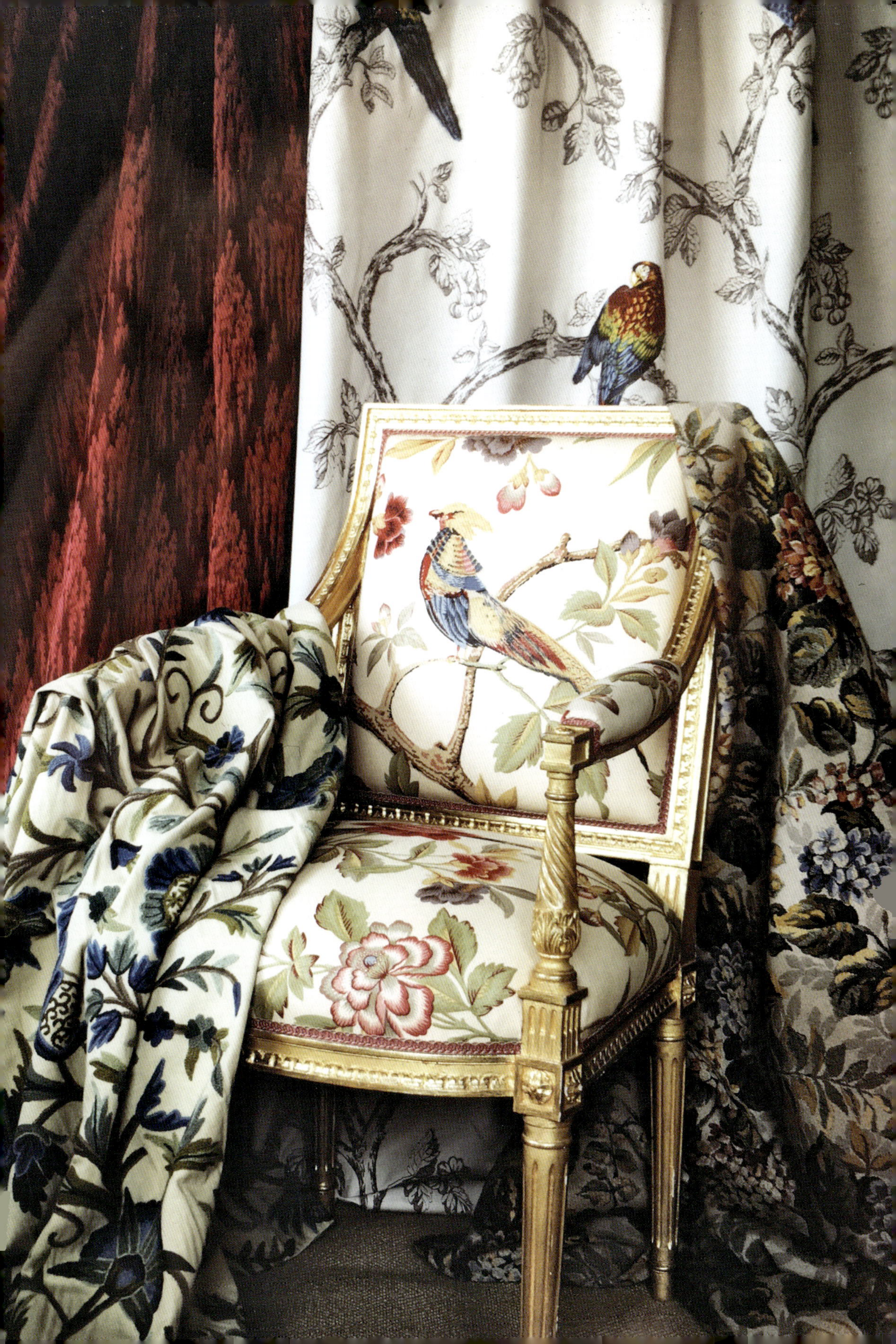

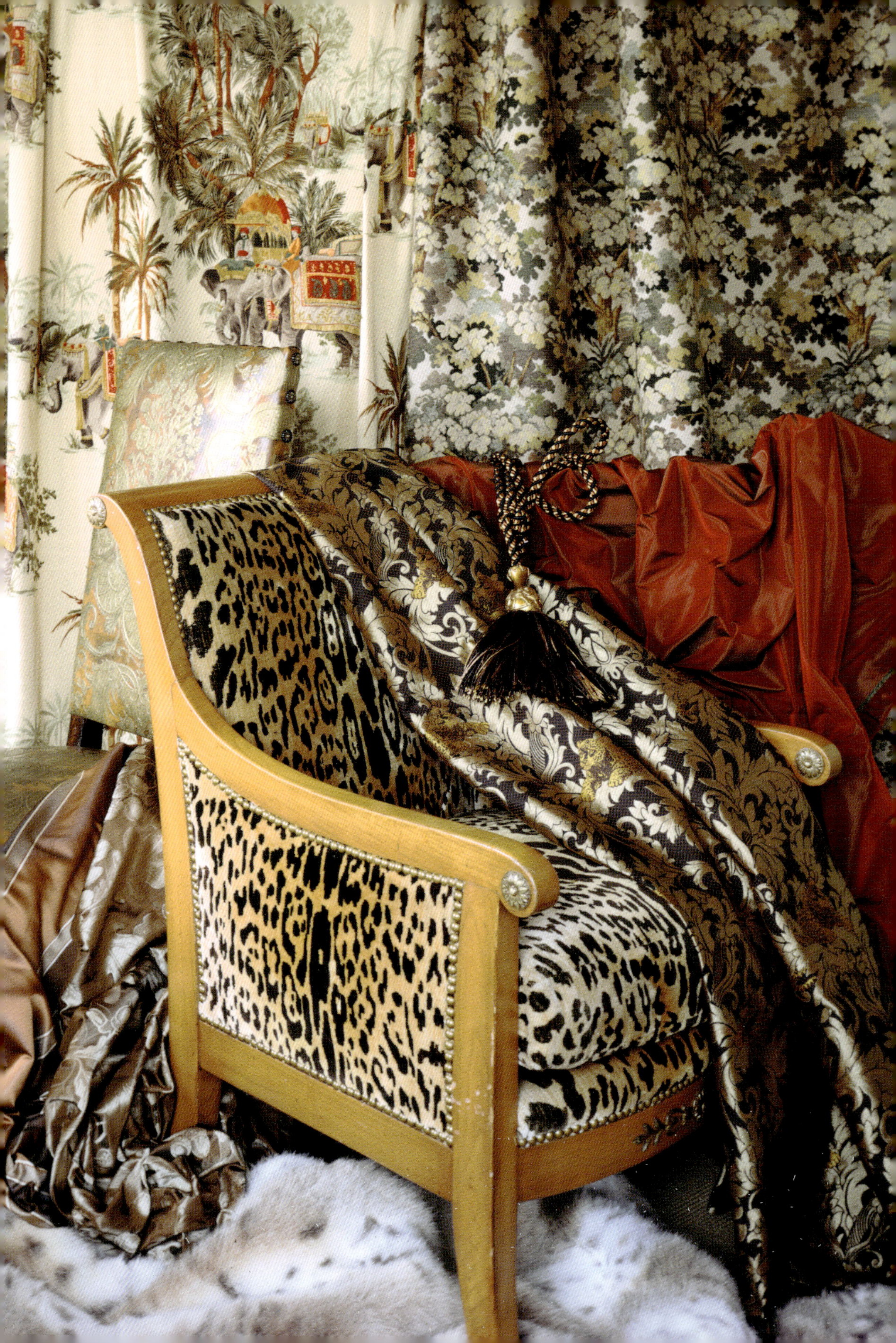

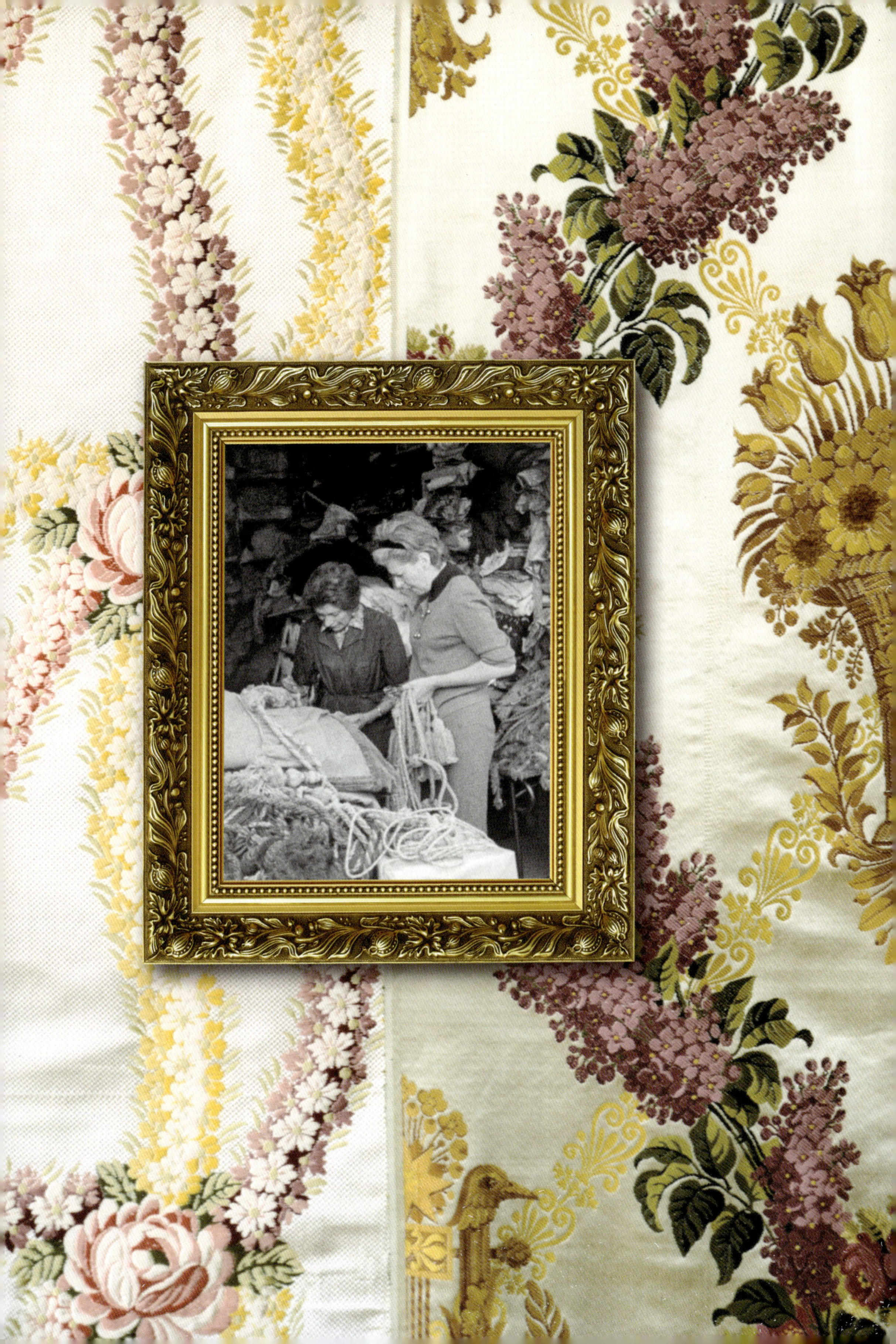

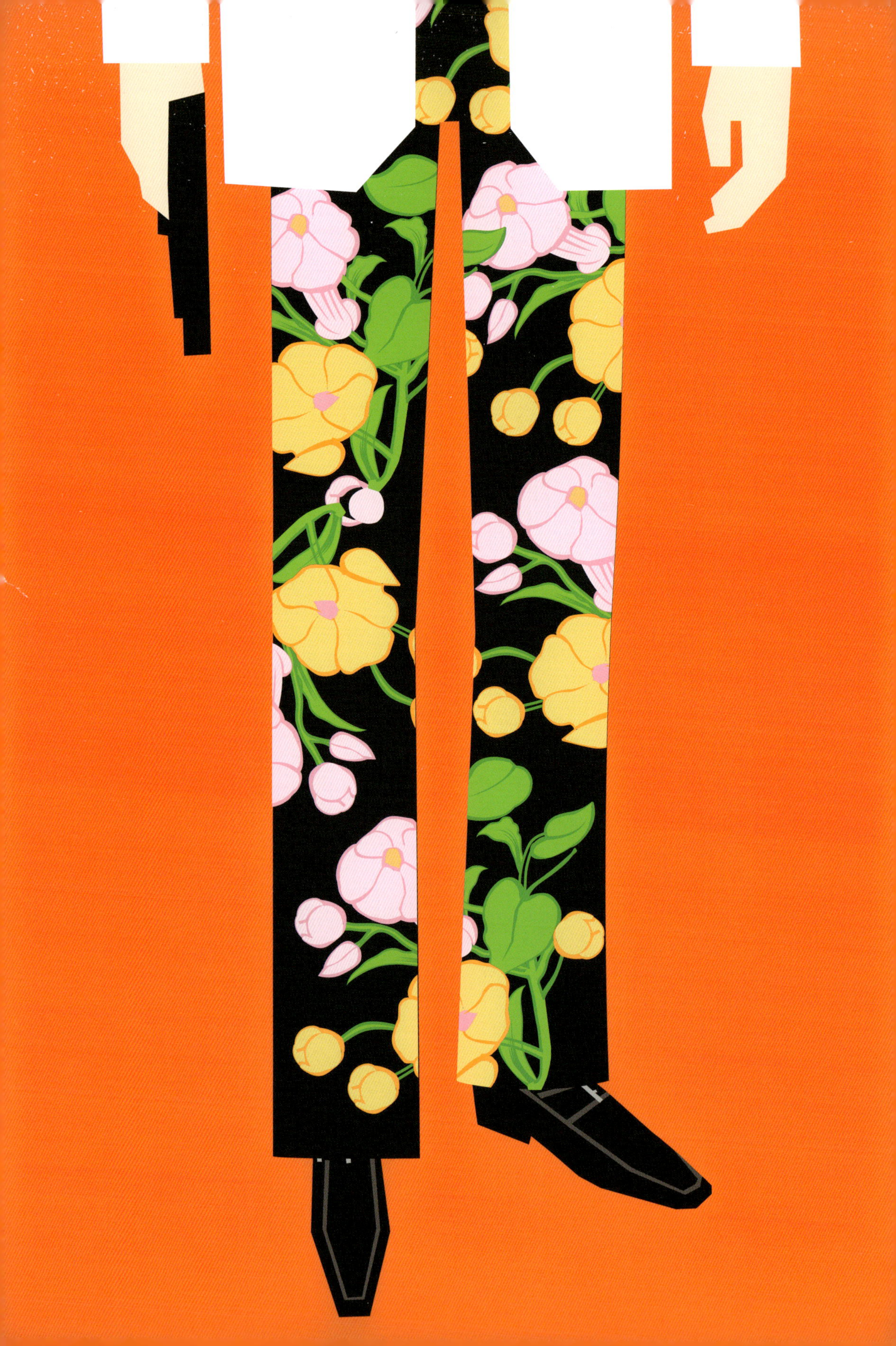

SCHUSS AUS DER HÜFTE

ICH LIEBTE AN CARL so vieles, würde ich alles aufzählen, die Seiten in diesem Buch würden nicht ausreichen. Er war unglaublich lustig. Er hatte einen exzellenten, unkonventionellen Sinn für Humor. Wir lachten viel.

Als Carl und ich Old World Weavers leiteten, fertigte ich meine Kleidung aus Probestoffen aus unserer eigenen Produktion an. Nach ein paar Jahren begann ich, auch für ihn schicke Hosen aus unseren Deko- und Bezugsstoffen nähen zu lassen. Manche waren eher sportlich, andere formell und elegant für Gala-Veranstaltungen. Immer wurden seine Hosen bewundert und er wurde gefragt, woher er sie denn habe.

Er antwortete immer: »Ich habe einfach mein Sofa erschossen.«

Unter anderem fertigten wir Stoffe und Bordüren für Marjorie Merriweather Post, Inhaberin von General Foods, zur Renovierung von Hillwood, ihrem Anwesen am Rande von Washington, D. C.

Eines Morgens klingelte das Telefon.

»Hier spricht Marjorie Merriweather Post«, sagte eine Stimme, »ich muss sofort mit Mr. Apfel über den Stoff sprechen, den ich gerade erhalten habe.« Ich bat sie, am Apparat zu bleiben, und beeilte mich nervös, Carl ans Telefon zu holen.

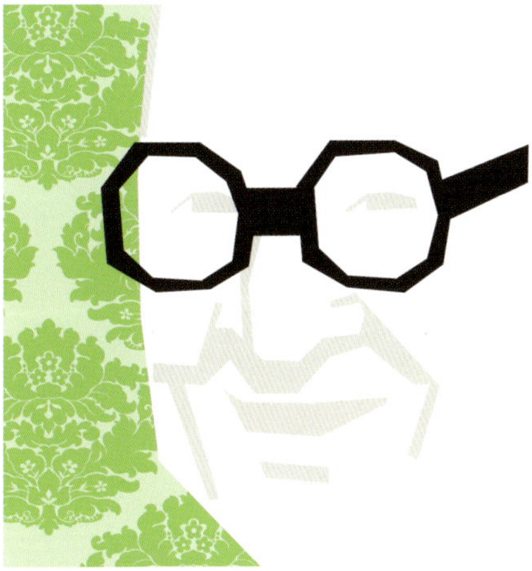

»Mr. Apfel«, sagte sie. »Ich sitze in meinem Salon oben auf einer Leiter mit einem Maßband in der Hand und bewundere die Fensterbehänge, die gestern angebracht wurden. Der Stoff ist fantastisch; und ich liebe die Schals und Verzierungen. Sagen Sie mir, diese kleinen dekorativen Dinger am oberen Rand, wie viele davon gibt es pro laufenden Meter?«

Carl holte tief Luft und sagte dann:

»Mrs. Post, ich esse jeden Morgen Ihr Frühstücksmüsli. Können Sie mir sagen, wie viele Rosinen ich auf einem Esslöffel haben sollte?«

»Touché, Mr. Apfel«, sage sie. »Ich steige jetzt besser von der Leiter, bevor ich mir noch das Genick breche.«

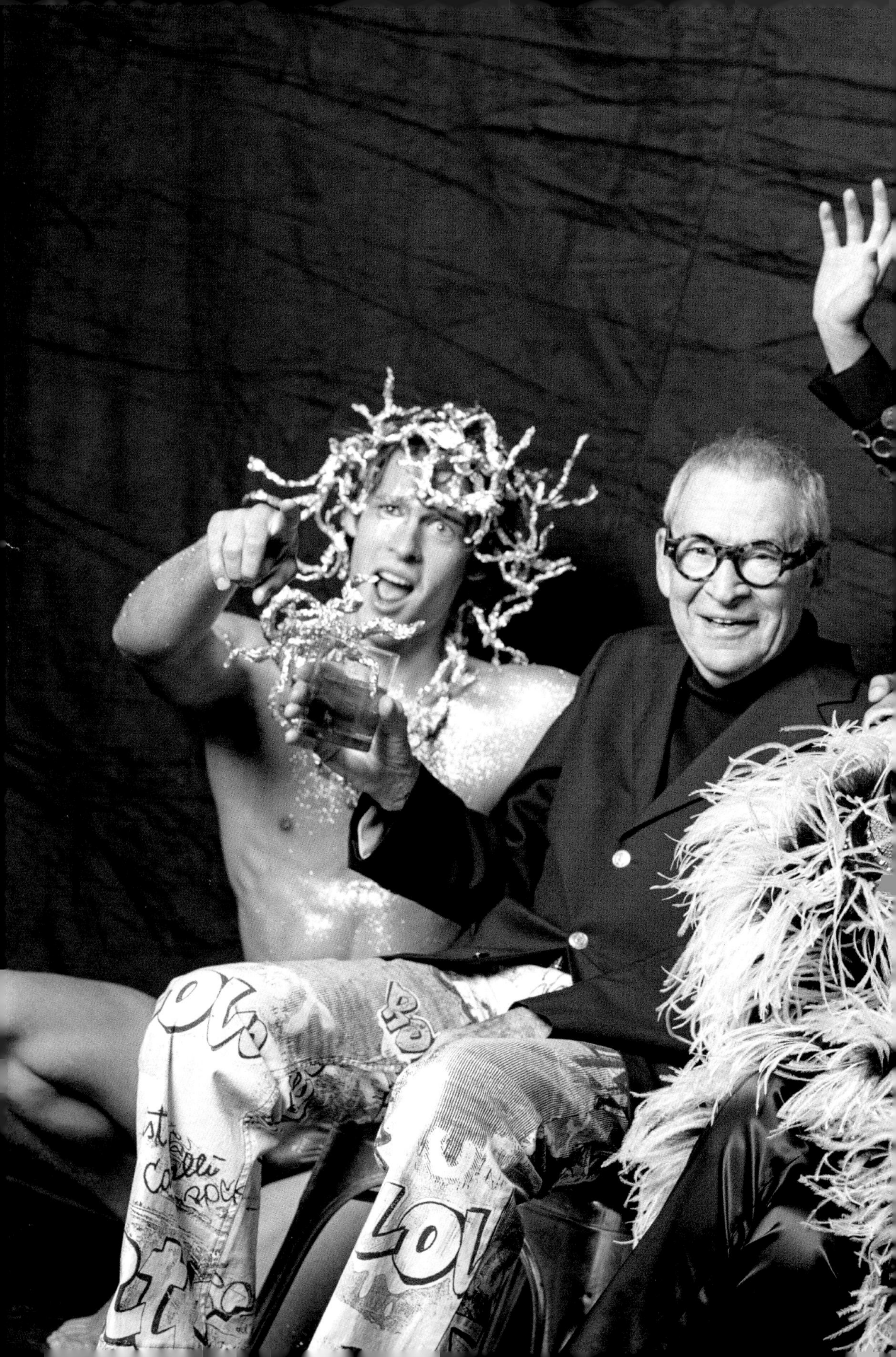

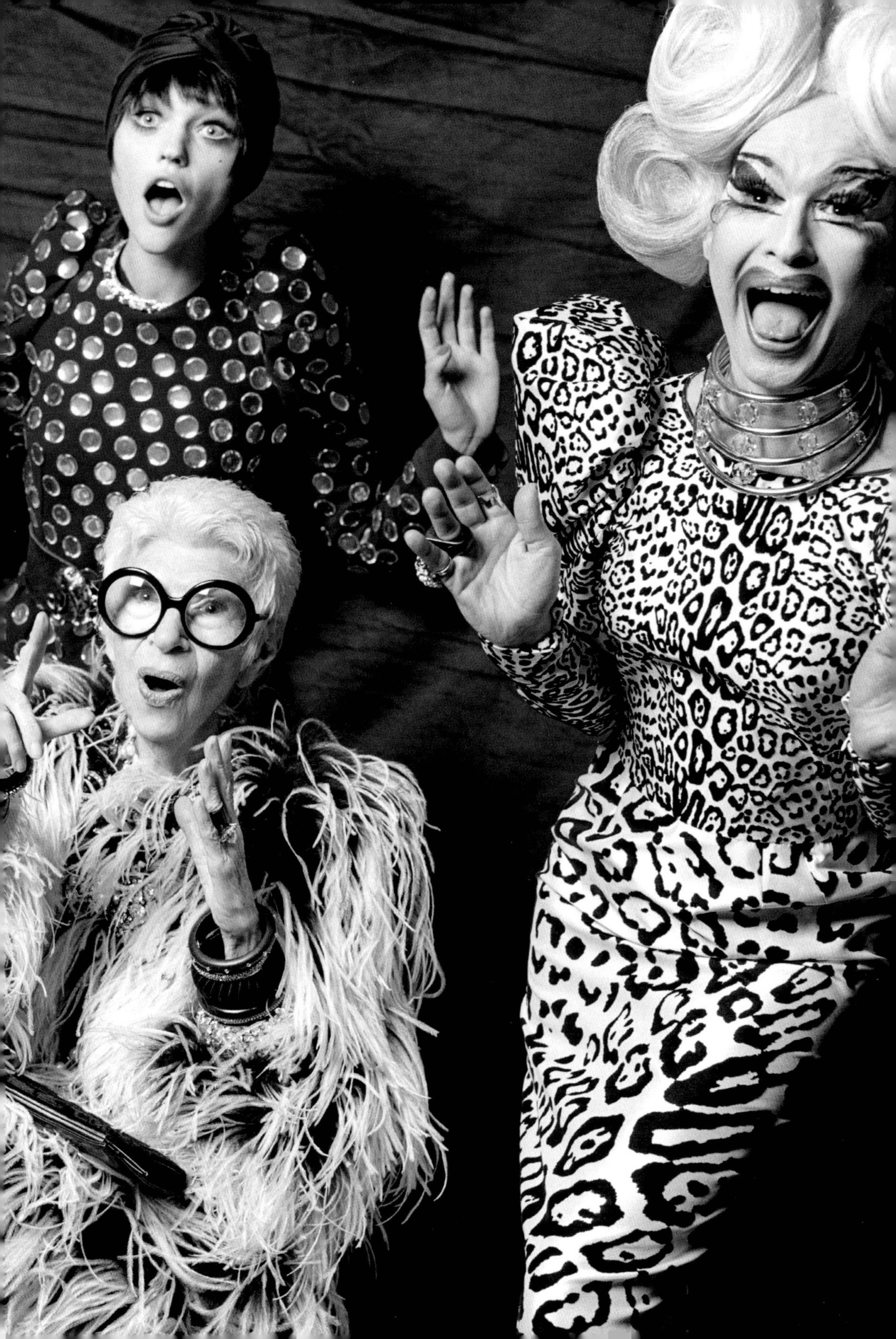

Jeder behauptet, ich hätte den

SCHWARZEN GÜRTEL

im Einkaufen. Ich wurde wohl mit einem Sinn für den Basar geboren.

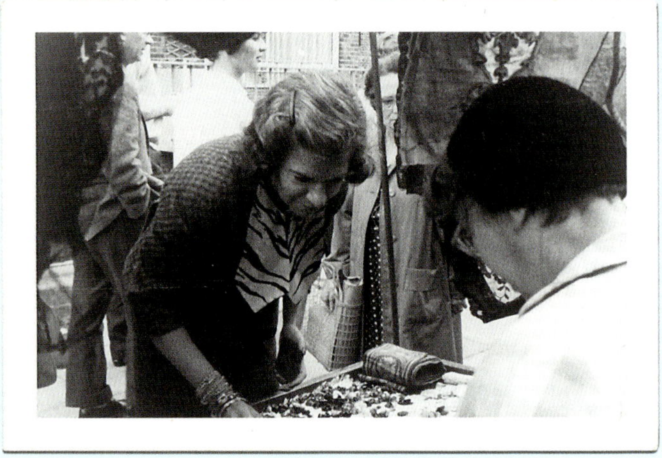

ICH LIEBE FLOHMÄRKTE und Märkte unter freiem Himmel – ach, ich liebe einfach alle Märkte. Punktum!

In einem früheren Leben muss ich Jäger und Sammler gewesen sein. Ich mag alle Orte, an denen man stöbern kann. Ich liebe die Spannung der Jagd, das Unerwartete. Ich durchsuche auch gern Papierkörbe und finde irgendwas. Mich erfasst dann immer eine solche Spannung, ein Gefühl von Energie und Mysterium, denn man weiß ja nie, was zum Vorschein kommt – das finde ich daran so toll.

Handeln ist auch wunderbar. Man muss die Leute abtasten: Manche Händler handeln, andere nicht, ungeachtet der Marktkultur. Wenn man für eine Tunika 100 $ bezahlen soll und dummerweise nicht verhandelt, hat man in den meisten Fällen dem Händler den Tag verdorben, denn er glaubt, er hätte auch das Doppelte verlangen können.

Ich kaufe zwar nicht mehr oft ein, aber Schmuck sammle ich immer noch gern.

Mir macht das keinen Spaß, wenn jemand einfach etwas vor mir ausbreitet. Hätte ich einen Gönner, der mich in den teuersten Laden der Welt brächte und nach Herzenslust einkaufen ließe – das wäre ein trauriger Tag. Da gäbe es zwar vielleicht tolle Sachen, aber es macht keinen Spaß. Ich muss graben und wühlen. Das ist mein Ding.

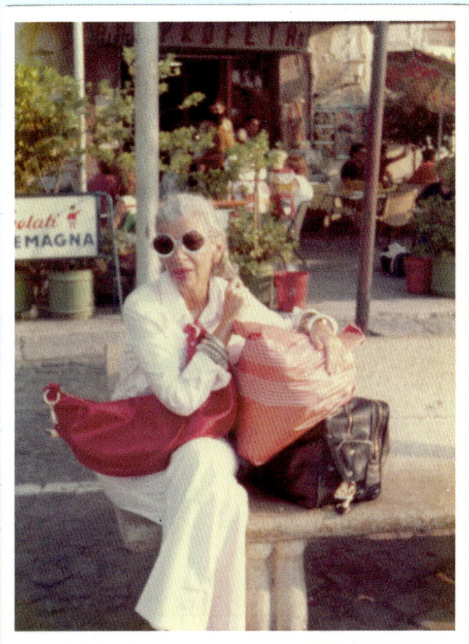

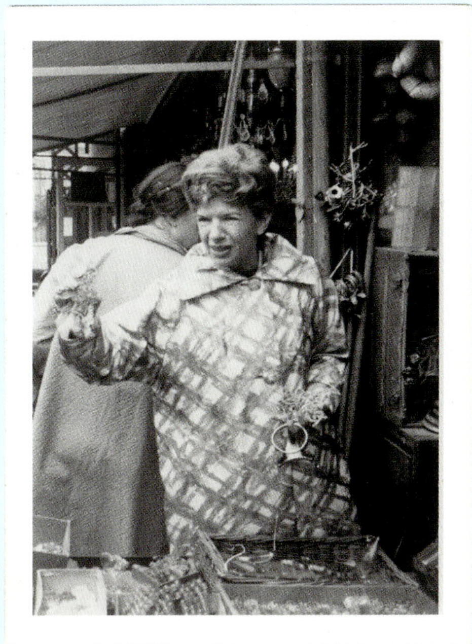

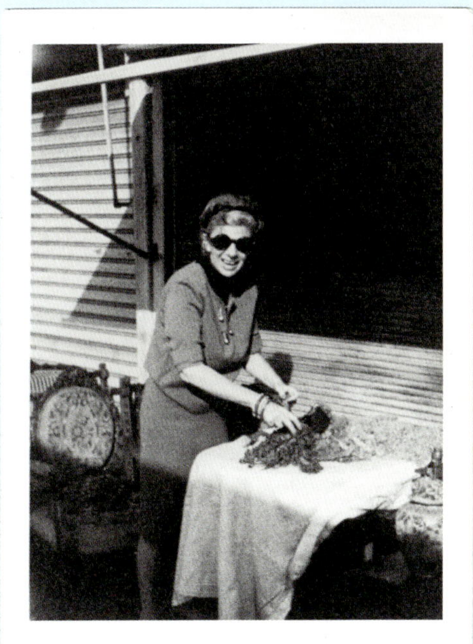

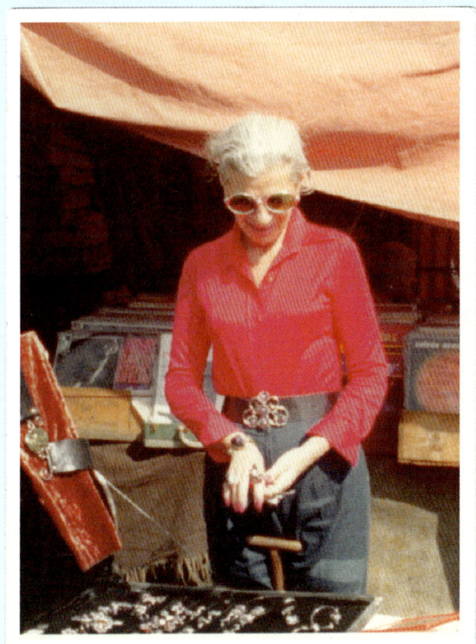

DIE JAHRE IM WEISSEN HAUS

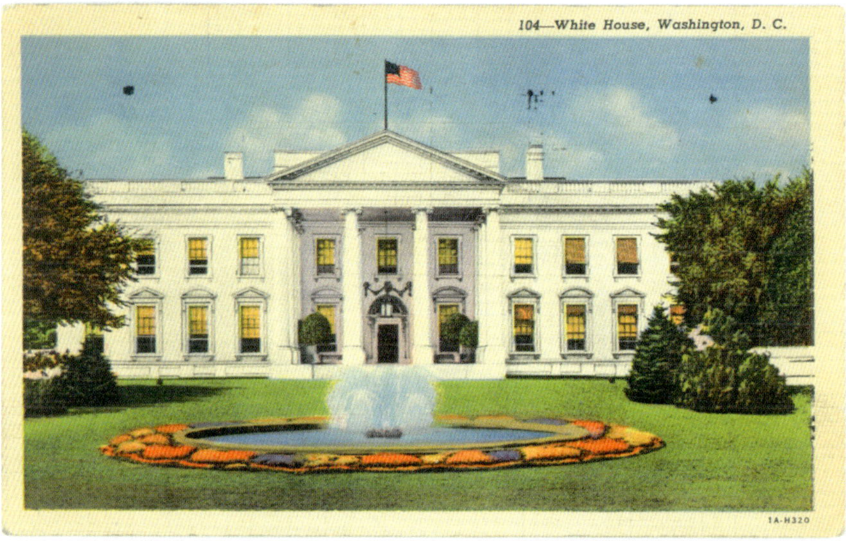

WÄHREND CARL UND ICH von 1950 bis 1992 Old World Weavers betrieben, waren wir an vielen Restaurationsprojekten beteiligt, darunter im Weißen Haus. Wir arbeiteten für neun Präsidentschaftsverwaltungen, von Harry S. Truman bis zu Bill Clinton. Diese Arbeit brachte mir zuweilen den Beinamen »First Lady of Fabric« oder »Our Lady of the Cloth« ein, ich fand das sehr lustig.

Immer wieder werde ich gefragt, wie es war, das Weiße Haus zu renovieren.

Eines vorab: Wir haben es nicht renoviert, ebenso wenig wie Jacqueline Kennedy oder alle anderen First Ladys. Denn am Gebäude und seiner Einrichtung werden nur historisch korrekte Restaurationen vorgenommen.

Das ist die Regel.

Wir sind nicht reingegangen und haben gesagt: »Uns gefällt das hier nicht, das ist zu groß« oder »Die Farbe passt nicht, ändern Sie das mal«.

Außerdem arbeiteten wir auch nicht für das Büro des Präsidenten, sondern für die U. S. Commission of Fine Arts, eine Kunstkommission, um die antiken Stoffe möglichst originalgetreu wiederherzustellen.

Wir taten also unser Bestes, um die Inneneinrichtung im Hauptgeschoss des Weißen Hauses so originalgetreu wie möglich zu gestalten. Was immer wir erneuerten, es musste unbedingt historisch korrekt sein.

Wir arbeiteten auch auf der zweiten Etage in den Privaträumen der Präsidentenfamilien. Dort gibt es keine Regeln. Sie dürfen ihre Schlafräume, Gästezimmer und privaten Wohnzimmer ganz nach eigenem Geschmack einrichten.

Die meisten Präsidenten und ihre Gattinen waren an einer Renovierung oder Neueinrichtung nicht sonderlich interessiert, außer Pat Nixon, die mit Leidenschaft alles verfolgte, was wir taten, obwohl sie von den Feinheiten

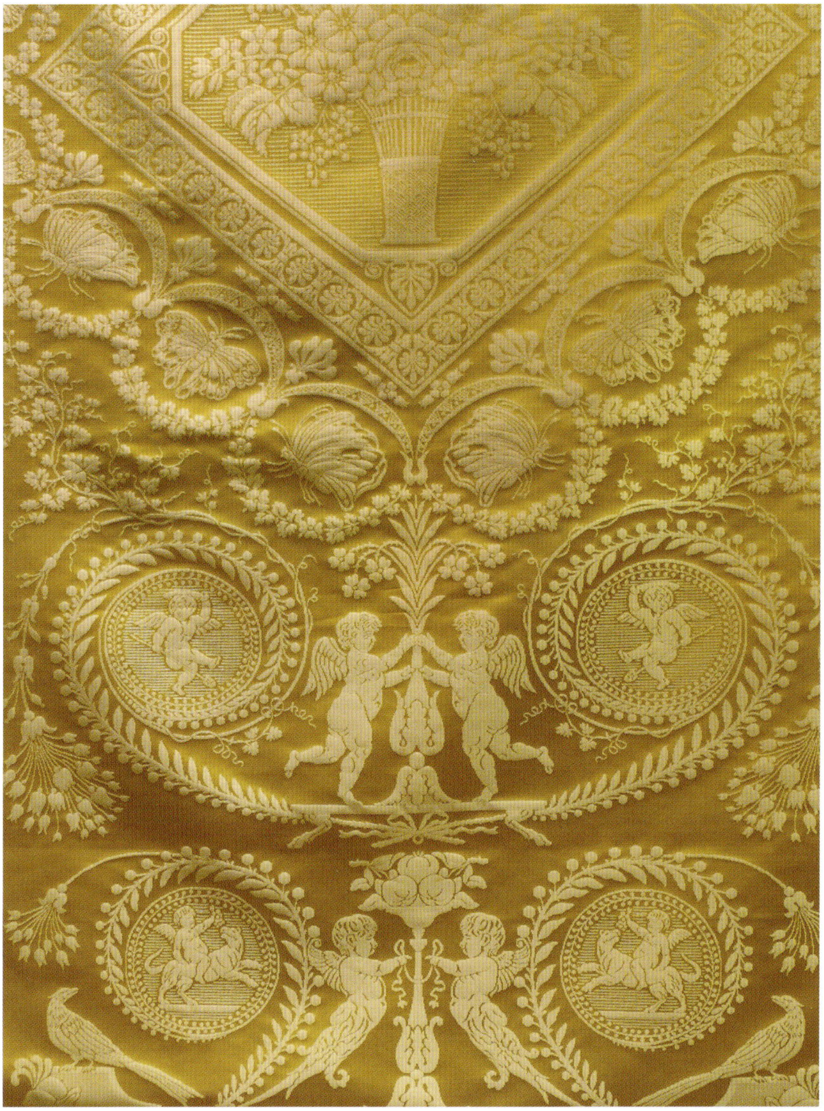

einer historischen Renovierung nicht viel verstand. Sie fragte oft, ob sie mitkommen könne, wenn uns Edward Vasson Jones, der damalige Innenarchitekt des Weißen Hauses, besuchte. Mr. Jones traf alle notwendigen Entscheidungen bei den Renovierungsarbeiten.

Wir ließen Mrs. Nixon die Stoffmuster aussuchen, die ihr gefielen, und sie nahm sie mit nach Washington. Immer rief sie am nächsten Tag an und räumte ein: »Mrs. Apfel, wie immer. Ich habe das Falsche ausgesucht. Wählen Sie doch bitte das Richtige aus und kommen Sie am Donnerstag zum Lunch nach Washington.« Schließlich wussten wir, dass Mr. Jones immer die richtige Entscheidung treffen würde. Wir trauten uns jedoch nie, Mrs. Nixon zu korrigieren, sie war eine so nette Lady.

DIE SPRACHE DER STOFFE

MEINE ERSTE REISE NACH ITALIEN führte mich nach Neapel. Eine außergewöhnliche Stadt. Sie hatte einen Touch Afrika – und ist ein Schmelztiegel ungestümer und extrovertierter Menschen.

Ungefähr eine Stunde nördlich davon liegt eine Stadt namens Caserta. Sie wurde zum Zentrum für Seide, als sich die Bourbonen-Könige dort niederließen. Sie brachten Handwerker mit sich, die diesen Stoff herstellen konnten, so entstanden in der Gegend hochentwickelte Seidenwebereien.

Bei der ersten, die wir besuchten, bemühten wir noch einen Dolmetscher, denn wir sprachen kein Italienisch und der Diensthabende dort kein Englisch. Der Dolmetscher war ein lustiger kleiner Mann mit angegrautem rotem Haar und Mittelscheitel; er trug eine Brille mit winzigen Gläsern, aus irgendeinem Grund hatte er eine Gurke in der Tasche. Immer wenn niemand hinschaute, biss er davon ab.

Wir begriffen bald, dass die Sprache der Stoffe in keinem Wörterbuch zu finden ist, denn unser Dolmetscher suchte die ganze Zeit nur herum – ich sehe ihn noch vor mir, wie er seinen Finger anleckte und im Wörterbuch nach Begriffen suchte, die es nicht gab. Doch es war kein Problem, dass wir der Landessprache nicht mächtig waren, denn wir waren auf derselben Wellenlänge wie der Webereibesitzer. Wir brauchten die Sprache nicht und verstanden einander auch so – und den Stoff.

Dennoch war klar, ich musste Italienisch lernen, sonst wären Geschäfte dort unmöglich. Ich hatte keine Zeit für eine Sprachschule, darum lernte ich es durch intensives Zuhören. Ich setzte Worte und Aktionen zusammen, kaufte italienische Kinderbücher wie *Pinocchio* und entwickelte einen unglaublichen Wortschatz, jedoch ohne Grammatik. Ich sprach also perfekt italienisch, aber nur in der ersten Person und im Präsens. Diese Denkweise brachte mich zu etwas sehr Wichtigem: präsent zu sein, im Jetzt zu leben. Wenn ich gefragt werde, ob ich italienisch spreche, antworte ich: »Ja, mit Mut und ohne Verben.«

Gut sprechen zu können ist nicht unbedingt wichtig. Wenn man offen ist und etwas Humor mitbringt, kann das Gegenüber den Gesichtsausdruck und die Körpersprache lesen und erkennt, worum es geht.

Handlungen sprechen lauter als Worte.

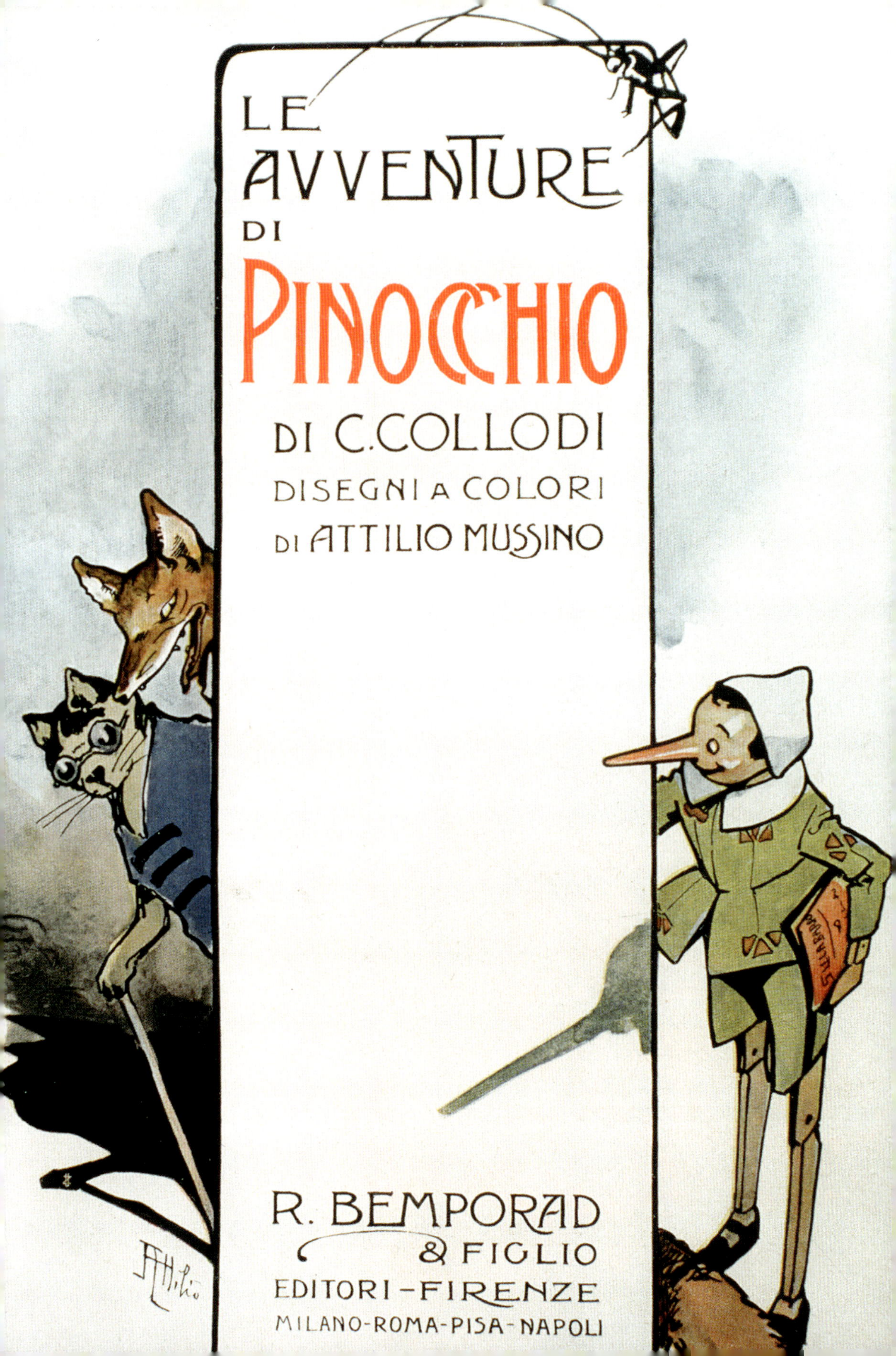
LE
AVVENTURE
DI
PINOCCHIO
DI C. COLLODI
DISEGNI A COLORI
DI ATTILIO MUSSINO
R. BEMPORAD
& FIGLIO
EDITORI - FIRENZE
MILANO-ROMA-PISA-NAPOLI

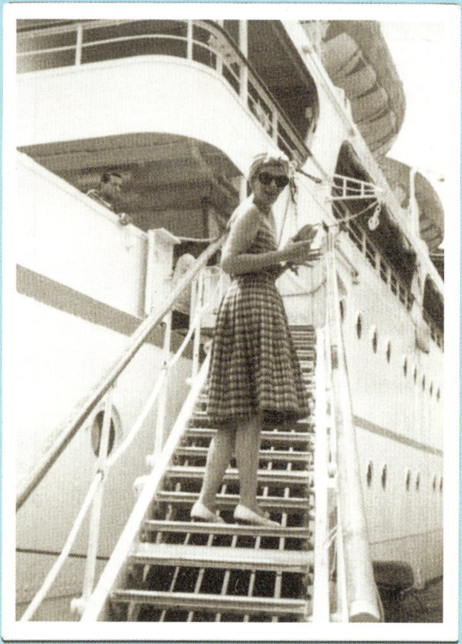

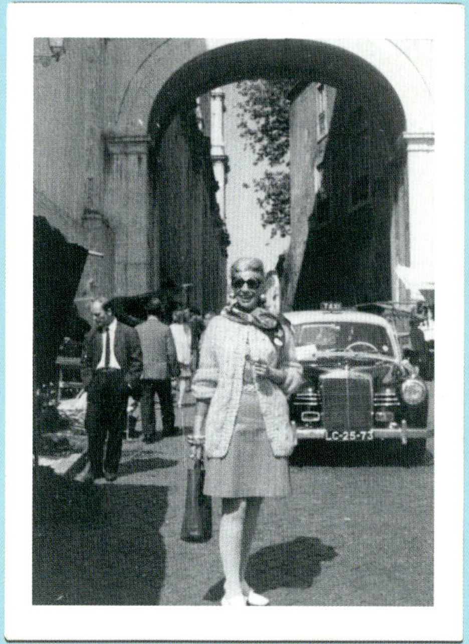
LC-25-73

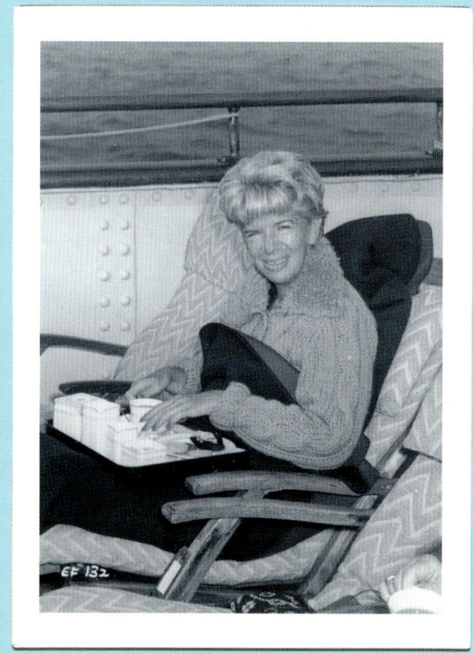
EF 132

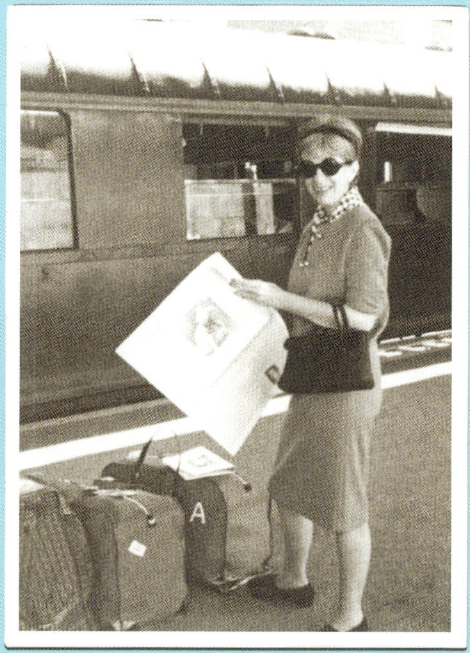
A

UM DIE WELT IN 80 JAHREN

DELFINE SPRANGEN NEBEN UNS AUS DEM WASSER, als mein Vater und ich am Bosporus vorbei in Istanbul einliefen. Die Sonne ging auf. Der Himmel war azurblau und klar; keine Antenne weit und breit. Als ich ein paar Jahre später mit Carl wiederkam, sah das anders aus: Die Luftverschmutzung war enorm und der Himmel voller Kabel und Drähte.

Wenn man 1952 in Paris nicht bis 19.30 Uhr beim Abendessen saß, wurde nicht gegessen. Wenn man sich heute vor 21 Uhr im Restaurant blicken lässt, schauen einen alle an, als wäre man ein Monster mit zwei Köpfen. Ich bin sicher, dieses immer spätere Essen ist ein Zeichen für eine degenerierende Gesellschaft.

Reisen bereichert das Leben. Und ich mag Abenteuer. Bei jeder Reise habe ich gearbeitet, ich mag keine Resorts, um dort herumzusitzen. Mochte ich noch nie. Ich wüsste nicht, was ich mit mir anfangen sollte. Carl und ich waren ständig auf Geschäftsreisen. Wir bereisten Europa, häufig Paris und London, und von Italien haben wir wohl jeden Quadratmeter gesehen. Durch die Arbeit haben wir viele Bekanntschaften geschlossen und dadurch von tollen Märkten erfahren. Wir haben nur durchs Herumlaufen viele Dinge entdeckt. In kleinen Gassen findet man den winzigen Laden mit bunten Knöpfen in jeder Form und den Spitzenklöppler. So habe ich diese Städte kennengelernt und herausgefunden, wo ich einkaufen kann; so habe ich mein Heim eingerichtet und meine Sammlungen aufgebaut.

Amo l'Italia! Ich kann Italien nur empfehlen. Rom ist noch immer außergewöhnlich. Überall tolle Plätze, und man biegt um eine Ecke und steht direkt vor dem Pantheon; und es gibt immer noch große Paläste wie den Doria Pamphilj mit den Orangenbäumen im Hof, etwas abseits der Via del Corso. Die Trulli werde ich auch nie vergessen, runde Steinbauwerke in Apulien; die gibt es nirgends sonst auf der Welt.

Venedig ist, als bewege man sich in einem merkwürdigen, dekadenten Traum – die maurische Architektur; die gestreiften Pylonen mit der abblätternden Farbe, an denen die Gondeln befestigt sind; das Wasser schwappt an die Häuser; die kleinen Gassen, die immer etwas feucht wirken. Ich mag dieses Exotische – es berührt mich.

Darum liebe ich auch Istanbul mit seinen Basaren und der Kultur der Alten Welt. Einmal landeten wir in Bursa, der Heimat des Frotteehandtuchs. Es war Sonntag, wir hatten nichts zu tun, also gingen wir in eines der Bäder. Ich war wie besessen von dieser goldenen Büchse, die man für seine Seife und den Waschlappen bekommt, darum kaufte ich eine und benutze sie noch heute als Handtasche. Und ich vergesse nie den Anblick der vielen Damen, die um den Beckenrand saßen und häkelten – ohne einen Faden Kleidung am Leib.

Tunesien ist speziell. Auf den Märkten dort kauft man Silberschmuck nach Gewicht; Handwerkskunst und Schönheit haben komischerweise nichts mit dem Preis zu tun. Mir gefiel Sidi Bou Said, eine winzige Stadt an einer Klippe außerhalb von Tunis, wie eine Miniaturausgabe von Capri. Alle Häuser sind weiß mit blauen Türen und Fensterrahmen, es gibt Kopfsteinpflaster und überall viele Blumen. Als wir dort waren, heiratete die Tochter des Bürgermeisters spät abends auf dem Dorfplatz und wir hatten Glück und wurden zur Hochzeit eingeladen. Das ganze Dorf muss dagewesen sein, entweder auf dem Platz oder am Fenster oder auf den Balkons. Das Ganze dauerte bis zum Morgengrauen. Die wissen, wie man feiert.

»Ich mag es exotisch – es berührt mich.«

Wir hatten viele Erlebnisse wie dieses. In Marokko fuhren wir umher und bewunderten einen silbern geschmückten Schimmel bei einer Hochzeitsprozession. Wir sprachen kein Wort Arabisch, aber die Leute waren so freundlich. Sie luden uns zur Hochzeitsfeier ein – und wir gingen hin.

Etwas Ähnliches erlebten wir auf Kreta. Wir entdeckten große Tücher am Straßenrand, auf denen Trauben trockneten – wir stiegen aus und schauten uns das an. Die Leute hatten uns beobachtet. Sie versuchten, mit uns zu sprechen, und im Handumdrehen fanden wir uns unter Zypressen beim Lunch wieder.

1958 bereisten wir Irland und kamen an einer Siedlung ganz lieblicher Häuser mit Reetdach vorbei. Ich wollte unbedingt eins fotografieren, aber Carl meinte, es wäre unhöflich, ohne den Besitzer zu fragen. Also klingelten wir am Haus mit dem dicksten Dach. Heraus kamen zwei ältere Herren, die uns das Foto gestatteten. Es war Tea-Time, und sie bestanden darauf, dass wir zum Tee blieben. Sie waren wunderbar.

Im Libanon besuchten wir das Baalbeck International Festival, das älteste Kulturereignis im Mittleren Osten. Da war dieser Mann, der auch jedes Jahr herkam, um Kaffee zu verkaufen. Das war der schlimmste Kaffee, den ich je erlebt habe. Aber er hatte diesen wunderbaren Messingtisch, auf den er vier Messingkannen unterschiedlicher Größe für den Kaffee aufstellte. Während der Kaffee braute, goss er den Bodensatz von einer Kanne in eine andere. Das ging immer so weiter, bis eine Kanne voller Kaffee war, der natürlich immer stärker wurde und immer übler. Aber jeder trank ihn, wir also auch, vor allem, um jedes Jahr wieder mit dem Mann darüber zu verhandeln, dass wir seinen Tisch und die Kannen kaufen wollten. Irgendwann hatten wir Erfolg – ich habe mich immer gefragt, ob er sich zur Ruhe setzen wollte oder ob wir ihn ruiniert hatten.

Beirut hatte ein unglaubliches Casino und einen tollen Goldmarkt. In den 1970er-Jahren freundeten wir uns mit einem lustigen kleinen Russen auf einem dieser Märkte an. Bei jedem Besuch lud er uns in sein Büro ein, wo er all diesen traumhaften chinesischen Schmuck aufbewahrte, den er von seinen Reisen mitgebracht hatte. Er trank gern, und je betrunkener er wurde, desto billiger wurden seine Waren. Es war lächerlich. Beirut war dennoch wunderschön; wirklich das Paris des Mittleren Ostens.

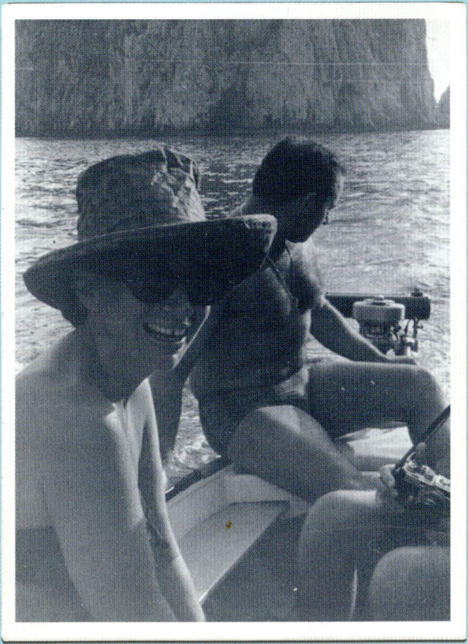

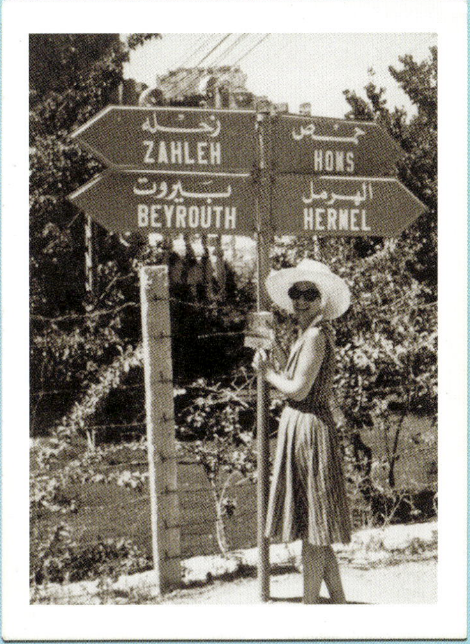

زحلة
ZAHLEH
حمص
HOMS
بيروت
BEYROUTH
الهرمل
HERMEL

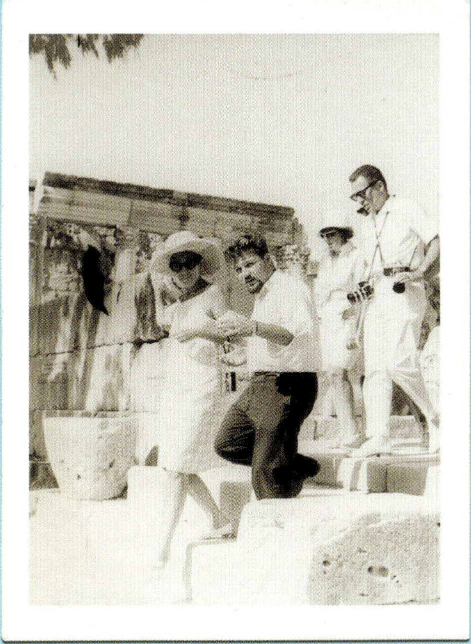

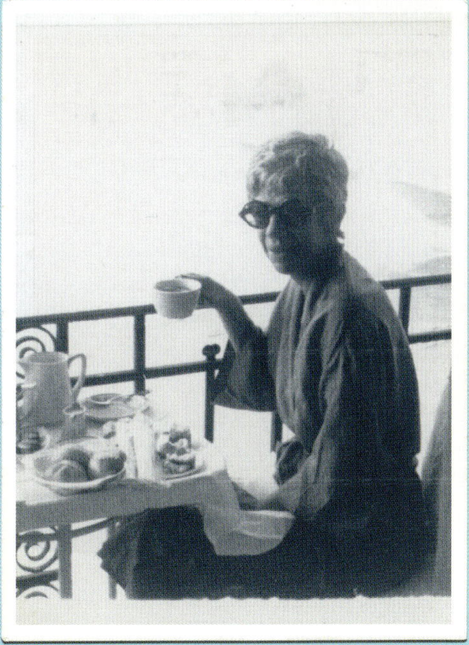

Wo wir gerade bei
Paris sind, alle lieben
PARIS!

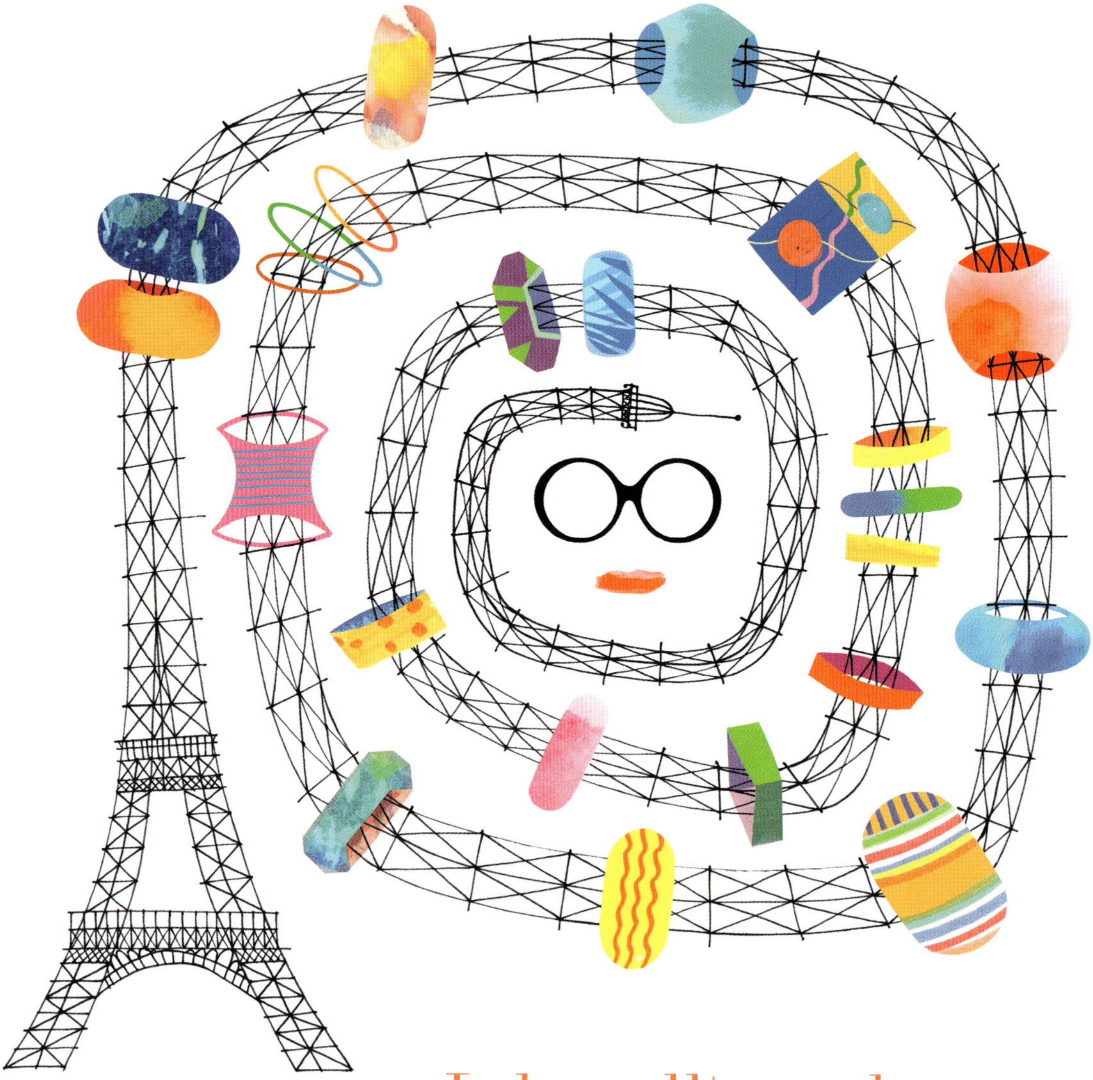

Jeder sollte nach
Paris reisen.

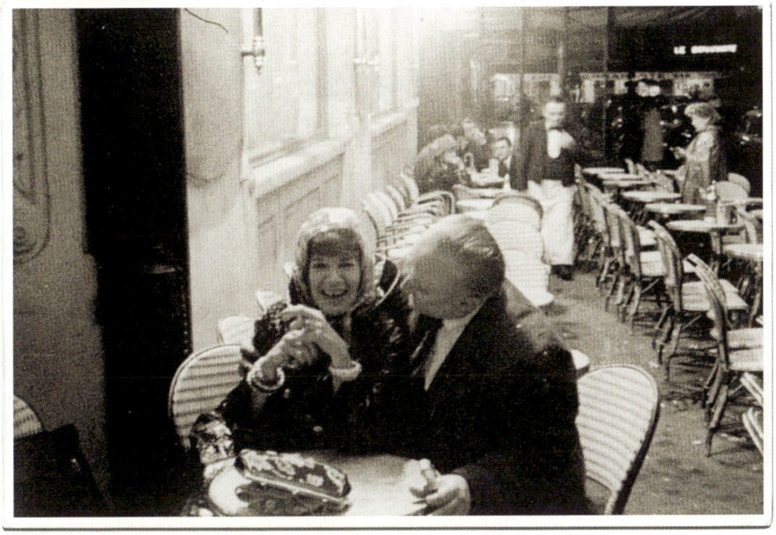

BARCELONA dürfen Sie auch nicht verpassen. Tapas, Tapas, Tapas und Vino.

Ich mag diese kleinen verschlungenen Gassen voller winziger Läden, das unglaublich viele Grün und den Silberschmuck. Und natürlich die Arbeiten des Architekten Antoni Gaudí, ebenso ein Liebhaber von Farben und dem Ungewöhnlichen.

Und dann ist da Hongkong, mit seiner unbändigen Energie, Auswanderern aus der ganzen Welt und neuen Bauwerken, die in den Himmel aufragen. Die westliche Kultur überlagert die alte Kultur Chinas, das spürt man überall.

London werde ich nie vergessen. Ich liebe die Londoner Altstadt. Und jeden Tag ist irgendwo anders Markt. Die Shops, die Museen, die Parks, die Blumen – ich bin immer wieder beeindruckt. Neben New York ist das für mich die vielseitigste Stadt.

Rio war eine Stadt der Gegensätze. Von der Terrasse der Luxusvilla mit ihren über 30 Zimmern, in der wir wohnten, schauten wir auf die unglaubliche Armut der Favela – auf diese emotionale Erfahrung hätte ich verzichten können.

Mexiko-Stadt erlebte ich höchst kultiviert. Dort begeisterte mich vor allem die Architektur, nicht nur die schlanken Wolkenkratzer, sondern auch die Stadthäuser im Stil Ludwigs XV. und Ludwigs XVI. aus der Zeit Kaiser Maximilians – diese Straßenzüge erinnern mich sehr an Paris. Angesichts des Wohnhauses von Frida Kahlo und Diego Rivera flippte ich völlig aus. Ihre Farben! Brillant, frech, satt – und überall.

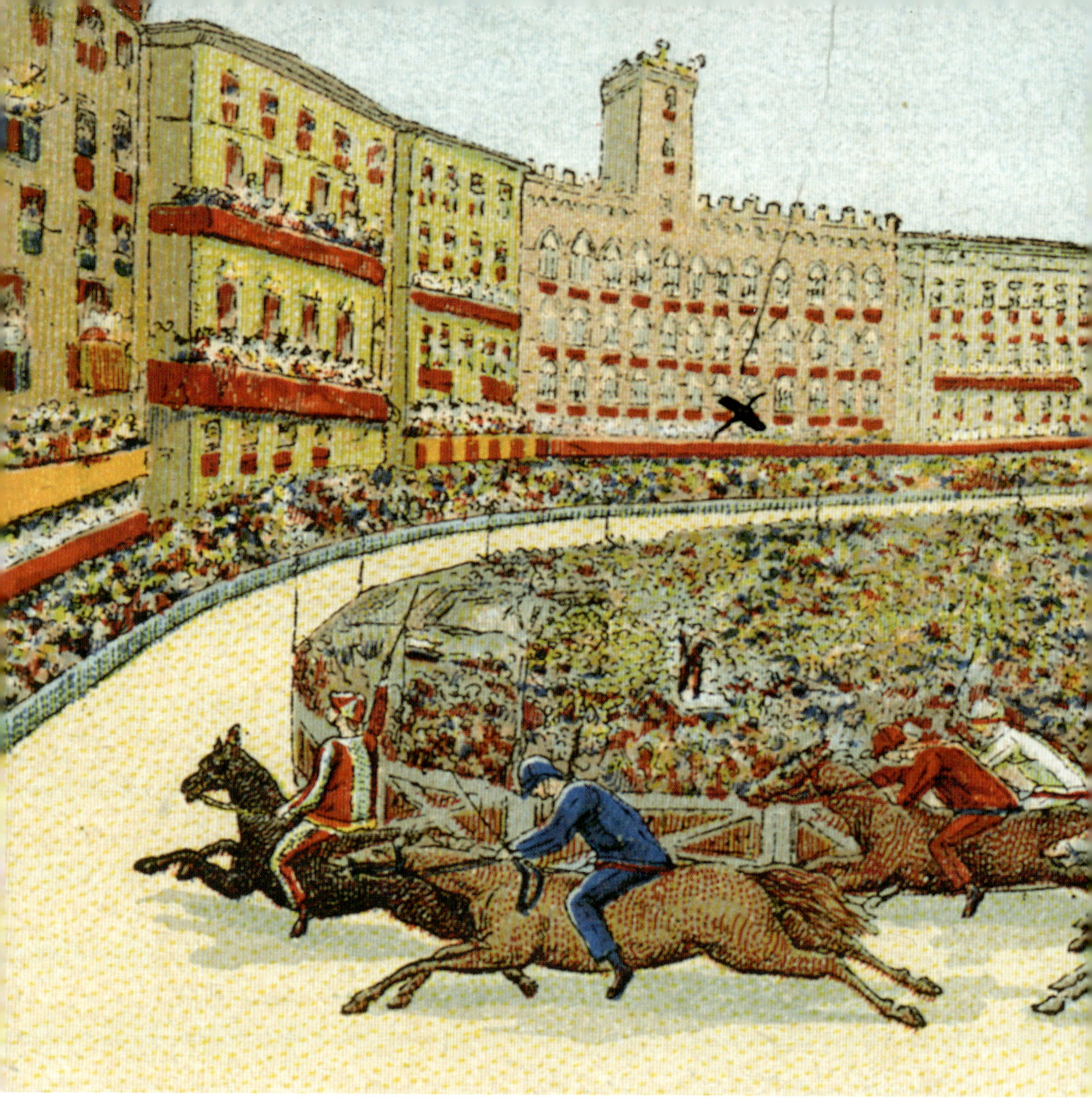

KUCHEN FÜR ALLE

ITALIEN WAR IMMER MEIN FAVORIT. Wir besuchten das *Il Palio* in Siena, das zweimal im Jahr veranstaltet wird. Aus jedem Stadtteil nimmt ein Pferd am mittelalterlichen Rennen auf der Piazza del Campo teil. Da gibt es viel Prunk und es wird gefeiert, und jeder Stadtteil hat einen Club, der am Abend vor dem Rennen zu einem Bankett einlädt. Bei unserem

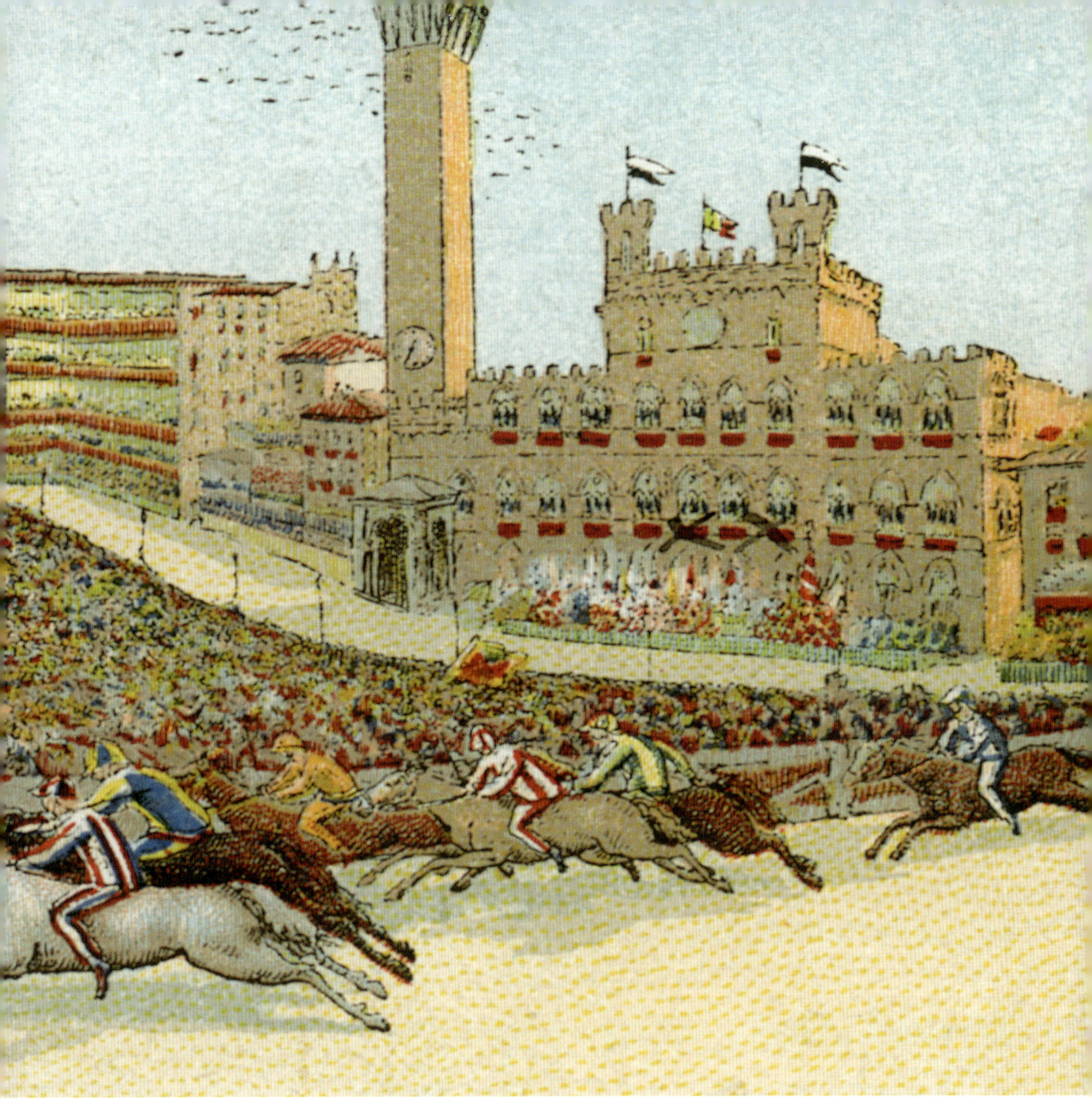

Aufenthalt freundeten wir uns mit dem Hausherren unseres Gasthauses an, und er lud mich als Gast zum Bankett seines Distrikts ein.

Als Dessert gab es einen Großmutter-Kuchen, *Torta della Nonna*. Der Kuchen wird nach dem Rezept der Großmutter zubereitet, er war mit Vanillecreme gefüllt sowie mit Pinienkernen und Puderzucker dekoriert. Die Kruste bestand aus einer Art Butterkeks. Er war so unglaublich gut, dass ich meinem Hausherrn erzählte, ich wünschte, ich könnte so einen Kuchen in den Staaten bekommen.

Er stellte mich dem Chefbäcker vor, der hoch erfreut war, dass sein Kuchen solchen Anklang gefunden hatte, und schenkte mir das Rezept, schön gefaltet in einem Umschlag.

Ich öffnete ihn später im Hotel und begann die Zutaten zu lesen: 400 Eier, 60 Pfund Mehl – ich kann mich nicht mehr an die genauen Zahlen erinnern, aber sie waren unglaublich. Ich bekam einen Lachanfall: Er hatte mir das Rezept für den gesamten Stadtteil aufgeschrieben.

YOU CAN'T GO HOME AGAIN.

Wenn Sie etwas

WUNDERBARES

erlebt haben, versuchen

Sie nicht, es zu wiederholen.

Es wird nie wieder so

SCHÖN

wie beim ersten Mal.

Wo ist das Haus deines Vaters?

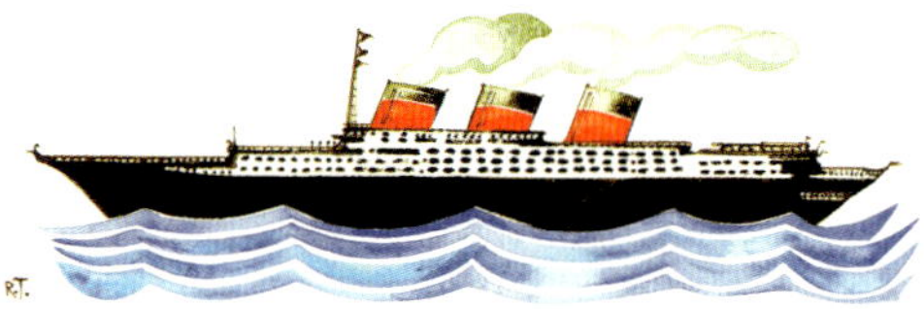

Am Morgen des 4. August 1958 warteten Carl und ich auf der S. S. *Coronia*, um von Bord gehen zu können. Carl hatte Geburtstag und wir wollten in die Crafton Street in Dublin, ins Antiquitätenviertel, um ihm ein Geschenk zu kaufen.

Carl war verrückt nach Uhren. Ich habe nie jemanden mit so vielen Uhren gesehen, von der billigsten Kopie bis zur teuren Breitling. Es war verrückt – und trotzdem wusste er nie, wie spät es war.

Er besaß jedoch kaum Schmuck, und das wollte ich ändern, nachdem er widerwillig zugestimmt hatte, einen ungewöhnlichen Ring zu akzeptieren.

Wir streiften durch die Läden und fanden historisch bedeutsame und wunderschöne Ringe, aber nichts mit Pep.

Vor unserer Reise war bei uns in Manhattan eingebrochen und meine Silbersammlung gestohlen worden. Die Halunken kannten sich aus; sie nahmen nur das beste Silber und den besten Schnaps. Sie hatten sich als Wäschelieferanten verkleidet und nahmen extra alle Dekokissen mit, um in ihrer Rolle zu bleiben, während sie Zigarren rauchten. Auf der Suche nach einem Ring beschlossen wir, das gestohlene Silber zu ersetzen. Wir fanden einen Antiquitätenladen – die reinste Schatztruhe

– mit unserem Silber und einigen anderen Dingen. Wir ließen alles zurücklegen und gingen zum Lunch.

Wir aßen in einem Pub, probierten alle Biere Irlands und unterhielten uns mit den Leuten. Ein junger Ire, der gerade aus Israel zurückgekehrt war, wo er als Freiheitskämpfer im Sechs-Tage-Krieg gekämpft hatte, bot uns an, uns zum Schiff zu bringen – mit einem Zwischenstopp beim Antiquitätenhändler. Sein Lastwagen stehe vor dem Pub; Carl und ich stellten uns etwas Großartiges vor, nur um schließlich in eine Klapperkiste aus dem Ersten Weltkrieg einzusteigen. Nach einer stotterigen und rumpeligen Fahrt kletterten wir vor dem Laden aus dem Auto, sehr zum Leidwesen des eleganten Türstehers. Wir waren sternhagelvoll.

Der Ladenbesitzer, ein sehr großer Mann, stand hinter dem Ladentisch und begrüßte uns. An seiner sehr gewichtigen Hand steckte ein ungewöhnlicher Ring. Er sah aus wie ein Thron in Form eines Löwen.

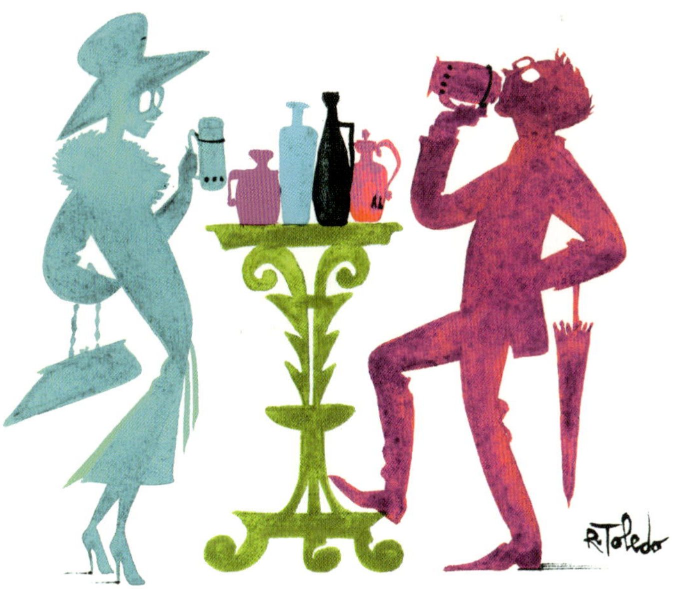

»DAS IST ER!«,
kreischte ich.

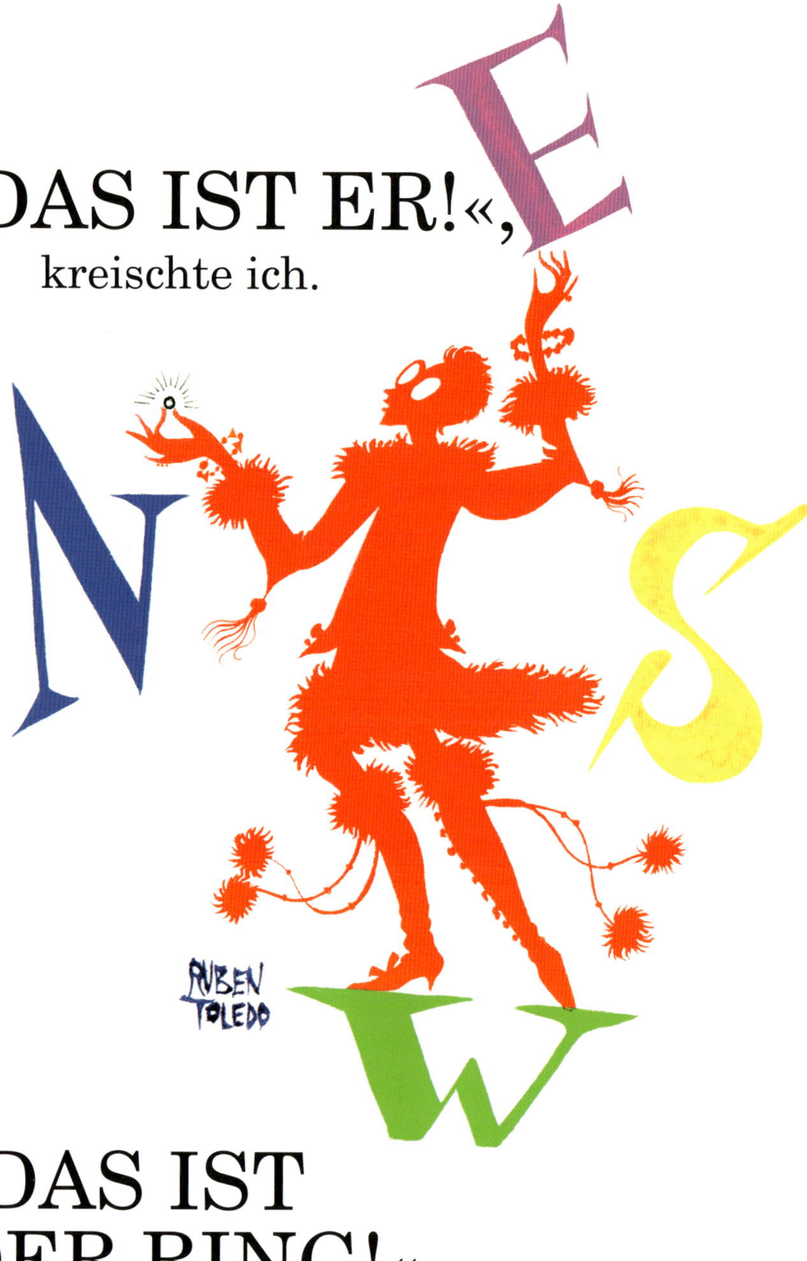

»DAS IST
DER RING!«

Der Gentleman war überrascht und erklärte, das sei der Ring eines Ewigen Juden mit der Inschrift: »Wo ist das Haus deines Vaters?« Er hatte das außergewöhnliche Stück gerade bei einer Auktion von König Farouks Besitz erworben, und zwar im Auftrag des Oberbürgermeisters von Dublin für den Oberrabbi von Jerusalem, der zu einem viel beachteten Besuch erwartet wurde.

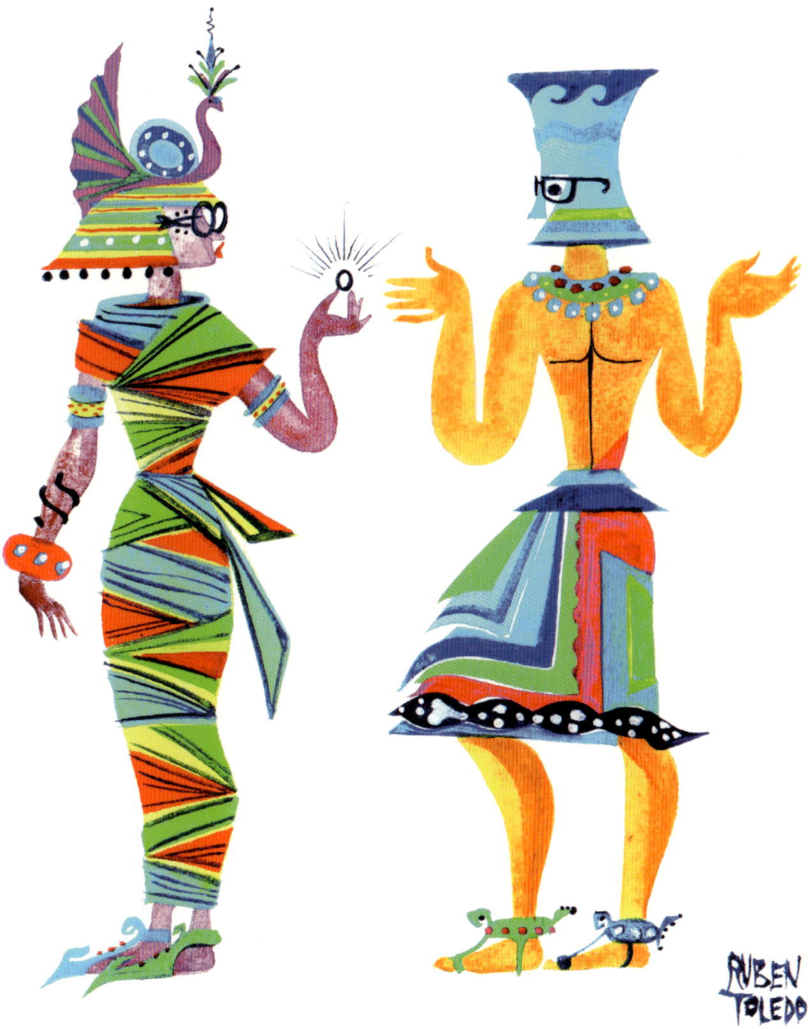

Er sagte, der Ring stehe nicht zum Verkauf.

Ganz bestimmt nicht.

Ich weigerte mich jedoch, ein Nein als Antwort zu akzeptieren. Ich drohte, nichts von dem Silber zu kaufen, das wir hatten zurücklegen lassen. Ich hatte noch nie in meinem Leben etwas so Ungezogenes getan – und seitdem nie wieder –, aber ich wollte den Ring unbedingt.

Der Verkäufer kapitulierte schließlich und gestattete Carl, ihn anzuprobieren.

Der Ring war zu groß und fiel mit einem lauten Klonk auf den Boden.

Der Verkäufer witterte seine Chance und bot an, die Größe ändern und ihn dann mit dem restlichen Silber nach New York schicken zu lassen. Ich war zwar betrunken, aber nicht betrunken genug, um das zu glauben.

»Herzlichen Dank«, sagte ich, »aber wir werden ihn jetzt mitnehmen und in New York ändern lassen.« Triumphierend zog ich mit dem Ring von dannen.

An diesem Abend bereitete ich Carl eine tolle Geburtstagsfeier. Wir feierten ausgelassen, als ein anderer Passagier des Weges kam und allen von dem Ring erzählte. Von uns unbemerkt war er ebenfalls in dem Laden gewesen und hatte die grausame Episode beobachtet. Alle wollten den Ring sehen, also holte ich ihn aus der Kabine. Als ich zurückkam, war es gerade Mitternacht und der Geburtstagskuchen wurde aufgetragen. Carl steckte sich den Ring an den Finger. Wir dachten nicht weiter darüber nach, bis wir um 4 Uhr morgens unsere Kabine erreichten. Merkwürdigerweise steckte der Ring, der nur Stunden zuvor viel zu groß gewesen war, noch immer am Finger.

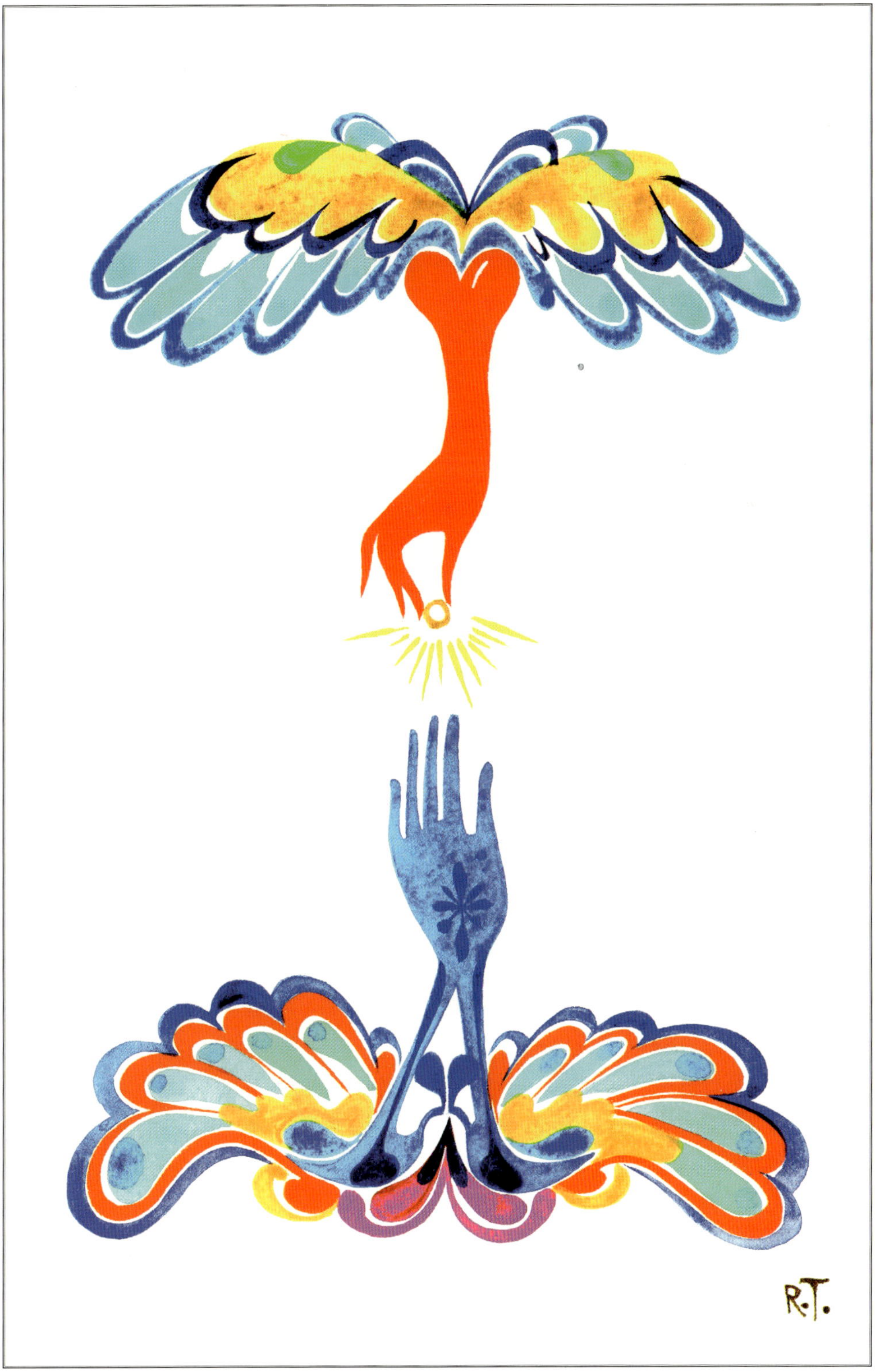
R.T.

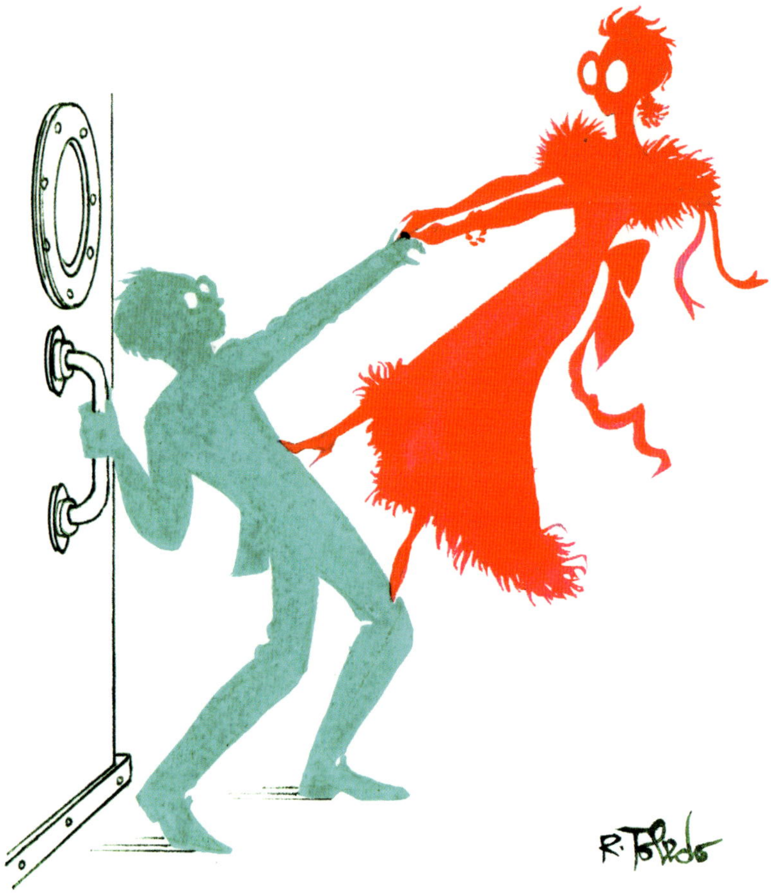

Carl versuchte, den Ring vom Finger zu ziehen, aber das ging nicht. Wir probierten es gemeinsam, aber der Ring bewegte sich nicht. Er war einer Panik nahe; er glaubte, er wäre von einem ägyptischen Gott verflucht, weil er den Ring nicht absetzen konnte, immerhin war es der Ring eines Ewigen Juden. Schließlich weckten wir den Schiffsarzt. Verschlafen und im Bademantel tappte er in unsere Kabine, warf einen Blick auf Carl und gab seine Diagnose bekannt: Er erklärte Carl, er habe einen zu viel getrunken und solle sich ausschlafen. Er war sicher, Carl würde den Ring am Morgen auf dem Boden der Kabine finden.

Nun, das passierte nicht.

Der Ring blieb für über 50 Jahre am Finger.

Carl wurde sogar an der Hand operiert, und die Doktoren konnten ihn nicht entfernen. Wenige Tage bevor er starb, fiel der Ring ab. Er steckte ihn wieder an, und er blieb am Finger, war aber eigentlich zu weit. Als er starb, fiel der Ring wieder ab.

Rückblickend scheint die ganze Ring-Geschichte ziemlich verrückt. Ich wollte sie eigentlich nie erzählen, ich war sicher, die Leute würden mich für verrückt halten oder glauben, ich hätte sie mir ausgedacht. Aber ob Sie es glauben oder nicht, das hat sich wirklich so ereignet.

Ich habe den Ring noch immer. Ich behalte ihn für mich.

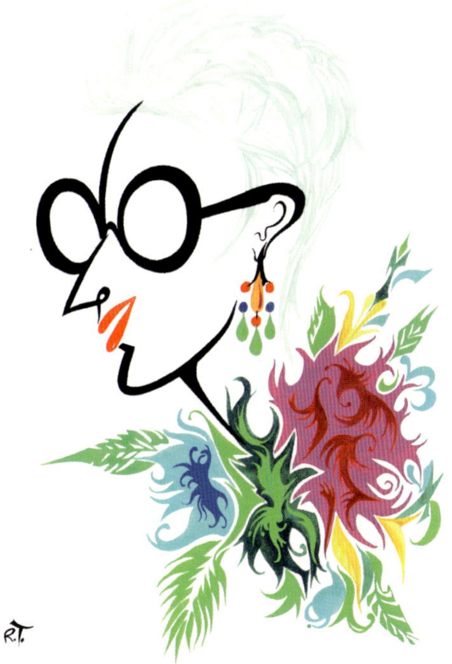

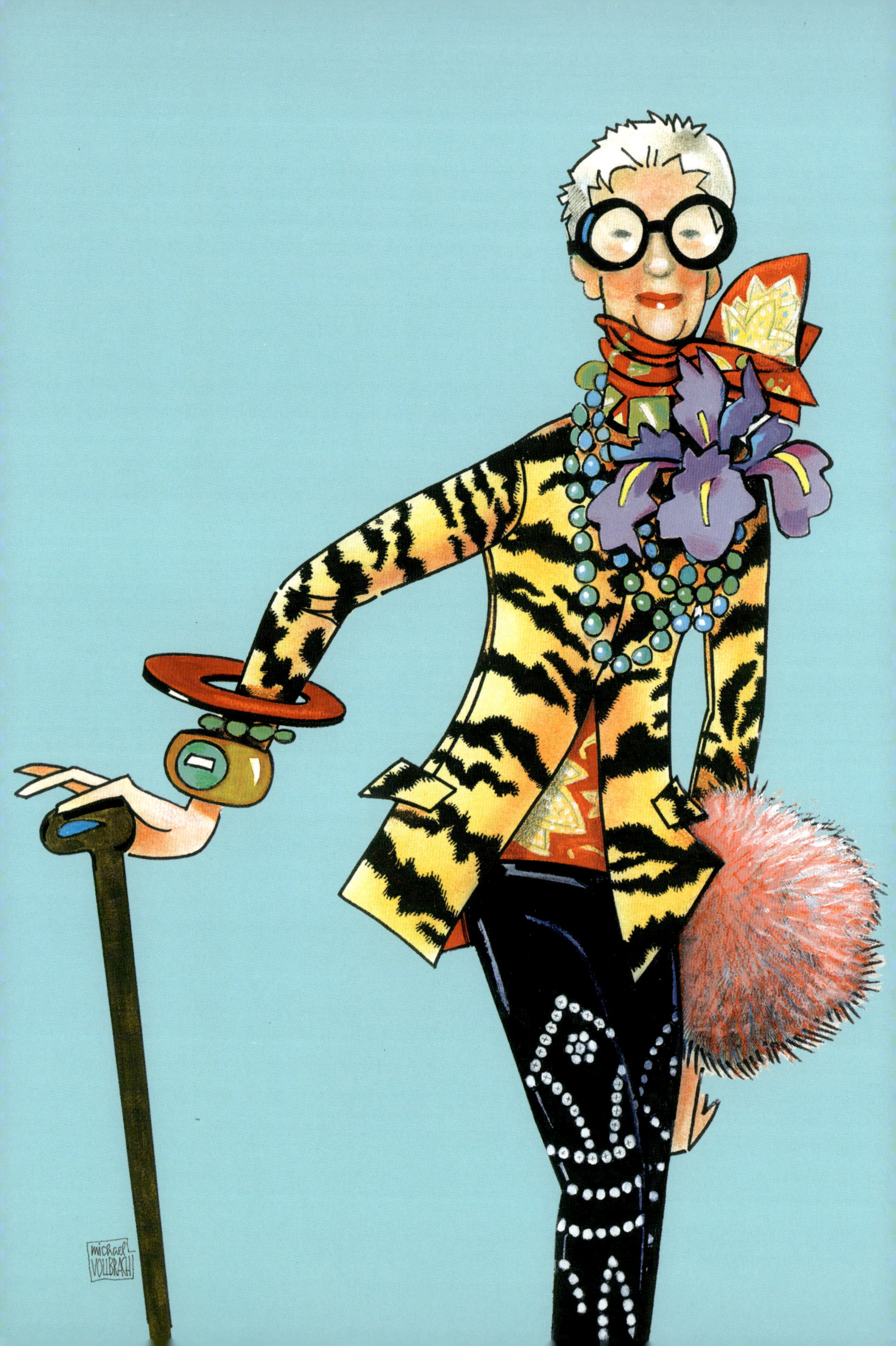
michael
VOLLBRACH

ERFOLG

Wenn du glücklich bist, Liebe gefunden hast, von guten Menschen umgeben bist, tust, was du magst, und etwas an andere zurückgeben kannst, ist das **ERFOLG**. Seine Seele für einen Dollar zu verkaufen, ist den wahren Preis nicht wert, den man zahlen muss – zumindest nicht für mich.

BEDAUERN

Ich habe nicht alles richtig gemacht. Das hat niemand. Ich **BEDAUERE** zwar das eine oder andere, aber ich halte mich nicht zu lange damit auf. Sonst wäre ich wohl in der Klapsmühle gelandet.

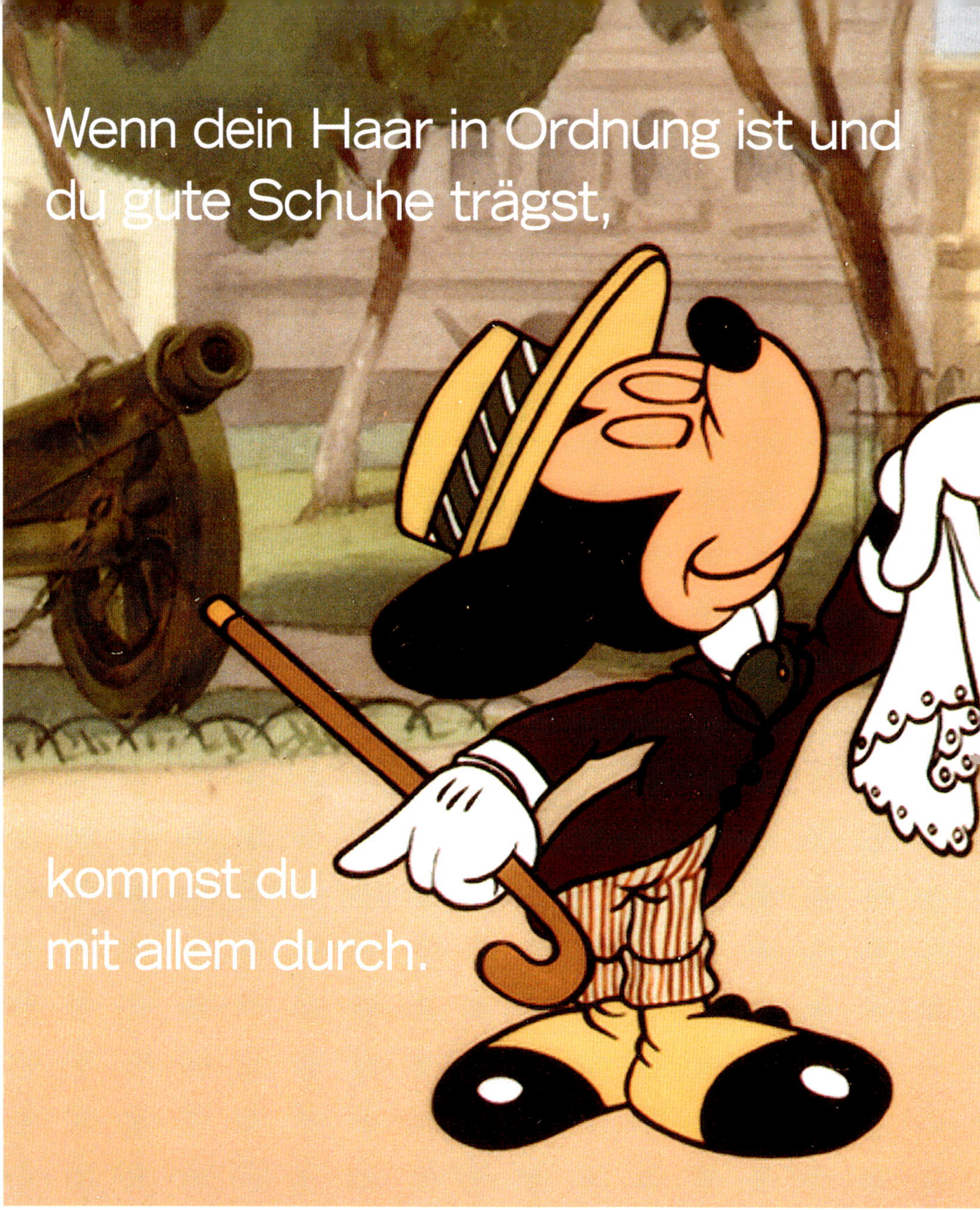

Wenn dein Haar in Ordnung ist und du gute Schuhe trägst,

kommst du mit allem durch.

JA, DAS IST MEIN SPRUCH. Und ich meine das so. Aber lassen Sie es mich erklären: Du kommst mit allem durch, wenn du für dein Alter und die jeweilige Situation angemessen gekleidet bist.

Auch das habe ich von meiner Mutter gelernt, die immer tadellos gekleidet war – vom Haar bis zu den Schuhen. Sie hatte ihren eigenen Stil, sah aber immer makellos aus.

Das Wort *angemessen* scheint aus dem aktuellen Sprachgebrauch verschwunden zu sein – was sowohl Kleidung als auch Verhalten angeht. Ich erinnere mich, dass ich in den 1950er- und 1960er-Jahren gern auf der Fifth Avenue spazieren gegangen bin. Alle sahen so fein und schick aus. Wenn man heute dort unterwegs ist, vor allem im Sommer, wird einem schlecht. Die Menschen kleiden sich

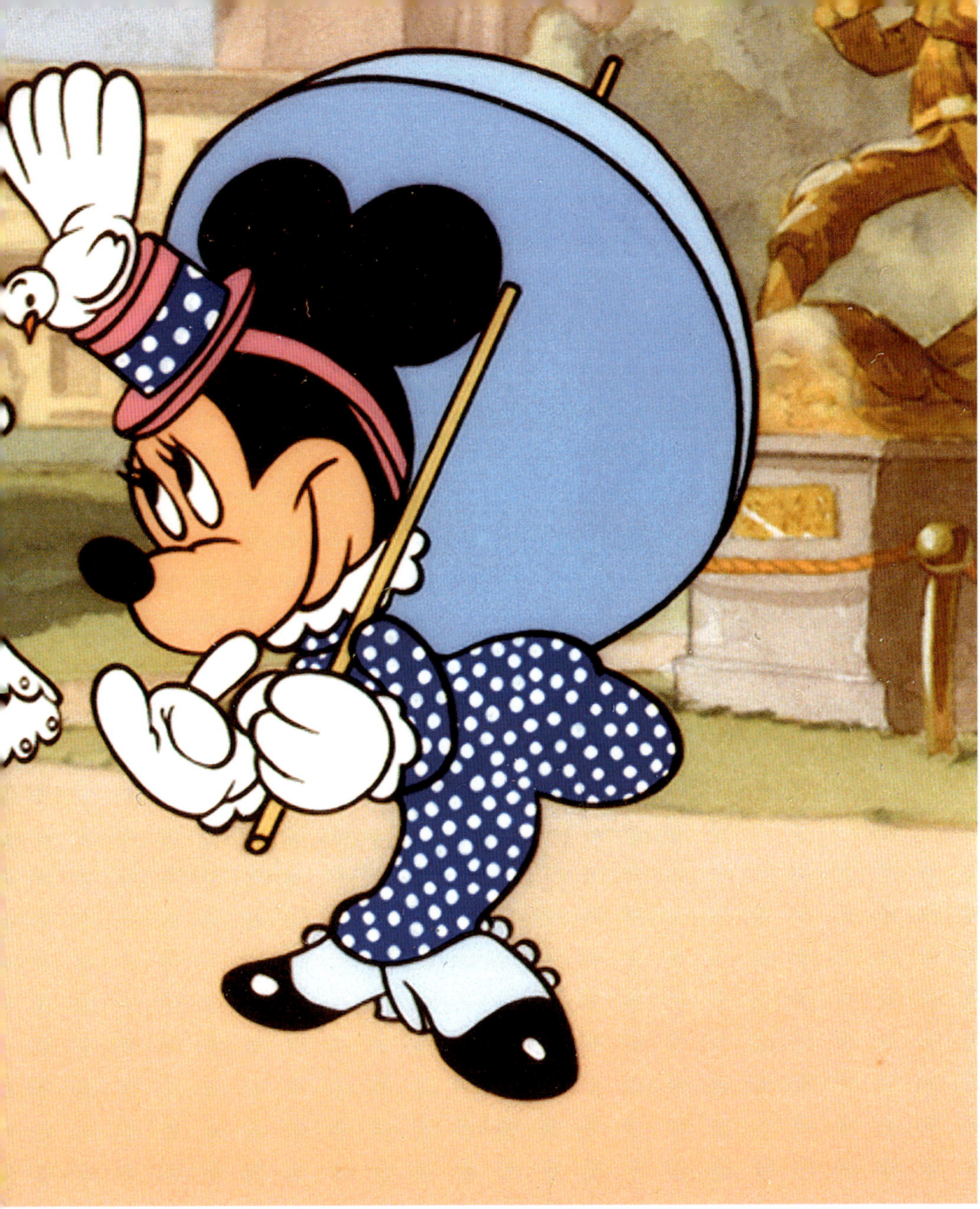

nicht mehr. Jeder sieht unmöglich aus, als wäre er auf dem Weg in die Dusche. Flip-Flops, Jogginghosen, Leggins statt Hosen, Jeans in Übergröße – das sollte verboten werden. Und mit dem Accessoire unserer Zeit, dem Smartphone, wird es immer schlimmer. Die Leute haben keinen Respekt mehr füreinander. Gar nicht zu reden von diesen Selfie-Sticks. Ich sage: »Investieren Sie lieber in einen Spiegel und schauen Sie mal rein.«

Es ist schlimm, denn wenn Stil und gute Manieren verloren gehen, scheint die gesamte Kultur zu zerbrechen.

Gutes Haar und gute Schuhe sind wichtig, aber sie sind kein Freifahrtschein für alles andere dazwischen.

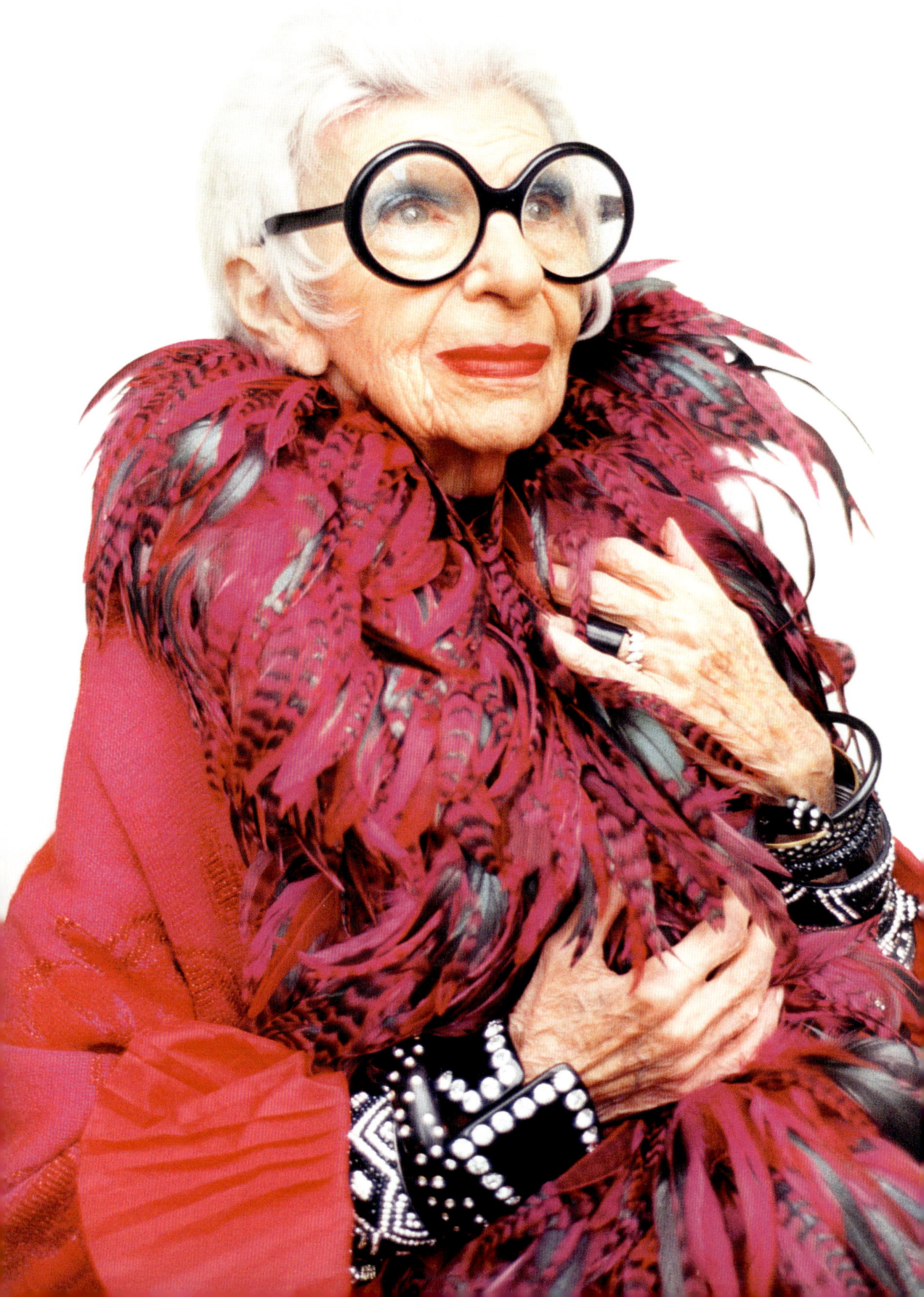

ACHTE AUF DEINE MANIEREN

Ich kann BROKKOLI, ROSENKOHL und WASSERMELONE nicht leiden. Ich hasse GURKEN. Bleiben Sie mir damit vom Teller. Wenn etwas mit Gurke in Berührung gekommen ist, KANN ICH ES NICHT ESSEN.

EIGENTLICH SOLLTE ICH Karotten und Spinat hassen. Als ich vier Jahre alt war, mein dunkles Haar im schicken Topfschnitt, wünschte ich mir sehnlichst blonde Locken. Eines Tages verriet ich das einer Freundin meiner Mutter. Sie erzählte mir, wenn ich jeden Abend auf Spinat und Karotten bestehen würde, hätte ich bald die schönsten Goldlöckchen. Ich tat, wie mir geheißen, und trieb meine arme Mutter in den Wahnsinn, denn ihr gingen bald die Varianten für Spinat- und Möhrengerichte aus. Nach drei Monaten strengster Diät war mein Haar unverändert. Die Freundin meiner Mutter muss wohl eine vegetarische Hexe gewesen sein. Und ich wurde zur jüngsten Zynikerin der Welt.

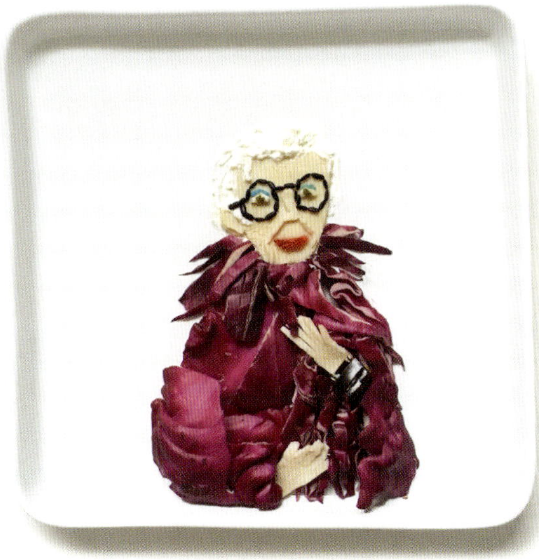

M·A·C UND ICH

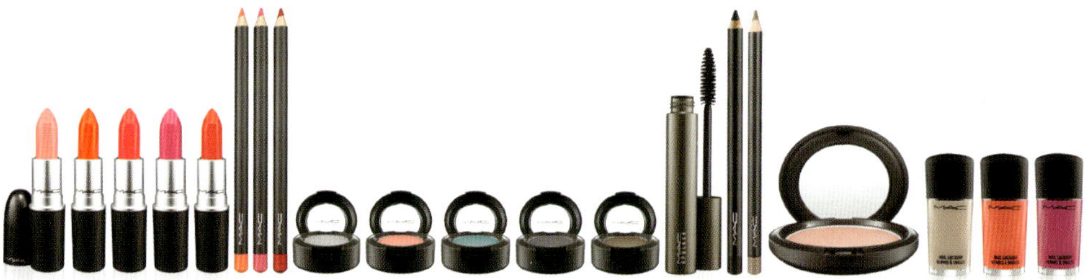

MEINEN ERSTEN GROSSEN JOB im Beauty- und Modegeschäft bekam ich im zarten Alter von 90 Jahren. M•A•C Cosmetics fragten an, ob ich an einer Limited Edition für den Winter 2011 interessiert sei.

Ich mache Projekte nur mit, wenn ich selbst auch etwas tun kann. Ich krempele gern die Arme hoch und arbeite mit. Ich stellte eine Linie von 17 Dingen zusammen, darunter Lippenstift, Lip-Liner, Lidschatten, Gesichtspuder und Nagellack. In solchen Kooperationen bekommt man meist vom Unternehmen eine Farbauswahl gestellt und kann lediglich sagen, ob es einem gefällt oder nicht. Aber bei M•A•C durfte ich alle Farben auswählen. Als ich sie wissen ließ, einige ihrer Lippenstifte seien zu schwach, sie müssten mehr Pigmente enthalten, experimentierten sie im Labor und ich war am Prozess beteiligt. Ich durfte auch die Namen für die Produkte der Collection wählen, die ein Vogel-Thema hatte – eine Referenz an die Show *Rara Avis* am Costume Institute des Metropolitan Museum of Art. Das Projekt war ein unglaublicher Erfolg. Die Lippenstifte waren über Nacht ausverkauft. Mir wurde erzählt, die Leute würden sogar die Tester aus den Auslagen klauen. Wie schmeichelhaft!

Ich wurde für die Kampagne vom Starfotografen Steven Klein fotografiert, das Bild habe ich selbst gestylt. Alles in der Aufnahme ist von mir, der Mantel war jedoch eine Leihgabe von einem engen Freund, Ralph Rucci.

Ich bin die älteste lebende Tussi, die zum Gesicht einer Kosmetik-Werbung wurde.

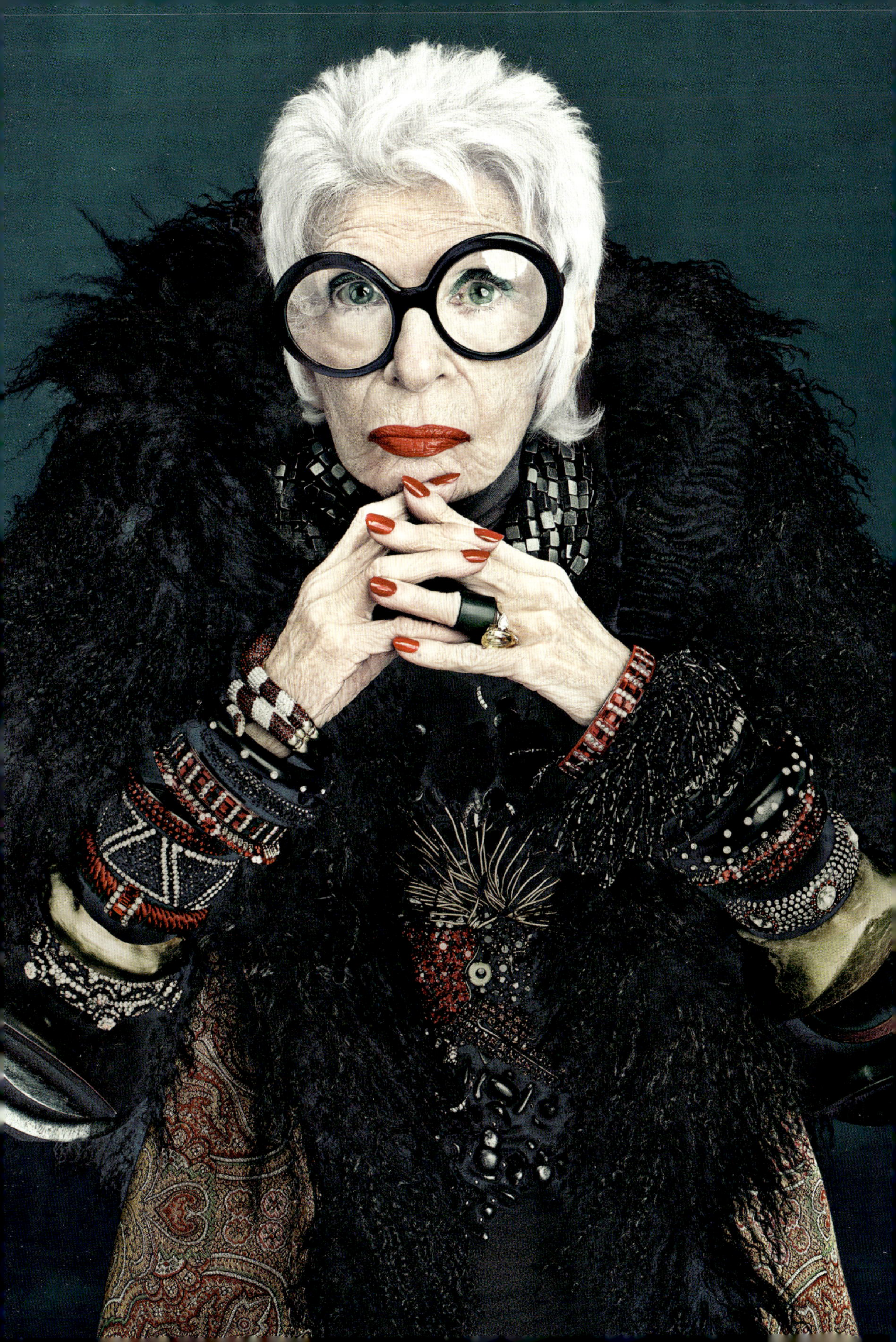

Nichts lässt eine Frau älter aussehen
als der verzweifelte Versuch,
jung zu wirken.

COCO CHANEL

Eine Frau ist so alt, wie sie aussieht,
aber ein Mann ist erst dann alt, wenn er
nicht mehr hinschaut.

Mein Großvater, ABRAHAM ASOFSKY

Baby, du bist die einzige hier mit
einem eigenen Gesicht.

Mein Gatte, CARL APFEL,
bei einem Gala-Dinner

FALTEN SIND VÖLLIG IN ORDNUNG.

Wenn man älter ist, ist es dumm, Jahre jünger aussehen zu wollen, denn das glaubt einem niemand. Wenn man mit 75 eine Schönheits-OP hat, hält einen trotzdem niemand für 30. Wenn man mit einer Fehlbildung geboren wird oder eine Nase hat wie Pinocchio, oder wenn man, Gott möge es verhüten, einen Unfall hatte, ist die plastische Chirurgie ein Segen. Aber etwas machen zu lassen oder sich spritzen zu lassen, um ein paar Jahre jünger auszusehen, ist dumm. Und die Ergebnisse halten ja auch nicht ewig. Ganz zu schweigen von der Tatsache, dass etwas schiefgehen könnte; man könnte ja hinterher aussehen wie ein kubistisches Porträt von Picasso.

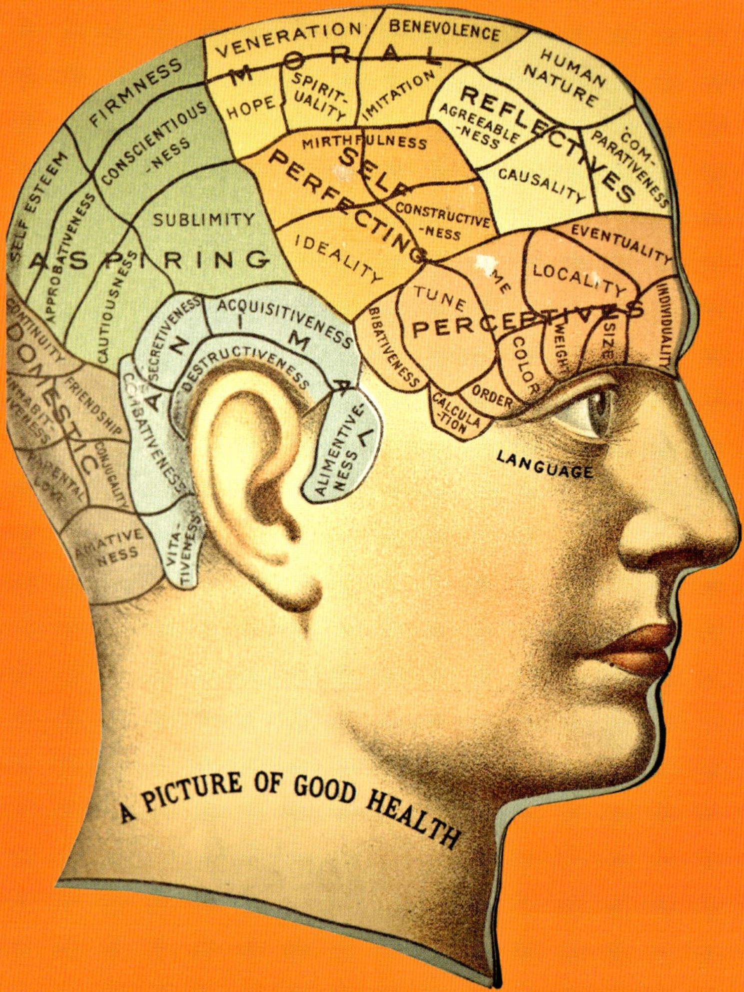

Je älter ich werde, desto mehr fällt mir auf, dass

DER GESUNDE MENSCHENVERSTAND NICHT BESONDERS VERBREITET IST.

NUTZE DIE FANTASIE

KREATIVITÄT IST ein großartiges Ventil für Emotionen; sie hält dich glücklich und gesund.

Dabei muss man kein Künstler sein, denn Kreativität kommt in vielen Varianten daher, auch beim Kochen, beim Hauseinrichten oder beim Kleiden kann man kreativ sein. Man braucht nur etwas Fantasie, um sich etwas Passendes für sich vorzustellen.

Meine Familie und ich hörten Radio, als ich klein war. Ich musste mir die Szene einer Geschichte vorstellen, auch wie die Charaktere darin aussehen. Dazu brauchte es Kreativität.

Heutzutage leidet die Kreativität, denn die Leute haben jetzt eine Aufmerksamkeitsspanne von ungefähr 20 Sekunden. Kunst, Mode und Literatur sind einer gewissen Zweckbindung zum Opfer gefallen, und viele kopieren einfach.

Ich mache gern, was ich mache, nämlich kreativ sein. Außerdem muss ich arbeiten. Die Leute sagen zwar immer, ich müsse das nicht, aber würde ich nicht arbeiten, könnte ich meine Kreativität nicht ausleben, und das würde mich krank machen.

Ich mache gern unterschiedliche Projekte, wie meine Schmuck-Linien, Rara Avis by Iris Apfel für Home Shopping Network, die zuweilen auf meiner eigenen Vintage-Collection aufbaut. Wenn ich meine Kreationen auf HSN vorstelle, rufen die Leute an und erzählen, ich hätte sie in puncto Kleidung zum Umdenken gebracht. Es macht mich glücklich, wenn ich attraktive, einzigartige Accessoires kreiere, die sich Menschen aller Einkommensgruppen leisten können. Nur weil man es sich nicht leisten kann, viel Geld für Mode auszugeben, oder es einfach nicht möchte, muss man nicht benachteiligt werden. Ich glaube, das ist meine eigentliche Mission. Viele Frauen, die ich persönlich getroffen habe, bestätigen das. Wenn ich sie beeinflusst habe, hoffe ich, es war positiv. Folgen Sie Ihren Instinkten, trauen Sie sich.

Der größte Luxus ist die

INNERE RUHE.

Was ich ganz besonders mag ...

Ein tolles GRILLED CHEESE SANDWICH

SINATRAS SALOON SONGS in den frühen Morgenstunden

Eine großartige Version von »LUSH LIFE«

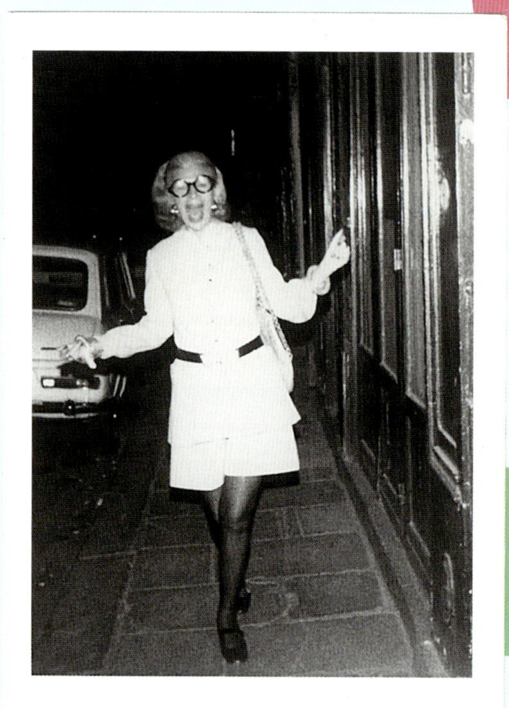

Zuhören, wenn
PEGGY LEE singt
»Is That All There Is«

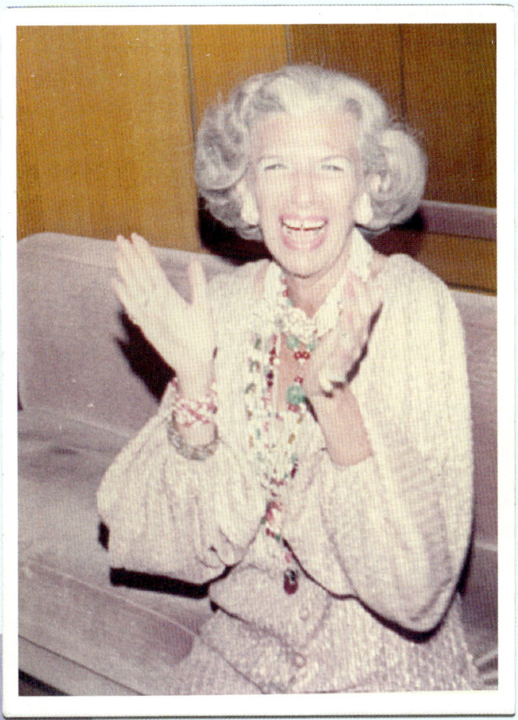

Auf einem
FLOHMARKT
STÖBERN

»THE LOVE SONG OF
J. ALFRED PRUFROCK«
von T. S. Eliot rezitieren. Ich
kenne es auswendig.

KAVIAR,
die Droge
meiner Wahl

EIN KALTER TITO'S
HANDMADE VODKA
mit ein paar Tropfen
Angostura Bitter

In ein
FRISCH BEZOGENES BETT
mit glatten, sauberen Laken kriechen

KOHLROULADEN
ESSEN

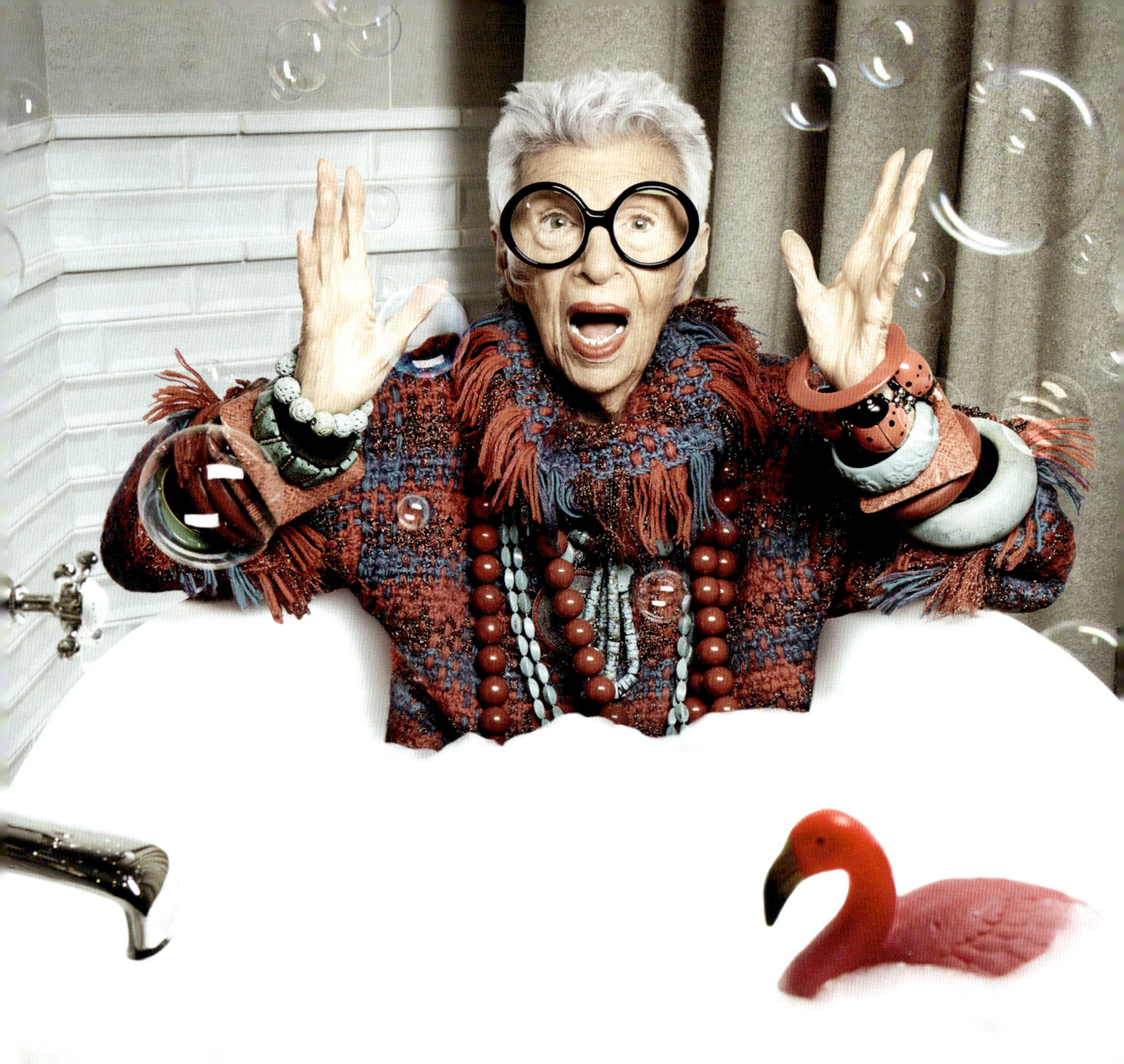

WIE MAN 200 JAHRE ALT WIRD

ICH HABE IHNEN GEGENÜBER, LIEBE LESER, keine Geheimnisse, die ich weitergeben könnte: Der Herr über uns war sehr nett zu mir und jedes Jahr ist ein Geschenk.

Ich denke nie über mein Alter nach. Vielleicht ist es das. Ich denke einfach nicht daran – das ist nur eine Zahl.

Manche Leute essen viel Joghurt und werden nur 27 Jahre alt. Manche rauchen 12 Zigarren und trinken jeden Tag, und trotzdem sind sie immer noch da und machen weiter. Jeder hat seine eigene Geschichte.

Abraham Lincoln sagte einmal: »Am Ende sind es nicht die Jahre im Leben, die zählen.

Es ist das Leben in diesen Jahren.« Mit jungen Leuten zusammen zu sein ist gut. Sie wissen, was los ist – oder zumindest glauben sie es.

Für mich ist Arbeit sehr gesund. Ich mache gern, was ich mache, und ich stecke mein Herz und meine Seele hinein. Seit dem Tod meines Mannes arbeite ich noch mehr, um nicht an seine Abwesenheit zu denken. Das ist einerseits gut, andererseits nicht, wenn ich mich zu sehr antreibe.

Es ist wahr. Alt werden ist nichts für Weichlinge. Man beginnt auseinanderzufallen, aber du musst einfach die Ohren steifhalten und dich zusammenreißen. Du alterst zwar nicht gern, aber was wäre die Alternative? Du bist hier – mach was draus. Stecke deine Erfahrung in Arbeit und gib den anderen Menschen etwas zurück.

Das mache ich zum Beispiel an der University of Texas in Austin, dort bin ich Gastprofessorin. Tatsächlich, die haben mir sogar eigene Visitenkarten gegeben. Wow!

Es begann, als Sue Meller, Absolventin und enge Freundin, *Rara Avis* im Peabody Essex Museum gesehen hat. Sie war begeistert von der Show und rief mich an. Wir unterhielten uns eine Weile und dann fragte sie mich, ob ich interessiert sei, ein Undergraduate-Programm für die Abteilung Textilien und Kleidung der School of Human Ecology aufzusetzen. Das klang so spannend und ich liebe ungewöhnliche Herausforderungen, also willigte ich ein.

Anfangs sollte ich die Studenten in den Design- und Modemarkt einführen, aber ich überzeugte sie, etwas umfassender zu denken. Ich hatte nämlich gerade als Juror für Design- und Modeprojekte der großen Modeschulen in New York gearbeitet und war entsetzt, wie wenig die Studenten über die nicht-akademische Modewelt wussten. Ich überzeugte sie, dass die Studenten wissen müssten, dass es in dieser Branche noch viele andere Jobs außer Designer und Händler gibt. Mode ist wie ein riesiger Schirm, der viele Bereiche abdeckt, wie Trendvorhersage, Lizenzen, Archivierung, Styling, Öffentlichkeitsarbeit, Publishing, Museumsarbeit, Kosmetik, Pelze, Schmuck etc. Es gibt interessante und lukrative Jobs.

Der Schule gefiel die Idee, aber sie hatten keine Ahnung, wie sie umzusetzen wäre.

»Warum machen Sie das nicht?«, fragten sie. Dummerweise sagte ich zu, ohne auch nur einen Schimmer zu haben. Ich weiß nicht, wie ich es hinbekommen habe – ich habe es einfach gemacht, indem ich wichtige Fähigkeiten zu einem prächtigen Mix zusammengefasst habe.

Das Programm, UT at NYC, begann 2011 und war sofort ein Riesenerfolg. Es führt die Studenten in das Who's Who der gesamten Modeindustrie ein. Soweit ich weiß, ist es das einzige Uni-Programm in den USA, das eine solche Bandbreite und Qualität an geschäftlichen und künstlerischen Fähigkeiten fördert. Das Programm trägt auch meinen Namen, und darauf bin ich wirklich stolz.

Die Studenten bezeichnen es als eine Erfahrung, die ihr Leben verändert. Allerdings kann das Tagesprogramm ziemlich hart sein; wir führen die Gruppe in durchschnittlich vier oder fünf Unternehmen und Institutionen pro Tag. Ich arbeite sehr viel daran und bin meinen Freunden in der Branche sehr dankbar, dass sie das mitmachen. Einige Studenten sind in exzellente Positionen übernommen worden, aber was sie können, ist mein schönster Lohn.

Man geht nur einmal auf diese Reise, und wir haben nur die Gegenwart. Die Vergangenheit kommt nicht wieder, und die Zukunft ist noch nicht da! Leben Sie also jeden Tag, als wäre es der letzte. Eines Tages werden Sie damit recht haben.

DAS LEBEN IST EIN FEST!

Es gibt ganz sicher
keinen Fahrplan.
Umarmen Sie seinen Glanz.
Erfreuen Sie sich an den
Geheimnissen.
Seien Sie offen für
das Unerwartete.
Fragen Sie nicht, warum.
Und denken Sie daran:

IN WONDER IT ENDS

DANK

Viele wunderbare Menschen haben zum Gelingen dieses Buches beigetragen. Mein Dank geht an:

Inez Bailey, meine erweiterte Familie. Ohne ihre Hilfe und ihren liebevollen Beistand über fast zwei Jahrzehnte wäre nie etwas aus diesem Buch geworden. Ihre liebevolle Fürsorge für Carl werde ich nie vergessen.

Juliet Brown, für ihre große Sorgfalt, Geduld und Liebe. Ohne sie hätte ich dieses komplexe Projekt nicht bewältigen können.

Elizabeth Viscott Sullivan, Executive Editor bei Harper Design, für ihre kreative Vision, Hingabe und Leidenschaft; Lynne Yeamans, Paul Kepple, Max Vandenberg, Susan Kosko und Dani Segelbaum für das gigantische Buchdesign und die Produktion; Rebecca Karamehmedovic für die Bildrecherche; Matthew Wade Evans für die Hilfe beim Manuskript; Carmen Bruni für ihre Freundlichkeit und ihre viele Zeit; Barbara L. Dixon für die Feinabstimmung des Textes; Weegie Antle für ihre freundliche Unterstützung; Emerson Bruns für seine Beratung, seinen Stil und seine rechtliche Umsicht sowie John und Kim Wadsworth, für ihre großzügige Assistenz.

Den Illustratoren Carlos Aponte, Bil Donovan, David Downton, Donald Robertson, Ruben Toledo und Michael Vollbracht für die Artwork, die sie extra für dieses Buch anfertigten – ich fühle mich geehrt.

Den vielen talentierten Künstlern und Fotografen, die ihre Arbeiten beigesteuert haben: Alique, Eric Boman, Roger Davies, Daniela Federici, Eric Giriat, John Mark Hall, John Huba, Steven Klein, Robert Knoke, Dmitry Kostyukov, Harley Landberg, Keith Major, Luis Monteiro, Norman Nelson, Willy Soma, Nick Stocks, Emma Summerton und Bruce Weber.

Und schließlich an die vielen tollen Unternehmen, mit denen ich über die Jahre zusammenarbeiten durfte, mit besonderer Verbeugung an M•A•C, Macy's, Modern Kids, One Kings Lane, Neiman Marcus und Tag Heuer, die mit ihren Bildern so großzügig waren.

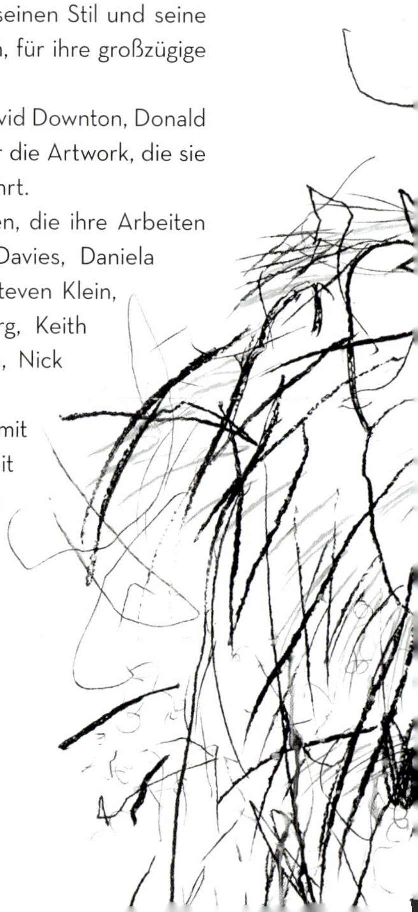

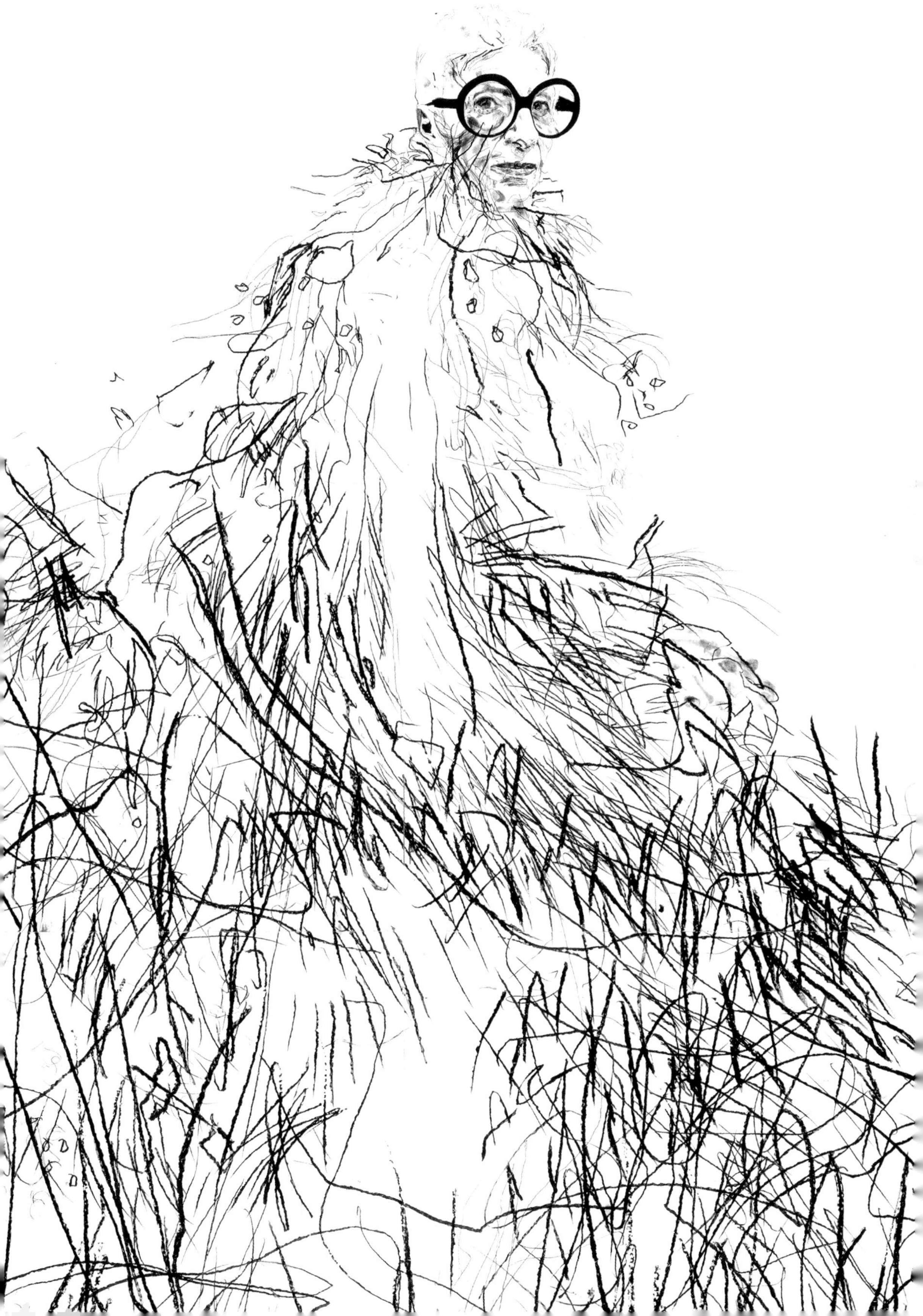

FOTO- UND BILDNACHWEIS

AKG: 135: Fototeca Gilardi/AKG Images.

Alamy: 112–113: AF Archive/Alamy Stock Photo.

Alique: 10, 70.

Apfel, Iris: Mit freundlicher Genehmigung von Iris Apfel: 4, 38, 45, 54, 60, 61, 66, 67, 78–83, 85–89, 108, 118–122, 125, 130–132, 136, 139, 141–143, 166, 167.

Art + Commerce: 52: John Huba/Art + Commerce.

Art Department: 16: Jeremy Liebman; Jalou Media Group, L'Officiel, 2016; 56–57: © 2017 Bil Donovan/ Illustration Division; 94, 95, 126, 127: © 2017 Carlos Aponte/Illustration Division

Art Partner: 161: Steven Klein/Art Partner.

Art Resource: 101: © 2017 Succession H. Matisse/ Artists Rights Society (ARS), New York; Foto: © Tate, London/Art Resource, NY; 40, 41: © The Metropolitan Museum of Art. Bildquelle: Art Resource, NY (4).

Atelier Management: 6, 55: Roger Davies.

Beauty & Foto: 51, 69: Blue Illusion Fall/ Winter 2016/Foto by Daniela Federici.

Bennett, Kelsey: 111.

BFA: 31: Shane Drummond/BFA.

Boman, Eric: 34, 39, 42–44.

Downton, David: 48–49.

Everett Collection: 28–29: © Walt Disney Co./ Courtesy Everett Collection.

Getty Images: 22, 23: Kevin Mazur/Getty Images für Macy's; 36: CLINT SPAULDING/Patrick McMullan/Getty Images; 53: Berenice Abbott/ Getty Images; 74–75: Monica Schipper/Getty Images; 84: Found Image Holdings/ Corbis/Getty Images; 90: Ernie Leyba/ The Denver Post/Getty Images; 164: VintageMedStock/Getty Images.

Giriat, Eric: 1, 140, 175, 176.

Hall, John M.: 122–125.

Karamehmedovic, Rebecca: 133.

Knoke, Robert: 172–173.

Kostyukov, Dmitry: 12–13.

Langberg, Harley: 159.

M•A•C Cosmetics: 17: Frederik Leiberath/ Courtesy M•A•C; 160: M. frdl. G. M•A•C.

Macy's: 20–21: Macy's Merchandising Group Marketing & Creative Services; 46–47, 92–93, 158–159: Macy's Merchandising Group Marketing & Creative Services in Partnerschaft mit Snaps Media Inc.

Major, Keith: 100.

Mattel: 18–19:M. frdl. G. Mattel.

Modern Kids: 50: Sarah Hebenstreit.

Montiero, Luis: Schutzumschlag vorn, 26, 58. Styling für alle von Damian Foxe und Makeup von Marco Antonio.

Neiman Marcus: 73: Neiman Marcus Christmas Book, 2015.

Nelson, Norman: 106.

One Kings Lane: 62–63.

Peabody Essex Museum: 14–15.

PhotoFest: 156–157: © Walt Disney Co./ Courtesy PhotoFest.

Robertson, Donald: 32–33, 79, 104–105.

Shutterstock: 108–109: Halfpoint/Shutterstock.

Soma, Willy: 77.

Sony Music Archives: 96–99.

Stocks, Nick: 114, 116, 117.

Swarovski: 158: Niall O'Brien for SALT Magazine, Spring/Summer 2014.

Toledo, Ruben: 146–153.

Trunk Archive: 2: Jennifer Livingston/Trunk Archive; 30: Emma Summerton/Trunk Archive.

Vollbracht, Michael: 154.

Von Hoene, Liz: 168.

Weber, Bruce: 25, 128–129: M. frdl. G. Magnolia Pictures.

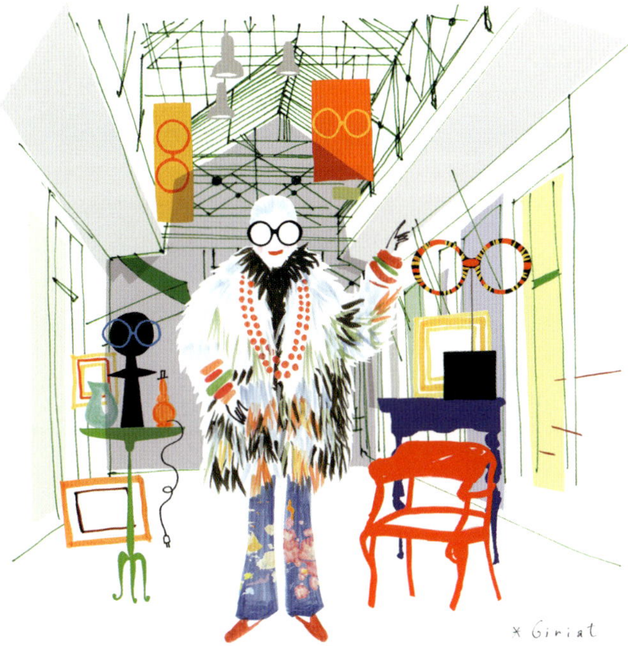

IRIS APFEL: ACCIDENTAL ICON
Stil ist keine Frage des Alters

7. Auflage 2025

ISBN 978-3-03876-146-4

Deutsche Übersetzung: Claudia Koch
Lektorat und Projektleitung: Gregory C. Zäch
Buchgestaltung: Headcase Design
Covergestaltung: Hilden Design
Coverfoto: Luis Monteiro

Midas Collection, Zürich • Berlin • New York

Midas Verlag AG, Dunantstrasse 3, CH 8044 Zürich
Webseite: www.midas.ch, E-Mail: kontakt@midas.ch

Midas Büro Berlin, Mommsenstrasse 43, D-10629 Berlin
E-Mail: berlin@midasverlag.com (GPSR, EUDR)

published by arrangement with Harper Design,
an imprint of HarperCollins Publishers

Die Originalausgabe erschien unter demTitel
»Iris Apfel: Accidental Icon«> bei HarperCollins, USA

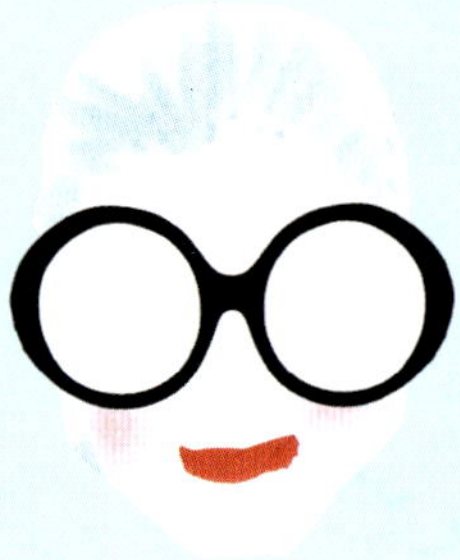

ÜBER DIE AUTORIN

IRIS BARREL APFEL (29. August 1921 – 1. März 2024) war bekannt als der »Älteste lebende Teenager der Welt«. Als anerkannte Sammlerin von antiken Textilien gehörte sie zu den Gründern von Old World Weavers, einem internationalen Textilhersteller, der sich auf die Reproduktion antiker Stoffe für eine erlesene Kundschaft spezialisiert hat. Über neun Präsidentschaften fungierte sie als Beraterin für das Weiße Haus und produzierte Stoffe, die noch heute im Gold Room zu sehen sind. 2005 zeigte das Costume Institute des Metropolitan Museum of Art die Show *Rara Avis*, eine populäre Ausstellung ihrer Kleidung und Accessoires. Damit wurde sie zur ersten Frau, der diese Ehre zuteil wurde, obwohl sie keine Modeschöpferin war. Die Show wurde später auch an verschiedenen anderen Orten gezeigt. Seit dieser Zeit tauchte Iris Apfel in verschiedenen Publikationen auf, gedruckt und online, und arbeitete mit verschiedenen Marken und Händlern weltweit zusammen. Sie verkaufte Rara Avis, ihre Linie für Kleidung und Accessoires, beim Sender Home Shopping Network. Als Hauptfigur des mehrfach ausgezeichneten Films *IRIS* des Regisseurs Albert Maysles und als Gastprofessorin an der University of Texas wurde sie mit verschiedenen Preisen ausgezeichnet, unter anderem erhielt sie einen Sonderpreis der Stiftung Women Together der Vereinten Nationen.